现代经济与管理类系列教材

课 程 思 政 建 设 探 索 教 材

人才测评：理论与实践

张 剑 张 娜 编著

清 华 大 学 出 版 社

北 京 交 通 大 学 出 版 社

·北京·

内 容 简 介

　　本书将人才测评的理论和实践相结合，全面介绍人才测评系统的各个功能模块。全书包括理论篇和实践篇共 8 章内容。理论篇介绍了人才测评的基本概念、发展历史及基础理论等；实践篇介绍了人才测评的组织与实施，以及心理测验、笔试、面试及评价中心技术等，并对人才测评结果的应用及未来发展前景进行了分析与展望。

　　本书系统性强，实践可操作性强，适合作为各类本科和专科院校人力资源管理相关专业的教科书，并可作为企业应用测评工具进行人才评价的指导书。

图书在版编目（CIP）数据

人才测评：理论与实践/张剑，张娜编著．—北京：北京交通大学出版社：清华大学出版社，2023.6

ISBN 978-7-5121-4973-1

Ⅰ．①人…　Ⅱ．①张…　②张…　Ⅲ．①人才测评　Ⅳ．①C962

中国国家版本馆 CIP 数据核字（2023）第 099633 号

人才测评：理论与实践

RENCAI CEPING：LILUN YU SHIJIAN

责任编辑：赵彩云

出版发行：清 华 大 学 出 版 社　　邮编：100084　　电话：010-62776969　　http://www.tup.com.cn

　　　　　北京交通大学出版社　　邮编：100044　　电话：010-51686414　　http://www.bjtup.com.cn

印 刷 者：北京鑫海金澳胶印有限公司

经　　销：全国新华书店

开　　本：185 mm×260 mm　　印张：14.5　　字数：371 千字

版 印 次：2023 年 6 月第 1 版　　2023 年 6 月第 1 次印刷

印　　数：1~2000 册　　定价：49.00 元

本书如有质量问题，请向北京交通大学出版社质监组反映。对您的意见和批评，我们表示欢迎和感谢。

投诉电话：010-51686043，51686008；传真：010-62225406；E-mail：press@bjtu.edu.cn。

前　言

人才资源历来是生产力诸要素中最具活力、最具决定意义的要素。随着知识经济时代的全面到来，作为提升企业核心竞争力的基础和保障，人才竞争已经成为决定企业成败的关键。而作为识别、甄选人才手段的人才测评成为现代人力资源开发与管理的科学基础。

人才测评是科学测量、评价人才能力素质和业绩贡献的关键技术。作为选贤任能的一种科学方法和手段，人才测评学建立在心理学、测量学及概率论与统计学基础之上，形成科学的技术和评价体系，从而对人才的品德水平、能力结构、个性特点、发展潜能等进行综合评价，为用人单位选拔、考核人才等提供科学的参考依据，同时也为人才的职业生涯发展提供咨询建议，可以真正实现人适其事、事得其人、人事相宜的人力资源管理目标。

本书对人才测评的理论和实践作了系统全面的介绍。全书围绕各种人才测评方法的基本概念、技术要点、应用模式，以及发展趋势展开，并从实际操作的角度出发，重点介绍了这些测评工具的设计原理、实施流程和注意事项。本书注重理论与实践的有效结合，强调知识点，同时注重实操性，不仅吸收了当代国内外相关领域的最新研究成果，还引用了大量国内外的成功案例，力图鲜活地反映人才测评的知识体系与操作过程全貌。此外，本书还针对大学生成长特点，聚焦新时代青年思想的引导，着眼学生道德素养的熏陶濡染，在各个章节中融入思政教育元素，弘扬优秀传统文化，培养学生具有良好的敬业精神和职业道德素质。

在编写体例方面，本书具备完整的结构体系，介绍了人才测评的理论与实践应用方法，共计8章内容。其中理论篇介绍了人才测评的概述和理论基础，包括人才测评的概念、发展、目标、内容、方法、流程、意义和基础理论等，该部分力求简洁、清晰和透彻；实践篇从人才测评的实际操作角度出发，首先介绍了人才测评的组织与实施，这是组织好测评活动的基础；之后系统地介绍了人才测评的主要技术，包括心理测验编制、笔试实施、面试和评价中心技术应用等人才测评的具体方法，该部分力求详细、实操性强；最后重点阐述如何对人才测评结果进行报告与应用，并对人才测评的新技术与前景进行了展望。本书既可以作为普通高校的教材，也可以作为企事业单位管理者及人力资源管理从业者的阅读参考书籍。读者通过本书不仅可以轻松、快速地掌握人才测评的相关知识，并且能够获得人力资源管理实践的应用指南。

本书由张剑教授从事多年的人才测评教学讲义发展而来，由张剑与张娜共同提出写作大纲，并负责全书统稿。在书稿的创作过程中博士研究生常桥，硕士研究生朱云仙、于殿庆与董璟仪参加了撰写工作。本书得到北京科技大学教材建设经费资助，并得到了北京科技大学教务处的全程支持。获得北京潜质大数据科学研究院刘佰明院长的帮助。在本书的编写过程中，我们参阅了许多国内外专家学者的著作，也参考了相关教材和案例，同时引用了前沿的观点来完善本书内容。在此向这些文献的作者表示最真诚的感谢！

编著者

2023.1

目　录

理　论　篇

理 论 篇

第一章　人才测评概述

学习目标

通过对本章的学习，你能够：
▶ 掌握人才测评的概念、内涵；
▶ 熟悉人才测评的发展历史；
▶ 掌握人才测评的目标、内容和方法；
▶ 了解人才测评的流程和意义。

案例引入

测评，帮助企业从人才获益

武汉凯迪电力股份有限公司主营业务是水处理、化工、仪器仪表、热工、机电一体化、计算机应用等。近期公司董事会制定新的战略方向，集团公司主营业务拟向环保领域转移；主要运营方式转变为环保工程总承包，以输出技术和管理为主；具体业务将聚焦为火电厂的烟气脱硫、污水处理两大类。战略转移的第一季度就签订了总金额为 13 亿元的工程项目合同。但是公司面临两大突出困境：一是人员数量严重不足，实施改革后公司只有 80 余人；二是现有人员的专业结构及经验不足，基本上没有从事过大型工程管理的人员。解决办法只能是面向全国公开招聘。

招聘信息发布后，3 000 余人前来报名，经过材料审查、电话沟通等方式的筛选，初步入围 500 人，又经过董事会和高管层及人力资源部组成多个面试小组赴全国各地进行面试，最后确定 343 名候选人。由于所招聘的人员大部分都要从事比较重要的岗位，这些岗位人员的使用不仅成本高，而且有较高的风险性，公司领导层总是感到无法把握，最后只能求助于专业的测评机构帮助进行决策。

诺姆四达测评公司承接项目后，通过双方的沟通发现，武汉凯迪面临的最大问题是无法将最后入围的 343 人进行有效区分，这也是很多企业在大规模公开招聘中经常会面临的实际问题。为此诺姆四达测评公司确定了两个测评目标：①通过科学方法有效地进行入围者优劣区分，而传统方法已经无法解决这个问题；②最大限度降低用人风险，提高人才回报率。在测评中表现优秀的人是适合企业并且能够给企业带来实际利益的人才，而不是"考得好"或者"说得好"的人。

在对测评目标达成一致认同后，诺姆四达提出了以下解决方案。①根据该公司的实际情况包括企业的宏观要求和具体岗位要求等拟订一个有针对性的评估模型。②根据确定的评估模型设计了一个包含多种测评方法的系统性综合测评方案，具体情况见图1-1。③制定严密的测评实施流程，包括实施场地的选择和测评专家的配备，做到最大限度地符合测评方案要求。④根据每个测试对象和各个测试项目的反应情况，将数据汇总进行综合分析，并针对每个应聘岗位的要求做出推荐意见。

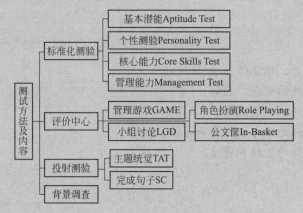

图1-1 武汉凯迪电力股份有限公司人才测评方案

根据上述测评方案，所有受测者的测评结果在各个等级的分布情况（各等级所占的比例）见图1-2。四、五级为优秀人才，即是与武汉凯迪的实际要求匹配度较高的人才，这种人才所占的比率只有10%；合格层次的为45%；而二级和一级基本上属于不能录用的人员，这两部分共占人员的45%，也有相当大的比例。

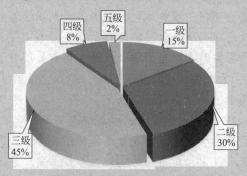

图1-2 武汉凯迪电力股份有限公司人才测评结果图示

试想，如果凯迪公司不采用这种科学方法对人员进行测评，录取时基本上是在343人中随机选取，其不合格率几乎达到50%，接近随机的概率，这样选出来的人将来给企业带来的损失无法估量。

凯迪电力公司的董事长陈义龙先生给诺姆四达亲笔写的感谢信中是这样评价的：通过测验与专家的综合评价及描述，使我们看到每一位应聘者完整的个人档案，这样，我们很容易判断该录用谁，不该录用谁，并确定谁放在什么样的岗位上更合适。现在凯迪电力的绝大部分技术骨干、管理骨干、经营骨干都是通过这次招聘进入公司的，是他们的加盟并在公司里发挥巨大作用，才保证了凯迪电力今天的快速成长。

凯迪集团人力资源部部长在跟诺姆四达的多次沟通中提道：目前诺姆四达的五星级评价，已经成为凯迪的内部人才评价语言，在测评中得到较高星级已经成为一种荣誉。这也说明科学的测评方法和测评结果不仅为企业选人提供了可靠的依据，也获得了被评价者的高度认可，真正体现了测评技术在推动企业人才评价科学化和推动人才成长中的最高价值。

资料来源：纪超．测评，帮助企业从人才获益：武汉凯迪电力测评案例分析［J］．人力资源，2007（1）：37-39.

第一节　人才测评概念

一、人才测评的概念

人才，是指在一定环境和条件下，能够胜任交付的特定任务，并在一定范围内经过学习，能够不断地胜任新任务的人。人才测评是综合利用心理学、行为学、管理学、测量学、计算机技术等多种学科知识和技术，通过严密的测评过程和客观的评分标准，对人的知识水平、能力结构、个性特点、工作技能、职业倾向、发展潜能等进行科学测量和评价的活动。通俗地说，就是运用以心理学为基础的多种学科与技术，以科学的方法对人的综合素质进行评估的活动。

从概念而言，人才测评包括测量和评价两个部分。测量是指依据一定规则用数字化方式对人的特定素质要素进行定量描述，这是一种客观描述；评价则是指依据某些标准对受测对象的价值与意义进行定性描述，这是一种依据行为科学知识的主观判断。

任何人才测评活动都有目的性，不要为了测评而测评。组织一般通过测量与评价的有机结合，在对受测者客观描述资料的基础上，对受测者加以价值判断，从而有效实现对人力资源的解释、预测、影响等职能。因此，人才测评已成为招聘选拔、培训开发、绩效考核、人员晋升、人员调配、组织诊断、员工职业生涯规划等多种人力资源管理活动的重要基础性环节。

二、人才测评与心理测量和心理测验的关系

虽然越来越多的组织对人才测评在人力资源管理中的价值给予了充分的认可，但是仍存在一部分人缺乏对人才测评的科学认识，以至于他们认为"人才测评就是电脑算命""人才测评就是心理测验"。因此，有必要对相关概念加以辨析。

心理测量（psychological assessment）是指依据一定的心理学理论，使用一定的操作程序，对人的能力、人格及心理健康等心理特性和行为确定出一种数量化价值的活动。它是人才测评的核心部分，是心理学中的一个独立分支。通过心理测量可以确定个体间的差异，并

由此来预测不同个体在将来活动中可能出现的差别，或推测个体在某个领域未来成功的可能性。

心理测验（psychological test）是结合行为科学与数学以评价特定个体在特定素质上相对特定群体所处水平的手段，其实质上是行为样组的客观的、标准化的测量。美国心理学家安娜·斯塔西认为："心理测验实质上是行为样本的客观和标准化的测量。"我国心理学家郑日昌认为："心理测验就是通过观察人的少数代表性的行为，对贯穿在人的全部行为活动中的心理特点做出推论和数量化分析的一种科学手段。"国内学者范朝霞和赵广平认为心理测验是通过对一部分人的有代表性的行为分析，对人的某些心理特征进行数量化的推论，从而区分出不同人的心理特点的相似性和差异性的工具。

总之，心理测验是心理测量的主要技术和工具，同时也是人才测评的方法之一；而人才测评是心理测量技术在人力资源管理中的应用，它以心理测量为基础，针对特定的管理目的，对人的素质进行多方面的综合评价。

第二节　人才测评的历史背景

现代人才测评是在古代人才测评的基础上发展起来的。无论是在中国还是在西方，历史上都有大量人才测评的思想和方法，这些思想和方法为现代人才测评的发展奠定了基础，其发展进程如图 1-3 所示。

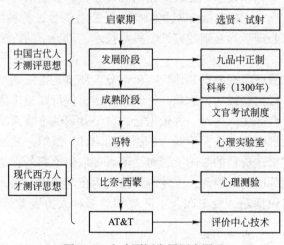

图 1-3　人才测评发展历史图示

一、中国古代人才测评思想

人才测评作为一门学科产生于近代的西方，但中国古代学者早就注意到了人与人之间存在心理活动方面的差异，并尝试使用各种方法对具有不同心理特征的人进行区分。我国古代人才测评实践活动大致可以划分为以下 3 个阶段。

第一阶段：启蒙期，从上古到春秋战国时期。这一阶段的人才测评处于开始阶段，还没有形成固定的制度与方法，人才挑选主要以世袭制为主，对少数重要职位采取荐举和观察方式。自荐、推荐加长期考核是常用的办法。例如，在"三皇五代"的先古时代，推举领袖及其继承者是通过选贤任能而不是让位于子孙。《尚书·尧典》记载了尧对舜长达 28 年的测试和考查。

到诸子百家时期涌现出许多宝贵的人才测评思想，散见典籍之中。如孔子提出考查人才要做到"视其所以，观其所由，察其所安"，墨子提出"官无常贵而民无终贱，有能则举之，无能则下之"，孟子提出"权然后知轻重，度然后知长短，物皆然，心为甚"。《礼记》中记载，到了公元前 11 世纪的西周，主要通过"试射"来选拔人才，测评项目包括其行为是否合乎礼仪，动作是否合乎乐律，射中的次数有多少等。但这些人才测评思想总体上不够系统与全面。

第二阶段：发展阶段，从汉代到隋朝初。汉朝首次确立了"察举""征辟"制度，为国家选拔人才。汉武帝建立太学，设五经博士讲学，学生是地方郡国选送的 18 岁以上青年。这些人经毕业考试后分为两等，甲科出身为郎，入宫当侍卫；乙科出身为吏，回地方充任吏职。地方各郡设立一年一次的考廉选举，推荐入中央任职，入选者又多为太学生的补吏出身。所以在汉武帝之后，朝中为官之人多是读书出身。后来中央在地方推荐之后加上了一道考试，形成了一套完备的"教育—实习—选举—考试"的人才培养选拔制度。到了魏晋南北朝，对人的评价和判别有了很大的发展。例如，魏王曹丕制定了"九品中正制"。中正就是品评人才的官职名称。首先由各州、郡里有声望的人出任"大中正"，大中正再产生小中正。大、小中正来评判当地士人的功、德、才、行，评定的结果分为九等，称为"九品"，需要时由上而下选拔任用。九品中正制一直延续到隋朝初期，存在了 400 年之久。这一时期的重要成果是形成了以刘劭的《人物志》为代表的人才测评理论和方法。

第三阶段：成熟阶段，从隋唐到清末时期。隋朝确立的科举制度，在唐代得到了发展完善，一直延续到清朝末年，成为我国封建社会人才选拔的主要途径。例如，隋文帝推行科举取士制，后隋炀帝又增设"进士科"，形成科举制。唐朝时期，科举考试得到了继承和完善，如唐太宗时期以进士、明经两科为主，武则天首创武举和殿试，唐玄宗提高了科举考试的地位。宋代科举制进一步得到发展，北宋初期实行分级考试，王安石变法改革科举制度。明清时，形成了完备的四级考试制度：科试，及格者为秀才；乡试，及格者为举人；会试，及格者为贡士；殿试，及格者为进士，前三名分别称状元、榜眼、探花。科举制度是中国首创的一种选官制度，也是古代帝制时代中最先进的人才选拔方式。科举制度还辐射到周边的日本、越南、朝鲜，对近代英国、法国、美国等现代资本主义国家文官制度的建立也产生了深远的影响。

各朝在考试的内容上有所侧重，唐朝重诗赋，宋朝试经策，明朝取八股。这一时期虽然人才测评的制度相对完善和稳定，但是并没有形成关于测评的系统理论体系。

二、人才测评的西方源起与发展

现代人才测评源于西方，关于个体差异的认识、心理测验运动及社会需求激发人才测评发展完善。

（一）个体差异受到关注

在中世纪欧洲的社会结构中，人们的活动由其出生的社会阶层所决定，个性的表达和发展受到极大限制。16 世纪，欧洲社会发生了较大程度的改革，传统教条逐渐弱化，人们越来越认识到个体是独特的，各自具有不同的天赋。文艺复兴和随后的启蒙时期，不仅学习和创造的热情再度觉醒并受到鼓励，个人主义同样获得新生。个人自由和个体价值的精神，在资本主义和民主主义提供的政治和经济刺激下开始繁荣，表现在艺术、科学、哲学和政府工作的各个方面。到了 19 世纪后期，在英国生物学家达尔文关于昆虫起源的著作和科学心理学诞生两种因素的共同作用下，研究者们对于个体差异的兴趣不断增长。

1879 年德国心理学家冯特设立了世界上第一个心理实验室，开始对个体的行为差异进行科学研究。随后的实验心理学家们纷纷证明，心理现象能够用数量、比率这些术语来进行描述。这些研究成果引发了旷日持久的心理测验运动。

弗兰西斯·高尔顿
（1822.02.16—1911.01.17）

（二）心理测验运动蓬勃发展

科学心理测量的创始人首推英国优生学学者弗兰西斯·高尔顿，他被认为是"个体心理学之父"，也是智力及其起源研究方面的先驱。高尔顿对人与人之间的个体差异有着浓厚的兴趣，他测量了个体的各种行为如反应时间、记忆力、反应速度等，并为这些不同行为确定了指标常模。高尔顿曾发明了许多测验的仪器分别测量人的身高、体重、拉力、压力、手击的速率、听力等。这些成果为心理测验运动提供了科学基础。

美国心理学家卡特尔最先提出"心理测评"这个词。卡特尔在德国莱比锡大学师从冯特并获得实验心理学博士学位，返美途中在英国停留作为高尔顿的助手，熟悉了高尔顿所使用的方法和测验。后来在哥伦比亚大学，卡特尔尝试将反应时测量、感知识别测验的分数和学业分数联系起来。而韦斯勒却发现，在测验方面的表现和学校成就之间的相关非常低。

1905 年法国心理学家阿尔弗雷德·比奈及其助理医师西蒙在巴黎公共教育部部长委托下，编制了第一个实际应用的智力测验，用于识别那些被认为不能在普通学校班级教育中充分受益的儿童。比奈同西蒙突破了高尔顿、卡特尔等人仅仅测量人的感觉和知觉等低级的心理测量的局限，把高级的心理品质当作测量的研究对象。智力测验成功地运用于教育领域，有效解释学业成就差距的原因，使人们看到心理测验的广泛应用前景，完成了心理测量的奠基工作。

阿尔弗雷德·比奈
（1857.07.08—1911.10.18）

从此，各种各样的测验层出不穷，从能力的测量扩展到气质、性格、兴趣、价值观、人际关系、情感适应、动机等大量的心理学领域，心理测验运动蓬勃发展。

（三）社会需求扩展了心理测量的应用领域

心理测验在两次世界大战中得到了长足的发展，心理学家们编制出陆军甲种和乙种测验，使用效果令人满意。心理测验除用于对士兵的心理状况进行调查之外，也用于选拔新兵、特殊兵种人才和特种人员。第二次世界大战之后此类测评方法被广泛用于政府机构及工商企业各界的人才选拔与评价。特别是 20 世纪五六十年代以来，西方人才测评思想和方法日新月异，开发了名目繁多、内容丰富的测评技术，不仅发展了原有的心理测验技术，而且美国电话电报公司（AT&T）将评价中心技术从军事领域引入商业领域，引发了基于行为模拟与观察类的心理测评技术的热潮。目前，国外的人才测评技术不仅形成了科学合理的体系，而且发展为一个现代企业人力资源开发所必需的产业。

三、现代中国人才测评发展现状

我国现代人才测评起始于 20 世纪早期，走过了引进、停滞、复苏和繁荣 4 个阶段。1916 年，樊炳清最早将比奈-西蒙量表引入中国；20 世纪 30 年代，职业介绍所出现，开始使用较为简单的心理测量开展人才测评工作；后来受到苏联心理学的影响，人才测评在我国成为禁区；直到 20 世纪 80 年代初至中期才开始复苏，1980 年的武汉心理测量培训班和长沙心理测量培训班为我国人才测评的恢复和发展拉开了序幕；20 世纪 90 年代中期至今，我国企业不仅在观念上逐渐接受现代人才测评思想，在人才选用和晋升中也越来越多地使用这种方法，相关论文和专著数量显著增加，对测评方法和技术的认识不断深入和丰富，人才测评进入繁荣发展阶段。

我国人才测评的现状主要体现为以下几方面。

第一，大批国外著名的心理量表本土化。到 20 世纪 90 年代初，我国已经修订了大部分国外著名量表。刘绍衣等修订了"卡特尔 16 种人格问卷"；龚耀先主持修订了"韦克斯勒成人智力量表""爱森克人格问卷"；宋维真主持修订了"明尼苏达多相人格调查表"；林传鼎、张厚粲主持修订了"韦克斯勒儿童智力量表"，经过 7 年努力，完成全国常模的修订工作。

知识链接

林传鼎教授是我国现代杰出的心理学家、教育家，智力开发和测验的先导者，曾任教于辅仁大学、北京大学、燕京大学、北京师范大学、北京师范学院（今首都师范大学），还曾任第六、七届全国政协委员，民盟中央委员会宣传委员，兼任中国心理学会常务理事、中国社会心理学会副会长、中国教育协会常务理事等职。

任教期间，林传鼎教授曾先后为本科生和研究生主讲过普通心理学、教育心理学、发展心理学、变态心理学、工业心理与医学心理、心理测量的理论与方法、智力开发的心理学问题等课程。1982 年和 1985 年，他开始招收硕士和博士研

林传鼎
（1913. 10. 29—1996. 03. 11）

究生，培养了一批又一批心理学专业高级人才。

林传鼎教授一生致力于国人智力开发和测验的研究，在国内外学术界产生了一定的影响。他出版了专著《智力开发的心理学问题》，主编了《心理学词典》和心理学其他著作、教材；主持或参加翻译了许多有学术价值的著作，如《新心理学》《欧洲资本主义国家的初等和中等教育》《精神现象的科学解释》《情绪心理学》《实验心理学》《西方的没落》《阿尔及利亚教育近况》以及联合国文件和史地丛书等，共300余万字；发表了学术论文数十篇，如《唐宋以来34个历史人物心理特质的估计》《字相的实验研究》《冯特统觉论简评》《亚里士多德心理学的内容与问题》《视遗觉表象的实验研究》《我国古代心理测验方法试探》等；还主持编制了《少年儿童学习能力测验》，修订了《韦氏儿童智力量表》。林传鼎教授特别重视心理测验研究，他与王征葵合著的《心理测验增注目录》，编入了3 575个心理与教育测验，是当时较完备的心理测验的工具书。

作为我国老一辈心理学家、新中国心理学界的先驱之一，林传鼎教授为我国的教育事业、人才培养、心理科学的研究与发展以及学会工作，奉献了毕生的精力，做出了开创性的重要贡献！

资料来源：《心理学报》编委会．悼念林传鼎教授［J］．心理学报，1996（3）：334-335.

第二，众多自编心理量表开发成功。在修订国外心理量表基础上，我国学者自编了一大批更符合中国国情的量表。例如，王登峰系统研究了中国人的人格结构，编制出中国人大七人格量表。

第三，高考和自学考试制度建立。中国的高考制度在"文化大革命"中被彻底破坏，1977年国家开始恢复高考制度，高考成绩成为选拔大学生的主要依据。20世纪80年代，国家又建立了自学考试制度，为自学成才者提供了上升途径。

第四，职业资格考试制度制定。为提高劳动者的素质，国家推出了数百种职业资格考试。这些考试既有知识考试，又有能力考试；既有纸笔考试，又有计算机化考试。

第五，专业的人才测评机构成立。国家成立了专门负责人才评价的机构，例如，中华人民共和国人力资源和社会保障部人事考试中心主要承担公务员录用考试、专业技术人员资格考试、公务员遴选考试、中央单位接收安置军转干部考试和事业单位公开招聘考试等五大类，50余项考试的命题、阅卷、考务组织、考试技术指导和考试服务等工作。同时，还涌现出一大批国内国外人才测评企业，专门提供人才测评专业服务，例如北森集团公司。

第六，组织内部人才测评制度形成。20世纪80年代中至90年代初，我国公务员考试制度建立，国家机关开始借用现代人才测评技术选用人才；90年代中至今，企事业单位在人才选用和晋升中越来越多地使用人才测评技术。很多企业已经把测评看作企业在引进特殊的生产资源——人力资源时的质量检测过程，而且是必不可少的直接关系到企业投入产出效益的一个生产环节。

第三节 人才测评的目标、内容与方法

一、人才测评的目标

(一) 评定与甄别

评定与甄别是人才测评的最直接目标。评定是对人才内外特征进行分析了解后，通过衡量被测者素质的构成及成熟程度，来判断不同人才发展水平的活动。人才评定的标准有两种。一种是外在的客观标准，是将受测者的测评结果与希望达到的客观标准进行比较，看其是否达到了某种要求水平。比如，中学教师资格考试的目的是考查教师是否符合中学教师的任职标准，与其他成员的成绩没有关系。另一种是比较标准，是对测评群体的成绩进行相互比较，层层选拔，最终确定合适人选，如研究生考试和公务员考试就属于这种类型。

基于比较标准进行的评定结果就是甄别。通过对人员心理素质的状况优劣、水平高低做鉴别与区分，从而将符合企业需要的人员确定出来。

(二) 诊断与反馈

诊断是指通过测评、鉴定和验证受测者是否具备企业所需的心理素质及具备的程度，找出受测者的问题与不足；反馈是指根据测评结果，提供调整和改进测评对象素质缺点的信息，分析缺点和不足及其产生原因，提出诊断意见和素质优化开发方案，帮助其克服缺点，发扬优势，推动其素质全面发展。诊断与反馈相互联系、相辅相成。尤其是当个人或组织发展到一定阶段后，会出现发展缓慢或停滞不前，甚至倒退的现象。这时候尤其需要通过人才测评的诊断和反馈功能，帮助组织和个人进行反省和自我检查，从而清除前进中的障碍，实现可持续发展。

(三) 预测与激励

预测面向未来，以人员开发为目标。由于人才素质特征具有相对稳定性，通过对人才的内外素质进行有效鉴定测评，依据行为科学知识，可以预测人才在今后的发展趋向。很多在现岗出色的人员，一旦从事新的工作或晋升到更高的岗位，会出现力不从心的现象，这是因为这些人员缺乏或不具备新工作所需的素质，这些素质在原来的工作中无足轻重，但在新的工作中却非常重要。因此，通过测评的预测能够对人员未来需要具备的素质进行事先考查，从而避免出现拔苗助长的现象，做到未雨绸缪。同时，还可以针对测评中考查出来的受测者的弱点与不足，制定针对性的解决方案，将问题化解于无形。

测评的终极目标是激励员工的工作热情。通过对人才测评结果的有效运用，增强受测者的自信心和进取心，促使其勤奋学习、努力工作，这些都是激励效果的具体体现。

二、人才测评的内容

人才测评一般从身、心两个方面来展开。图1-4列出了人的身心素质构成。

人的身体和心理是相互作用的，比如，一个人体质强健，精力充沛，那他的技能和协调性也会相对较好；而如果情绪低落、精神不振，往往也会在体力和精力上感到疲惫。对于身体，可以通过身体检查、运动检测等方式考查；而对心理，则主要是借助人才测评手段进行

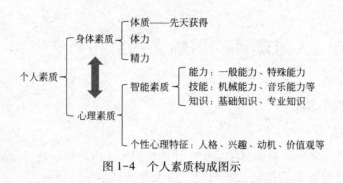

图 1-4　个人素质构成图示

考查。

对人的心理，主要考查两方面内容。

（一）智能素质

所谓智能素质是指与人们完成任务直接相关的心理品质，一般包括以下3方面内容。

（1）能力。所谓能力，是指直接影响人们完成任务、活动时的心理品质。根据心理学家的研究，能力可以分为一般能力和特殊能力两种。一般能力是人们普遍具备，贯穿日常活动任务中的能力特质，比如我们常说的智力就是一般能力，通常用智商来表明一个人的智力水平高低。特殊能力则指某些人具备而其他人不具备或相对较弱的一些能力维度，比如声音辨识能力等。

（2）技能。技能是一系列程式化的动作，是人们固化的操作技术。比如一个人可能有很强的动作协调性与平衡能力，但不能说这个人天生就会游泳，即使他具备游泳的能力基础，又学习了游泳的相关知识，估计头一次下水依然会沉到水底，只有通过不断重复的练习，掌握了游泳的一系列动作组合，才能掌握游泳的技能，享受畅游的快乐。

（3）知识。知识是人们直接与间接经验的积累，构成了人们的经验系统。比如在北方，冬天下雪时，雪花落在身上会使人感觉冷，于是人们知道了雪是凉的；赤道地区是不下雪的，但那里的人们通过书本知识或其他人相告也会知道雪是凉的。

能力有高低之分，技能有纯熟、生疏之别，知识则有渊博、肤浅和对错的差异。能力、知识和技能是相互影响、相互作用的，一个学习能力强的人可以更迅速地获取知识，而知识也有助于相关技能的掌握。

（二）个性心理特征

个性心理特征是指那些虽然与完成任务与活动不直接相关，但会间接施加影响的心理特质，比如人格、兴趣、动机、价值观等。个性心理特征在相关企业的活动中起着非常重要的作用，如人际沟通意识与能力、管理风格、职业兴趣倾向、团队精神、环境适应能力、创新意识、包容力、环境洞察力等。这些心理特质与能力共同作用，决定了一个人工作能力的优劣高下。

三、人才测评的方法

"工欲善其事，必先利其器。"要想将上面提到的心理特质准确、客观地测量出来绝非易事，必须采用科学有效的工具。常用的测评方法有4种：笔试、面试、心理测验和评价中心技术。

（一）笔试

笔试，也称纸笔测试，是人才测评中常见的考核方法，主要用于测量被测评者的特定知识、专业技术水平、综合分析能力和文字表达能力等素质及能力的差异。笔试法自古有之，特别是我国自隋代科举制度中首创笔试以来，严格的考试为历代封建王朝选拔了一批又一批的人才。到了现代，笔试法的使用更加频繁，并日益普及，各种类型的选拔考试不断出现，如高等教育考试、研究生考试、公务员考试和各类资格认证考试等。

（二）面试

在现代企业的人员招聘选拔中，几乎所有企业都在使用面试法。面试是一种经过组织者精心设计，在特定场景下，以考官对考生的面对面交谈与观察为主要手段，在真实的情境中对应试者的知识、智力、技能、技巧、素质、人际关系、口头表达能力、动机、兴趣、爱好、理想、品德等要素进行有效测评的考试活动。

（三）心理测验

心理测验是一种对行为样本进行客观及标准化测量的系统程序，从内容、程序到评价都是标准化的，从而保证了可靠的信度与效度。心理测验的最常见形式是笔试，因此有时会被人们混同于知识测试，其实二者只是笔试的形式比较相近，有着本质的区别。心理测验所考查的内容以人们的能力、人格、动机、兴趣等各种心理品质为主，而知识测试则侧重于知识、经验。心理测验的科学性、准确度都是普通的知识测试难以企及的。

（四）评价中心技术

评价中心技术并不是单一的测试技术，它是以情景模拟与行为观察为基础的多种测评形式的总称，主要包括结构化面谈、无领导小组讨论、角色扮演、公文筐测验、案例分析等。评价中心技术通过仿真的情景考查受测者的实际操作能力与心理品质。评价中心技术通过多种途径的测验，使得企业对人才的综合素质及综合能力水平获得更全面的认识。

第四节　人才测评的流程

任何技术都有特定的规程要求，人才测评也不例外。人才测评活动的一般流程主要包括以下6个方面。

一、明确人才测评的目的

测评目的是测评工作的起点。开展人才测评工作，首先要回答"为什么进行人才测评"问题。测评者要弄清楚测评的最终目标是选拔某种特殊的人才，还是了解员工的基本情况，抑或是根据员工的情况进行有针对性的培训等。测评目的决定了测评要素、方法和工具的选择，为人才测评的方案设计指明方向，并为测评目标及测评效果的评估、监控提供依据。一般而言，企业开展人才测评的目的包括选拔、培训、考核、诊断和配置等。企业需要根据不同的使用目的，设计不同的测评方案。

二、确定人才测评的指标

建立人才测评指标，是回答"测什么"的问题，这是一个确定整个人才测评标准的过程。测评指标是否全面、恰当、有效，决定了人才测评工作的整体质量和可实现的价值。

岗位的任职资格与胜任特征模型能够帮助我们确定人才测评的指标。"职务说明书"中有关任职资格的项目，包括知识、能力、技能、个性特征等内容，以及胜任特征模型中的知识、能力（技能）、态度、个性特征、内驱力等内容，是人才测评指标的重要来源。确定具体测评指标以后，还需要对测评指标进行定义。由于不同岗位对同一指标的要求有所不同，因此需要根据岗位的特点对测评维度进行定义，在维度定义的基础上建立评价标准。

三、设计测评方法与测评题目

接下来需要回答"用什么方式测量"的问题，即采用何种方法、用什么题目来进行测评。任何一种测评方法都有其局限性，不同的测评方法适用于不同的测评维度，一个测评维度可以同时采用两种以上的方法测评。假设确定将"影响并试图控制他人""深度沟通能力""创新与变革能力""关注他人"作为渠道经理的测评指标，接下来需要逐一分析这四项指标分别用哪些测评方法比较合适。例如，"影响并试图控制他人"可以用心理测验中的动机测验；"深度沟通能力"可以用面试或沟通能力测验；"创新与变革能力"可以用情景模拟中的公文筐测验或无领导小组讨论，也可以用面试的方法；"关注他人"可以用面试或情景模拟中的无领导小组讨论。在确定了每个维度的测评方法后需要决定是将维度进行组合后开发题目还是直接选取题库中的题目。

并不是所有的题目都需要自己开发，也不是所有的题目都有时间与精力去开发。比如个性测验，我们很难在短时间内开发出来，并且也没有开发的必要，我们完全可以应用比较经典的个性测验来解决问题。

四、设计测评方案与实施测评活动

在这个环节，我们要解决"怎么测"的问题，即根据测评方法的特点以及实际情况来决定测验的顺序。测评方案要做好考官分组、人员分工、计算题目数量、计划测评时间等工作。另外，方案的设计要遵循"成本最低、时间最短、用人最少"的原则，精确地计算测评成本、准确地规划测评时间、合理地安排测评场地以及详细地安排人员分工。

测评的实施过程是按照测评方案规定的时间计划与分工计划、测验的前后顺序完成测评任务的过程。

五、统计测评结果与撰写测评报告

测评结束以后，考官要对各项测验的结果进行统计，并通过定量与定性方法对数据进行整合，根据整合后的数据撰写测评报告。测评报告通常分为两种，即个人报告和整体报告。个人报告是针对每一位被测评者的，而整体报告是针对参与测评的所有人员的，尤其是当测评用于内部甄选的时候，整体报告同样具有很高的价值。

目前很多测验都可以直接在计算机上完成，或者是在被测评者笔试后由录入人员将被测评者的答案数据录入计算机系统，故可直接利用计算机系统，根据软件规定的成绩统计方式，进行成绩统计并输出结果。比如：卡特尔16种人格因素测验就有计算机软件系统可以直接进行结果统计与测评报告输出。然而，在企业人才测评实践中，一般不会单独采用一种测评方法，而是常常根据测评维度的特点使用多种测评方法，即对某一个维度采用两种以上的测评工具，这就需要测评专家根据被试者在同一维度的多种测评方法中的结果进行整合，然后撰写总体报告。

六、反馈测评结果

人才测评在企业的招聘选拔、培训、考核、诊断和人员配置等过程中的应用都需要对被测评者进行测评结果的反馈。结果反馈是测评实现其价值的重要环节。反馈的目的是向被测评者说明其在测评过程中的行为或心理表现，并进一步剖析被测评者的素质特点及其产生原因，向被测评者说明测评结果与岗位的匹配程度。在某些情况下，还需要测评专家根据被测评者的素质特点与岗位特点，为被测评者提出素质发展建议。发展建议必须具有可实施性，这也是测评理论界正在不断努力研究与发展的一个主要方向。在反馈过程中，测评人员应客观陈述测评结果以保证信息的真实性，不能掺入个人主观意见。

第五节　人才测评对人力资源管理的意义

人力资源是组织中最重要的资源，只有得到有效的利用与开发，才能为组织带来竞争优势。而人才测评是贯穿人力资源管理全过程的活动，人才测评技术已经成为解决人力资源管理核心问题的工具。

一、为科学的人才选拔与配置提供标准

传统的选拔任用方法带有很强的主观性和随意性，往往导致人岗不适、人浮于事的不良后果。而借用现代人才测评技术，可以全面了解人的素质状况，从而做到因事择人、人职匹配，实现组织效能的最大化。例如，沃尔玛在武汉招聘见习管理人员时，对很多硕士研究生递上的简历说"No"。原因是沃尔玛发现招聘进入公司的应届本科生经过6个月的培训，基本能达到公司的使用要求。因此沃尔玛对学历要求并不是很高，而是更关注员工的忠诚度。在零售行业员工跳槽频繁的情况下，沃尔玛基于科学的人才测评活动，将员工离职率一直控制在10%以下。

二、有助于组织的人力资源盘点

组织了解自身的人力资源状况对于人力资源管理至关重要。在传统的人力资源状况信息中，一般只包括一些简单的人员信息，比如性别、年龄、学历等。在现代社会激烈的人才竞争中，仅有这些信息是远远不够的，无法全面准确地反映人员的素质状况，更难以判断组织当前的人员状况能否满足未来发展的需要。现代组织人力资源状况的普查不仅包括传统的自然信息，还应包括人员的能力水平、价值取向和个性特点等心理素质方面的信息。而对于这些信息，只有通过人才测评，分析现有工作人员的总体能力结构和特点，才能够准确获得。组织的人才画像有利于对组织的运作情况进行诊断，为提出新的管理决策提供依据。

三、提升绩效管理活动的效果

传统的绩效考核往往习惯性地采用"民主评议"的方式，其弊端在于评议者的标准与绩效考核的目标往往不统一，绩效考核经常成为被考核者在企业内部人际关系水平的反映。而且这种考核往往只能反映过去，对提高今后绩效的作用不明显。将人才测评技术融入日常的绩效管理，不仅提高考核的科学性与准确性，还会将员工对企业的投入度、工作敬业程度、能力水平、团队精神等个人素质都列到考核与管理的范围之内，使绩效管理更加客观、公正、有效。

四、提高员工培训的效果

员工培训的需求分析与效果评估，都需要借助人才测评技术来完成。通过人才测评活动可以发现员工的不足，从而为确定培训需求提供依据。帮助组织选择能够明显提升员工绩效水平的培训项目，将钱花在"刀刃"上，提高培训投资的效用。通过人才测评还可以检验员工在培训中所学习知识、技能的掌握情况，从而确定实际的培训效果，为下次培训积累经验。

五、促进团队建设

优秀的团队不是团队中成员的简单叠加，而是取决于成员之间素质的匹配性和凝聚力的强弱等，这些都需要通过人才测评活动来完成。运用人才测评，可以在团队组建之前预测团队成员的协作性，并对团队组建后可能出现的冲突与矛盾进行防范，化解可能的危机于无形之中，从而保障团队顺畅高效地运作。对于已存在问题的团队，人才测评可以通过诊断，找出问题所在，对症下药，亡羊补牢。

六、促进员工的职业生涯规划

现代组织的职业生涯管理更多依赖于员工的自我管理与开发。人才测评通过技术设计，帮助个体清晰地认识自己并了解岗位；发现自己没有在当前所处的机会与场合中表现出来的能力；还能确定尚未被开发，"长眠不醒"的潜力。由此实现自我设计与自我开发，从而让个体的人力资源活跃起来，减少个人职业生涯规划的盲目性。

思政元素

▶ 通过掌握人才测评的内涵，培养学生科学严谨的专业态度，提高其科学求实的专业精神；

▶ 通过了解人才测评的发展历史，弘扬中华优秀文化，强化学生的民族自豪感和文化自信，培养学生的民族精神和时代精神；

▶ 通过了解中国心理测量学家的奋斗故事，引导学生树立崇高的理想信念，增强其社会责任感和使命感；

▶ 通过学习人才测评的目标、内容，引导学生培育和践行社会主义核心价值观；

▶ 通过学习人才测评的方法、意义，培养学生学以致用的实践意识与动手能力，强化学生"坚持理论联系实际"的认知。

 ## 核心概念

人才测评、心理测量、心理测验、智能素质、能力、技能、知识、个性心理特征

 ## 本章小结

本章主要介绍了人才测评的基本情况，包括人才测评的概念与内涵、历史背景、目标、内容与方法、原理、流程、结果与意义。

第一节介绍了人才测评的概念及人才测评与心理测验和心理测量的关系。人才测评是心理测量技术在人力资源管理中的应用，它运用以心理学为基础的多种学科与技术，以科学的方法对人的综合素质进行评估。人才测评包括测量和评价两个部分。

第二节介绍了人才测评的发展历史，包括中国古代人才测评思想、19 世纪的心理测量，以及现代中国人才测评发展现状。

第三节讲述了人才测评的目标、内容与方法。人才测评的目标包括评定与甄别、诊断与反馈、预测与激励。人才测评的内容可划分为身体素质和心理素质两个方面。针对不同的测评内容可选择不同的测评方式，如笔试、面试、心理测验、评价中心技术等。

第四节介绍了人才测评的流程。人才测评的流程一般包括明确人才测评的目的、确定人才测评的指标、设计测评的方法与测评题目、设计测评方案与实施测评活动，最后统计测评结果与撰写测评报告，并将测评结果反馈给被测评者。

第五节讨论了人才测评对人力资源管理的意义。人才测评技术贯穿人力资源管理的全过程，它有助于人才的选拔、人力资源的盘点、绩效管理活动的提升、培训效果的提高，同时也能促进团队建设和员工的职业生涯规划。

 ## 复习思考题

1. 什么是人才测评？
2. 人才测评考查哪些内容？
3. 现代的人才测评方法有哪些？
4. 人才测评的流程包括哪些？
5. 人才测评对企业的人力资源管理活动有什么价值？

问题讨论

如何有效地实施线上人才测评

由于新冠疫情暴发，利用互联网技术进行线上测评一度成为人才评价的主要形式。线上测评具备哪些优势与劣势，如何应对新的挑战成为人力资源管理者的新课题。

一、线上人才测评的优势

线上测评因具备远程、零接触的特点，能很好地应对特殊情况下的要求。与线下评估相比，线上评估的流程公开和透明，极大地简化了测评流程，筛选用人的标准严谨统一，并且线上的监督管理措施更加快捷有效，提高了考务效率，有效降低了测评过程所需的人力和物力成本。另外，线上测评因单次测评成本较低，所以能够实现多轮次、大范围的人员筛选，扩大了企业的招聘范围，可吸引更多地区的人才。

二、线上人才测评的难点

（一）测评方式不足，测评技术落后

传统的线下人事测评有多种形式，例如在面试环节，线下的面试可以组织集体面试或综合面试等。而线上测评的形式和种类略显不足，测评人员和面试者在测评时只能通过屏幕进行沟通，双方在通过屏幕沟通交流时所传递信息的完整性和准确性难免会被影响。为此，企业为了保证招聘的公平性，避免测评人员主观因素的影响，往往会加大笔试成绩的占比，削弱面试的重要性。因而会漏掉一些笔试成绩较差但实践经验丰富，有着较高工作能力的人才。此外，由于新冠疫情的突发性和未知性，人事测评专员对处理突发事件欠缺经验，普遍不熟悉线上业务，导致疫情环境下的测评程序过于烦琐复杂，工作任务量可能明显增大，效率低下。

（二）测评难度大，受干扰概率大

在线下测评环节中，人力资源工作者可凭借自身丰富的评估经验来对应试者的知识水平、性格特征、工作能力等作出基本的判断。而网络测评不比现场面试，线上的交流过程会隐藏掉许多测评细节，因此加大了人力资源专业人员捕捉细节信息进行判断的难度。

另外，线上测评过程中的外界条件也在很大程度影响了被测评人的成绩。例如网络、电脑、摄像头、音响麦克风等设施一旦出现问题，或者测评过程中被测评人受到外界干扰，则会影响被测评人的心态，甚至是最终成绩。

（三）信息可信度降低

新冠疫情暴发初期，人社部印发通知，要求疫情防控期间各事业单位公开招聘均改为网上组织或延期举行，暂停组织线下现场报名、笔试、面试活动。多数单位在疫情防控期间首选推迟线下人事测评工作而非线上，理由便是线下测评保证了一定的真实性，有效避免了考试作弊等不诚信行为。

就目前情况而言，我国线上人事测评活动的公平性和客观性确实堪忧。疫情影响下，就业市场竞争激烈，许多面试者为了顺利达到求职目的，在进行线上测评时会谎报个人信息，存在不诚信行为。同时，除了应聘者信息造假，也有不法分子伪装成面试官身份窃取求职者信息的现象存在，因此线上测评的信息可信度不高。

长期来看，随着社会、科技的发展，线上测评前景广阔，也将会成为招聘面试环节中的主流方式之一。

如何发挥线上人才测评的优势，回避缺陷，请通过小组讨论的形式提出改进措施及相应对策。

资料来源：刘轶. 疫情形势下人事测评工作的难点与对策［J］. 人才资源开发，2022（7）：30-31.

第二章　人才测评基础理论

学习目标

通过对本章的学习，你能够：
- ▶ 掌握人才测评的相关理论；
- ▶ 掌握心理学相关理论；
- ▶ 掌握测量学相关理论基础；
- ▶ 掌握数理统计学理论基础。

案例引入

HT 公司基于胜任特征模型和大五人格理论构建人才测评体系

HT 公司是一家国有企业，在招聘测评方面，虽然采用了专业知识测试、半结构化面试、无领导小组讨论、演讲、测评游戏等多种综合测试手段，但是专业知识测试使用频次远远高于其他测试手段。在做录取判断时，过多地依赖知识测试结果，以及应聘者学校等因素，并没有全面衡量应聘者的综合素质；在晋升测评方面，除了专业技术岗位任职资格测评，并没有其他晋升测评手段。

从本质上说，HT 公司还没有建立科学的人才测评体系，主要表现为，在招聘测评方面，一是缺少岗位胜任特征模型。对于每类岗位应针对哪些目标素质进行测评并没有专业评估；对于责任感、团队合作、神经质人格、价值观等隐性影响工作绩效的因素缺少认知，也缺少相应的考查手段，应聘者入职后发现价值观与公司管理风格不符，随即离职的情况时有发生。后续人才培训、人才选拔也缺少相应的依据。二是测评方法针对性不强。人才测评实际上还停留在知识和技能测评阶段，重视智力因素，很多低端事务性岗位也录取名校毕业生，造成人才和成本的双重浪费。三是招聘测评流程不规范，专业度不够，"对外展示窗口"效果不理想。在晋升测评方面，缺乏岗位胜任特征模型，学而优则仕，很多技术和业务工作出色的员工被选拔到管理岗位，在团队管理、沟通能力、战略能力等方面存在不足，这些在一定程度上制约了工作效率的进一步提升。

针对以上问题，HT 公司构建了以下人才测评体系。

（1）从大五人格理论出发，建立基于胜任特征模型的岗位描述。对于每个岗位都建立胜任特征模型既没必要也不现实。HT 公司把岗位按照职能分成 6 个职系，分别是管理、工程、研究、软硬件开发、测试维护、销售系列。每个职系再按照所需要技能与经验的多少分为初级、中级、高级 3 个技术职等与 2 个管理职等。根据大五人格理论建立初步的胜任力模型，见表 2-1。

表 2-1　能力素质模型举例表

大五人格	子因素	通用素质	专业岗位	管理岗位	
			高级	中级	高级
认真性（在目标取向行为上的组织性、持久性和动力性的程度）	胜任	—	自信	高度自信	高度自信
	条理性	—	逻辑思维清晰	条理性强，擅长计划	条理性强，擅长计划
	责任感	客户意识，责任意识	—	顾全大局	全局观念
	追求成就	—	为了卓越努力工作	较高的成就动机（包括权力欲望）	有成就动机（包括权力欲望）
	自律	勤奋廉洁	自觉性高	意志力强	意志力强
	审慎	细致认真	思维全面	思维全面	思维全面
宜人性（评鉴某人思想、感情和行为方面在同情至敌对这一连续体上的人际取向的性质）	信任	信任人		授权	授权
	坦诚	坦荡真诚、守信	—	—	—
	利他	助人		—	—
	顺从	合作，团队意识		不易服从	掌控欲强
	谦逊	谦虚			
	同理心	换位思考			
神经质（识别那些容易有心理烦恼、不现实的想法、过分的奢望式要求以及不良反应的个体）	焦虑水平	无明显焦虑、具有安全感	—	—	—
	愤怒和敌意	态度友好			
	抑郁	不抑郁			
	自我意识	不明显自卑			
	冲动性			稳重不冲动	稳重不冲动
	脆弱性	—		具有一定的压力承受能力	具有较强的压力承受能力
外倾性（衡量人际的卷入水平和活力水平）	热情	—		沟通交流	影响感召
	乐群性	—		喜欢人际交往	具有广泛的人际连接

续表

大五人格	子因素	通用素质	专业岗位	管理岗位	
			高级	中级	高级
外倾性（衡量人际的卷入水平和活力水平）	独断性	—	—	具有决断力	具有决断力
	活力	—	—	精力充沛	精力充沛
	寻求刺激	—	—	喜欢挑战	喜欢挑战
	积极情绪			乐观	乐观
开放性（评鉴对经验本身的积极寻求和欣赏；喜欢接受并探索不熟悉的经验）	想象、审美、感受丰富的	—	—	—	—
	尝新	—	跟踪技术前沿	创新意识	创新意识
	思辨	—	求知欲强，善于抽象思考	求知欲强，善于抽象思考	求知欲强，善于抽象思考
	价值观	认同价值观	—	传递价值观	擅长价值观鼓动
知识技能		—	掌握本领域的专业知识，可以辅导其他人工作	对部门业务具有全面的掌握	对组织优势、劣势具有全面的认识，具有战略制定与决策能力

（2）建立全面的测评流程，开发测评题库。目前基于大五人格理论的测评工具是问卷法，这无法解决被试有意掩饰的问题。因此，在胜任特征模型基础上建立全面的测评评估体系，以测评评分表为抓手确保测评项目的落实。其中属于知识层面的，建立知识题库，进行笔试；属于技能层面的，建立操作题库，进行上机操作；对于宜人性、外向性指标可以以团队活动譬如拓展培训、开放日体验营、剧本扮演等方式进行观察；对于神经质、开放性等指标可以采取无领导小组讨论、压力面试、结构化面试、竞聘演讲等方式进行测试；对于其他不容易通过短期测评做出判断的，可以采取社交媒体痕迹分析、背景调查等方式进行广泛取证。测评内容及部分测评面试题目参考见表2-2。

表2-2　面试题目举例

一、考查是否有自信心。1. 您最近三年有哪些创新的工作项目？实施结果如何？2. 举一个例子，证明您的能力与经验达到行业或专业不错的水平

二、考查是否有条理。1. 无锡有多少个阴井盖？2. 请介绍一下您的家乡？

三、考查是否有责任心。1. 您与朋友有约，但是赴约的前一天才知道正好和一件更精彩的事撞期，请问您如何处理这种情况？2. 您能不和原单位交接，就到我单位入职吗，我们急需人手？

四、考查是否有成就动机。1. 您这一生全力追求的是什么？是成就、安全、爱情、权力、刺激、知识，还是别的？2. 从一到十，"一"代表艰苦挣扎与杰出成就，"十"代表舒坦度日与平凡无奇；请问：您想替自己的人生选择什么号码，为什么？

五、考查是否自律。1. 您有哪些长期坚持的习惯？2. 您有什么事情一直拖延没有完成？
六、考查是否审慎。1. 您有没有赶不上火车等类似的例子？2. 您觉得自己有强迫症吗？
七、考查是否信任人。1. 您相信人性本善吗？2. 您会不会答应陌生人希望您帮他看包的请求？
八、考查是否坦诚。1. 您有什么缺点？2. 如果朋友问您借钱忘记还了，您会怎么做？
九、考查是否具有利他性。1. 在您身上有没有出现过这样一种情况，您很难拒绝别人，以致经常做出一些自己不愿做的事？2. 您参加过公益组织或公益活动吗？
十、考查是否性格比较顺从。1. 您在与人交谈时，比较喜欢倾听，还是喜欢说话？2. 您觉得"以牙还牙、以眼还眼"这样的处理哲学有什么优缺点？
十一、考查是否谦逊。1. 别人恭维您时，通常您会坦然接受，还是谦称自己不敢当？2. 您有哪些优点？
十二、考查是否具有同理心。1. 您会当面指出别人的缺点吗？2. 您觉得您会不会在行动之前过多考虑别人的感受？
十三、考查易焦虑性。1. 您最近有什么使得您焦虑的事情？2. 您经常会做什么类型的梦？
十四、考查是否有愤怒和敌意。1. 您曾经恨过谁吗？2. 如果您和同事约好做一件事，但是您被放了鸽子，您会怎么反应？
十五、考查是否经常抑郁。1. 您觉得生活有意义吗？2. 平时您不开心时会做什么？
十六、考查是否自我意识过强。1. 您从小到大有自卑过吗？2. 您倾向于当众演讲还是幕后写演讲稿？
十七、考查是否性格容易冲动。1. 讲一个令您后悔的一件事？2. 您一般怎么控制自己的冲动行为？
十八、考查是否脆弱不抗压。1. 您觉得生活时间和工作时间如何劈分较好？2. 谈谈您在工作或生活或求学经历中出现的挫折或低潮时，您是如何克服的？
十九、考查是否热情。1. 您会不会觉得一个自来熟的人很令人讨厌？2. 您是一个自来熟吗？
二十、考查是否乐群。1. 如果您只能选择一种度假方式，您选择参加朋友聚会，还是选择在山明水秀的地方独立度假？2. 您喜欢独立完成一项任务还是和团队一起完成？能举一些例子吗？
二十一、考查决断力。1. 您控制欲强吗？2. 您经常召集同学或朋友聚会吗？在聚会中，您喜欢讲还是喜欢倾听？
二十二、考查活力。1. 您觉得自己的时间够用吗？如果不够用，原因何在？2. 您喜欢悠闲的生活还是忙碌的生活？
二十三、寻求刺激。1. 您觉得工作能够带给您的最大乐趣是什么？2. 您工作中碰到的最大困难是什么？
二十四、积极情绪。1. 您觉得自己的童年比大多数人的童年快乐吗？2. 如果您有能力改变自己从前的成长过程，您会做哪些改变呢？
二十五、尝新。1. 您有什么兴趣爱好？2. 如果您献身于某种职业（如音乐、写作、表演、生意、政治、医药等）就可以成为其中的佼佼者，那么您会选择哪一种？
二十六、思辨。1. "失去监督的权力必然产生腐败"，对于这句话您怎么理解？2. 吸烟有害健康，但烟草业对国家的税收有很大的贡献，您如何看待政府采取的禁烟措施？
二十七、考查是否认同组织价值观。1. 您喜欢目前公司的文化吗，举例说明一下？2. 请您评价一下您上一家工作单位的老板与上司？

资料来源：娄娜，邵慧卓. 基于胜任力素质模型和大五人格构建人才测评体系：以 HT 公司为例 [J]. 人力资源，2020（6）：9-11.

人才测评的建立和发展与其理论基础的丰富和完善是密不可分的。首先，胜任特征模型和人职匹配理论作为人才测评的专业理论，是人才测评实践的最直接理论指导。其次，心理学理论是对人的心理发展和心理特性的理论概括和规律阐述，帮助我们在人才测评中正确认识测评对象。再次，测量学理论是对具体测量方法的理论概括，是人才测评科学性的保证。最后，概率论与统计学理论是对测评数据分析、推断的依据，也是人才测评结果量化的过程。

第一节　人才测评理论

作为一门应用型学科，人才测评已经发展出一套专门的理论与方法，以此指导人才测评实践的操作。

一、胜任特征模型

胜任特征模型是人才测评工作的重要基础，反映出企业对人力资源素质的具体要求。一个先进的胜任特征模型指导组织有效地开展员工培训、改善绩效水平、在招聘中定义能力以及其他人力资源管理活动。

戴维·麦克利兰
(1917.05.20—1998.03.27)

（一）胜任特征模型的概念及内涵

胜任特征（competency）的概念最早由美国哈佛大学的戴维·麦克利兰教授于1973年提出。麦克利兰及其同事发现，采用传统的智力测验、性向测验方法来预测未来工作成败不可靠，主张采用胜任特征去预测员工未来的工作绩效。胜任特征是那些与工作或工作绩效或生活中其他重要成果相似或直接相联系的知识、技能、能力、特质或动机。

虽然国外学者对于胜任特征的概念没有统一的界定，但有四点内涵得到广泛认同，具体如下。

（1）胜任特征是指个体潜在的特征，强调工作情境中员工的价值观、动机、个性与态度、技能、能力、知识等内容。

（2）胜任特征与员工的绩效具有因果关联。胜任特征显示了个体的思维方式和行为特征，具有跨情境和跨时间的相对稳定性。在人力资源管理中，胜任特征并不是对个人所有特征要素的简单加总，而是那些与岗位要求及管理绩效有因果关系的关键个人特性，可以用来预测员工未来的工作绩效。

（3）胜任特征与特定工作岗位的要求紧密联系。在某一工作岗位上非常重要的知识、技能，在另外一个工作岗位上或许发挥不了作用。

（4）胜任特征能够区分绩效优秀者和一般者。胜任特征是衡量某种素质特征预测现实情境中工作绩效优劣的效度标准。参照校标是胜任特征概念中最关键的一个内涵。如果某种素质特征不能预测一些有意义的差异（如绩效方面的差异），则不能成为胜任特征。

知识链接

胜任特征模型理论的来源：麦克利兰的美国外交官甄选项目研究

20世纪50年代初，第二次世界大战以后的美国在世界上的地位急速上升，对外交官的需求急剧膨胀，选择大量合格的外交官人才是当时美国国务院面临的棘手问题。早期选拔外交人才是从美国顶尖大学里挑选前10%的毕业生，经过培训出任，但是这些最聪明的人并不是全部都能够胜任外交官这个岗位，很多大家认为很聪明的外交官常常会犯一些很低级的外交错误，这种情况出现多次以后，美国国务院开始反思选人标准的问题。

美国国务院找到当时有名的人才识别专家、哈佛教授麦克利兰博士，麦克利兰博士摒弃一切原有的主观判断标准和条件，要求美国国务院提供两组人，一组是美国国务院认为优秀的外交官，一组是表现一般的外交官，项目团队对这些外交官进行详细的访谈。在访谈中关注的重点是外交官处理具体的外交工作任务时，当时是怎么想的？采取了什么措施？别人是怎么回应的？有什么样的互动？项目团队把访谈的素材加以比较，提炼出决定外交官工作业绩的三种核心测量指标：跨文化的人际敏感性、对他人的积极期望、快速进入当地政治网络。结果，以这三种核心测量指标的外交官挑选工作取得了成功。

项目结束后，麦克利兰正式提出了胜任特征模型方法。

改编自：https：//www.wangxiao.cn/hr/0893278353.html.

胜任特征模型（competency model）是指担任某一特定的任务角色所需具备的个体特征的总和。它是用行为方式来定义和描述员工完成工作需要具备的一系列知识、技能、特质和工作能力的有层次的特征组合，是将高绩效者与一般绩效或低绩效者区分开来的标准，从而为某一特定组织、工作或角色提供达成成功的素质模型。通过胜任特征模型可以判断并发现员工绩效好坏差异的关键驱动因素，从而成为改进与提高工作绩效的基点。

胜任特征模型并不是把所有实现某一绩效目标所需要的素质特征都描述出来，而是要分析、提炼那些核心的、关键的素质，因此，胜任特征模型通常由3~6项与工作绩效密切相关的核心胜任特征要素构成。

一般而言，胜任特征模型需要具有行业特色，应该反映对某行业内人员的整体素质要素，包括知识和技能的范围、对所服务客户的认识程度等；胜任特征模型还要有企业特色，不同企业不同岗位的胜任特征模型是不一样的。即便两个企业在人员要求的胜任特征条目上看似一致，也很少有两个企业的胜任特征行为方式要求完全相同。因此，需要根据企业的环境、战略、文化特别是岗位工作要求构建企业的岗位胜任特征模型。

（二）胜任特征模型理论

1. 冰山模型

冰山模型（iceberg model）是麦克利兰于1973年提出的。冰山模型将个体素质的不同表现形式分为表面的"冰山以上部分"和深藏的"冰山以下部分"，如图2-1所示。

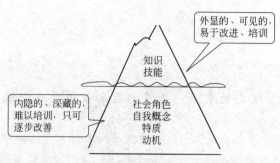

图 2-1 冰山模型

冰山以上的部分，包括知识与技能，这部分内容比较可见，是个体完成某项工作所需的最基本的知识技能，对于冰山以上部分的评价可以从其工作结果中直接判断得出。冰山以下的部分，主要包括社会角色、自我概念、特质和动机等。这一部分内容相对不易被观察到，是个体的内隐素质，更是影响个体绩效的内在原因。冰山模型的六大素质如表 2-3 所示。

表 2-3 冰山模型的六大素质

素质	特点	举例
1. 知识：某一职业领域需要的信息，即一个人对特定领域的了解	知识是开展特定工作的基本条件，是通过培训或强化训练可以迅速提升的素质。在人才测评领域，对知识测评的研究较少，这是因为社会普遍认为直线主管往往能够对被测评者的知识水平进行较为准确的判断，而无须利用人才测评技术甄别被试者的知识差异。其实，知识测评也是人才测评比较重要的一个组成部分	营销经理应该具备的知识包括：产品知识、市场营销知识、管理知识等
2. 技能：掌握和运用专门技术的能力，即一个人将事情做好所要掌握的东西	在这个模型当中，需要对能力与技能因素进行整体思考。大部分能力都可以通过强化训练得到提升。在测评过程中，被测评者的特定行为能够表现特定的能力，如通过利用 PEST、SWOT 等分析工具对组织面临的环境进行分析评估，考官就可以判定被测评者是否具备运用分析工作的能力，再结合被测评者的其他表现，即可对其分析能力进行整体评价	计划能力、分析能力、沟通能力、协调不同意见的能力
3. 社会角色：个体对社会规范的认知与理解，即一个人留给大家的印象	社会角色包括被测评者的价值观和态度因素，是表现被测评者环境或岗位适应性的重要指标。在人才测评中，多利用心理测验中的人格测验和职业适应性测验来对社会角色进行测量。价值观是推动并指引一个人采取决定和行动的原则、标准，是个性心理结构的核心因素，它使人的行为带有稳定的倾向性	想成为工作团队中的领导、玩世不恭的处世态度等
4. 自我概念：对自己身份的知觉和评价，个人对自己的看法，内在自我认同的本我	自我概念是表现被测评者自信心的维度。被测评者对自我的定位，决定着其面对困境所采取的不同行为风格与态度。在人才测评中，被测评者的自我形象可以通过情境测试、心理测验、面试等多种方法进行测查	如认为自己是某一领域的权威、相信自己能够完成艰巨的任务等

续表

素质	特点	举例
5. 个性特质：某人所具有的特征或其典型的行为方式；一个人持续而稳定的行为特征；或者也可理解为一个人对客观事物习惯的行为和稳定的态度	不同的个性特征适宜不同类型的岗位。在人才测评领域，对被测评者的个性特征进行测试的工具有很多，但因它们大多根据人格的结构特点开发而成，因此必须注意有针对性地选用这些工具。常见的个性测验有卡特尔16种人格因素测验、加州青年人格问卷等	内向与外向，感性与理性，悲观与乐观等
6. 动机：决定个人外显行为的内在的、稳定的想法或念头；对特定领域自然而持续的想法或偏好；动机驱使并引导人的外在行为	人才测评在分析个体的行为时，不仅要求了解行为的方式和行为导致的后果，还要求追究造成行为的原因即动机。只有研究行为的原因，才能全面而深刻地理解行为、预测行为并对行为进行相应的引导	希望获得领导他人的权力、追求名誉等

2. 洋葱模型

洋葱模型（the onion model）是由美国学者理查德·博亚特兹等人在冰山模型的基础上提出的，是从另一个角度对冰山模型的诠释。洋葱模型将冰山模型提出的知识、技能、行为、自我概念、特质和动机进行了更新划分。洋葱模型包括3个层次，最外面一层包括知识和技能，中间一层包括态度、价值观和自我认知，最里面一层包括个性和动机，如图2-2所示。在洋葱模型中越是处于外层的素质，越易于培养和评价；越是位于内层的素质，越难以培养和评价。

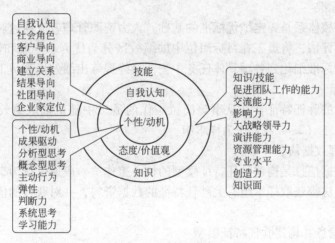

图2-2　洋葱模型

洋葱模型同冰山模型都强调核心素质或基本素质等胜任素质。相对而言，洋葱模型更能够突出潜在素质与表象素质的层次关系。

（三）胜任特征模型的构建

构建胜任特征模型的目的是使员工获得高绩效，为企业的长远发展做出贡献。胜任模型的构建原则及流程反映了组织对高绩效的认识与要求。

1. 胜任特征模型的构建原则

1）以企业的发展战略为导向

企业的发展战略决定着企业的人才需求模式及人才标准。构建胜任模型要考虑企业发展战略中的核心竞争力，并据此确定员工的核心能力和素质要求。

2）以职位的工作内容为依据

胜任特征模型的构建应当从关键职位入手，循序渐进，直至全面铺开，主要以具体职位的工作内容为依据。

3）以企业的经营思路和业务处理方式为标准

同一行业中的两家企业对具体问题的处理会截然不同，因此一定要以本企业的经营思路和业务处理方式为标准。

2. 胜任特征模型构建的具体步骤

1）明确战略目标

企业的战略目标是构建胜任特征模型的总体指导方针。人力资源管理者应首先分析影响战略目标实现的关键因素，其次研究企业面临的挑战，最后才能够提炼出企业要求员工应当具备的胜任素质要求。

2）确定目标岗位

企业战略目标的实施往往与企业中的关键岗位密切相关。因此，在构建胜任特征模型时应首先选择那些对企业战略目标的实现起关键作用的核心岗位作为目标岗位，然后分析目标岗位要求员工所应具备的胜任素质。

3）界定绩优标准

完善的绩效考核体系是界定绩优标准的基础。人力资源管理者应通过对目标岗位的各项构成要素进行全面评估，将员工在目标岗位中的绩效区分为优秀、一般和较差的行为表现，从而界定并将绩优标准细化到各项具体任务中去，最终提炼出绩效优秀员工的行为特征。

4）选取样本组

根据目标岗位的胜任特征，在从事该岗位工作的员工中随机抽取绩效优秀员工（3~6名）和绩效一般员工（2~4名）作为样本组。

5）收集、整理数据信息

收集、整理数据信息是构建胜任特征模型的核心工作。一般通过行为事件访谈法、专家数据库、问卷调查法等获取样本组有关胜任特征的数据资料，并对获得的信息与资料进行归类和整理。

6）分析数据信息并构建胜任特征模型

根据归纳整理的目标岗位数据资料，重点分析对实际工作中员工的关键行为、特征、思想和感受有显著影响的行为过程或片段，发掘绩效优秀员工与绩效一般员工在处理类似事件时的反应及其行为表现之间的差异，识别导致关键行为及其结果的具有显著区分性的能力素质，并做出规范定义。之后对各个项目进行等级划分，并对不同的素质等级做出行为描述，初步建立胜任特征模型。

7）验证胜任特征模型

胜任特征建立之后首先要与相应职位的任职者及其上级进行讨论，确认模型中的胜任特征是驱动员工产生优秀绩效的关键胜任特征，还需要确认对于胜任特征的界定是否准确，等级划分是否恰当，从而提高胜任特征模型的正确性、可操作性和实用性。

二、人职匹配理论

人职匹配理论（person-occupation fit theory）是现代人才测评的理论基础，由美国波士顿大学的教授弗兰克·帕森斯在他的《选择职业》一书中第一次系统提出。弗兰克·帕森斯也因此被称为职业指导之父。人职匹配理论的基本思想是：个体差异是普遍存在的，每一个个体都有自己的个性特征，而每一种职业由于工作性质、环境、条件、方式的不同，对工作者的能力、知识、技能和个性等有不同的要求。在进行人才选拔和配置的时候，要根据一个人的个性特征选择与之相对应的职业类型进行匹配，如果匹配得好，则个人的特征与职业环境协调一致，工作效率和职业成功的可能性就大为提高；反之则工作效率和职业成功的可能性就很低，因而产生内耗。

弗兰克·帕森斯
(1854. 11. 14—1908. 09. 26)

（一）人职匹配概念的内涵

人职匹配包含两层意思：一是指某个人的能力完全能胜任该岗位的要求，即所谓人得其职；二是指这个人完全具备岗位所要求的能力，即所谓职得其人。当素质高于职位要求时，会产生资质过剩感，发生素质消退现象，即任职者的素质会因为得不到适当的环境与刺激条件的作用而逐渐萎缩，得不到发展和发挥，以至于向相反方向解体。当素质低于职位要求时，无法圆满完成组织交给的任务。因此，对于组织和个体来说，进行恰当的人职匹配具有非常重要的意义。

具体来说，人职匹配主要包括以下4个方面的具体内容（见图2-3）。

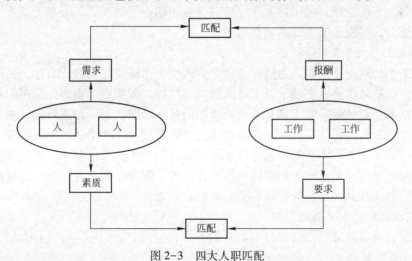

图2-3　四大人职匹配

1. 工作要求与人的素质相匹配

心理学第一定律指出：人是不同的。这是指人的各种生理心理特征存在差异。不同的岗位由于其工作性质、难度、环境、条件、方式不同，对从业者的能力、知识、技能、性格、气质、心理等各方面素质就有不同的要求。进行人职匹配时，应该根据每个人的能力模式和能力水平将其安排在相应的岗位上，因人定岗，按能配岗；还应该根据岗位所要求的能级安排相应的人，因岗选人；而且要用人之长，避人之短，这样才能做到"岗得其人，人乐其岗"，充分调动员工的工作兴趣和激情，发挥其最大的能量。

2. 工作报酬与人的需求相匹配

报酬是企业对员工的工作表现和工作绩效给予的相应回报，是一种激励手段。员工对报酬的态度，不仅仅取决于报酬的绝对值大小，更在于自己的报酬与个人需求是否一致，或与同一岗位或不同岗位的其他员工进行权衡比较，感受是否公平合理。一个人所得报酬的绝对值与其积极性的高低并无直接的必然联系，只有当他对所付出的劳动与所获报酬的比值，与同等情况下的其他人相比较，主观上感到是否公平、合理，这才会真正影响人的积极性。因此，必须明确岗位能级结构，并依据每个岗位能级大小来设定相应的薪酬等级，且要尽量减少其可比较的机会，使工作报酬与员工的期望值（需要）相吻合，实现"能者有其酬"，使报酬发挥最佳的激励作用。

3. 人与人的匹配

人人匹配，顾名思义是说企业员工与员工之间的匹配。企业中员工的知识、能力、性格千差万别，人们需要根据自己的个性特点找到合适的工作氛围，适应不同的人际关系，以获得个人需要、兴趣及心理上的满足，从而形成个体性格和差异的互补，最大限度地发挥自己的潜力。人与人的匹配要求在人力资源管理过程中做到员工与员工之间在知识上互补、能力上互补、性格上互补和气质上互补，从而协调合作，共赴事功。因此，必须通过素质管理，在识人和承认员工差异的基础上，围绕企业战略目标的实现，把差异性的员工组合起来，形成高绩效的工作团队，一方面，能较好地分工与合作，提高组织效率；另一方面，能增加员工的组织归属感和工作投入的热情度。需要强调的是，人与人的匹配不是静态的、一次性的，而是必须动态地管理。因而需要通过培训开发和职业生涯规划，不断提高员工的就业能力和岗位胜任力，实现员工之间的动态匹配。

4. 工作与工作的匹配

工作与工作的匹配要求在人力资源管理中必须使工作岗位之间权责有序，灵活高效，确保工作流程发挥整体优势，有利于员工最大效能的发挥。因而必须在岗位分析的基础上进行岗位管理，根据企业的战略要求和企业员工素质的具体情况，对岗位进行设计和再设计，对岗位的价值进行正确的评估和界定，确定合理的工作流程、工作形式和岗位设置，并通过竞聘上岗、岗位轮换、工作团队等多种形式不断提高员工的工作参与感和工作满意度。

人职匹配管理的前提是对人的个体特性有充分的了解和掌握，并对岗位及环境有充分的了解与掌握，而人才测评正是获得这些信息的最有效方法。

（二）人职匹配的主要理论

人职匹配有许多亚理论，其中较有影响的是"特性-因素理论"和"人格类型理论"。

1. 特性-因素理论

特性-因素理论（trait-factor theory）源于19世纪的官能心理学，后经帕森斯和威廉森发展而形成。特性-因素理论中的特性是指人的生理与心理特点。该理论认为每个人都具有与众不同的生理特点、能力模式和人格特质；因素是指某种职业对人的要求。职业性质不同，对人的要求也不同。特性与因素之间具有紧密的联系，一定的特性往往与某些特定的职业相匹配，因此，人人都有最合适的职业，人人都有选择职业的机会。

帕森斯提出职业指导三要素思想：首先，评价求职者的生理和心理特点，通过心理测量、生理测量和其他测评手段，获得求职者身体状况、智力水平、能力倾向、兴趣爱好、性格与气质特点等方面的信息。通过面谈、调查、查阅档案资料等获得求职者家庭背景、学习与工作经历等情况。其次，分析职业对人的要求，提供有关职业的信息，包括职业的性质、工资待遇、工作条件以及发展前景等；确定求职的最低条件，如学历要求、所需专业训练、身体条件、年龄、各种能力以及其他心理特点要求等。最后，人职匹配，指导人员在了解求职者的特性和职业的各项指标基础上，帮助求职者进行比较分析，选择最合适的职业。

特性-因素理论强调人的个体特性与职业所需要的素质和技能的协调与匹配，为使两者达到协调与匹配，了解个体的特性就显得十分重要，因此，特性-因素理论强调人才测评是职业指导的基础。

2. 人格类型理论

人格类型理论是美国职业心理学家约翰·霍兰德创立的。在人格和职业的关系方面，霍兰德提出了一系列假设：①在现实的文化中，可以将人格分为六种类型：现实型、研究型、艺术型、社会型、企业型与常规型。每一种人格类型的人会对相应职业类型中的工作或学习感兴趣，适合一定的职业群。②环境也可区分为上述六种类型。③人们寻求能充分施展其能力与价值观的职业环境。④个人的行为取决于个体的人格和所处的环境特征之间的相互作用。基于上述理论假设，霍兰德提出了人格类型与职业类型模式。不同类型人格的人需要不同的生活或工作环境，例如"现实型"的人需要现实型的环境或职业，

约翰·霍兰德
(1919. 10. 21—2008. 12. 27)

因为这种环境或职业才能给予其所需的机会与奖励，这种情况即称为"和谐"（congruence）。类型与环境不和谐，则该环境或职业无法提供个人的能力与兴趣所需的机会和奖励。

据此，人力资源管理者便可根据人才测评结果，并结合职位要求，进行人事配置，使适其人，人事相配，以求最大限度地开发人力资源。

 # 第二节　心理学理论

心理学理论是对人的心理发展和心理特性的理论概括和规律阐述，从理论上揭示人类心理现象的基本特征，从而帮助我们在人才测评中正确认识测评对象，因而成为人才测评的基础理论。

一、能力理论

从心理学的角度看，能力（ability）是指一个人能够顺利地、有效地完成某种活动的心理特征。能力包含多方面内容，是一个多层次、多维度的复杂的心理系统，如能力可分为认知能力、操作能力、创造能力以及社会适应能力等。认知能力是指学习、理解、分析、概

括、推理能力；操作能力是指动手能力、操纵制作能力和运动能力；创造能力是指独立地以新的模式、新的思维去掌握和运用知识、技能，并产生丰富的想象和联想，从而发现新的原理、形成新的技能、发明新的方法、获得新的成果的能力；社会适应能力是指人际交往能力、对新环境的适应能力以及自身与环境达到平衡的调节能力。

人的能力是多方面的，各种能力彼此之间相互关联、相互影响、相互制约，而且，各种能力表现在个体间的发展也是不平衡的。从管理的角度看，不仅要了解人们在能力上存在的差异，更重要的是要了解人们的能力具有哪些方面的不同，并运用这些知识尽可能使员工的能力和工作相匹配，使员工更有效地发挥自己的能力。

国内外心理学家对能力进行了大量的研究，形成了各种不同的有关能力的理论。这些理论大体可以概括为心智能力理论、体质能力理论和情绪能力理论三大类，为人才测评提供理论框架。

（一）心智能力理论

心智能力（intellectual ability），也称智力，即从事脑力活动所需要的心理能力的总体评价，如思考、推理、解决问题等。关于能力的理论，是伴随着对智力的研究而开展起来的。

1. 瑟斯顿的七维智力理论

美国心理学家瑟斯顿的七维智力理论认为，人的智力是由七种基本因素构成的，包括：

（1）语词理解，理解词语含义的能力。

（2）语句流畅，能否迅速做出反应的语音能力。

（3）数学运算，能否迅速而正确地进行计算的能力。

（4）空间关系，方位辨识及空间关系判断能力。

（5）联想记忆，有关两个事物之间联系的机械记忆能力。

（6）知觉速度，能否凭视觉迅速辨别事物异同的能力。

（7）一般推理，能否根据经验做出归纳推理的能力。

2. 弗农的层次结构理论

英国心理学家弗农提出了智力的层次结构理论（hierarchical structure theory of intelligence），认为智力的结构是按层次排列的。第一层是普遍因素，即人的基本心理能量；第二层为大群因素，包括言语和教育方面的因素、操作和机械方面的因素；第三层为小群因素，包括言语、数量、机械信息、空间信息、手工能力等内容；第四层为特殊因素，即完成具体工作时需要的特殊技能。

3. 加德纳的多元智力理论

美国教育学家和心理学家加德纳的多元智力理论（multiple intelligence theory）指出，每个人都具有相对独立存在的、与特定的认知领域或知识范畴相联系的七种智力，分别是：

（1）言语-语言智力。

（2）音乐-节奏智力。

（3）逻辑-数理智力。

（4）视觉-空间智力。

（5）身体-动觉智力。

（6）自知-自省智力。

（7）交往-交流智力。

（二）体质能力理论

体质能力（physical ability）是指从事某项工作所需具备的身体方面的能力。对于那些技能要求较少而规范程度较高的工作而言，体质能力对于工作的成功非常重要。

一项对于几百个工作岗位的研究识别归纳了工作中体力活动的九种基本的体质能力（见表2-4）。这些能力之间的相关性极低，不同个体在每项能力上都存在一定程度的差异。只有确保员工满足了某一岗位对这九种能力的需求程度，才有可能实现高绩效的工作。

表2-4 九种基本的体质能力

力量因素
动态力量：在一段时间内重复或持续运用肌肉力量的能力 躯干力量：运用躯干肌肉（尤其是腹部肌肉）以达到一定肌肉强度的能力 静态力量：产生阻止外部物体力量的能力 爆发力：在一项或一系列爆发活动中产生最大能力的能力
活性因素
广度灵活性：尽可能地移动躯干和背部肌肉的能力 动态灵活性：进行快速、重复的关节活动的能力
其他因素
躯体协调性：躯体不同部分进行同时活动时相互协调的能力 平衡性：受到外力威胁时，依然保持躯干平衡的能力 耐力：当需要延长努力的时间时，保持较高持续的能力

（三）情绪能力理论

情绪能力（emotional ability）是指个体对情绪的知觉和调节能力，以及对情绪进行思考的能力。

1. 萨洛维和梅耶的理论

1990年，美国心理学家彼德·萨洛维和约翰·梅耶首次正式使用情绪智力这一概念描述对成功至关重要的情绪特征。他们把情绪智力看作个体准确、有效地加工情绪信息的能力集合，概括出情绪智力包括四方面的能力。

（1）情绪的知觉、鉴赏和表达能力。从自己的生理状态、情感体验和思想中辨认与表达情绪的能力；从他人、艺术活动、语言中辨认与表达情绪的能力。

（2）情绪对思维的促进能力。情绪促进思维导向，注意重要信息的方向；产生有效而合宜情绪的能力，它能够对情感判断和情感记忆起促进作用；心境起伏影响思考的能力；情绪状态影响问题解决的能力。

（3）对情绪的理解、分析能力。认识情绪本身与语言表达直接关系的能力；理解情绪所表达意义的能力；理解复杂心情的能力；认识情绪的转化能力。

（4）对情绪的成熟调控。根据所获信息，判断并成功地进入或远离某种情绪的能力；觉察自己和他人相关情绪的能力；管理自己和他人情绪的能力。

丹尼尔·戈尔曼
（1946—　　）

2. 戈尔曼的理论

1996 年，丹尼尔·戈尔曼在《哈佛商业评论》上发表了"情绪智力"（emotional intelligence）一文，系统地论述了情绪智力的内涵、生理机制、对成功的影响及情绪智力的培养等问题。戈尔曼将情绪智力划分为 5 个方面，也称五因素理论，包括：

（1）自我意识。对自身情绪状态的自我认知、准确评估和表达能力。

（2）自我管理。对自身情绪进行有效调控，使之适应环境的能力。

（3）自我激励。在长期活动没有效果或挫折面前，坚持不懈的能力。

（4）移情。正确感知、理解他人情绪、情感的能力。

（5）处理人际关系。调控与他人的情绪反应的能力。

3. 巴昂的理论

巴昂通过多年的研究和实践提出了对情绪智力的定义，他认为情绪智力是影响个人成功应对环境需求和压力的一系列情绪的、人格的和人际能力的总和。他的情绪智力模型，由五大维度组成。

（1）个体内部成分：包含情绪自我觉察、自信、自我尊重、自我实现和独立性五种相关能力。

（2）人际成分：包含移情、社会责任感和人际关系三种相关的能力。

（3）适应性成分：包含现实检验、问题解决和灵活性三种能力。

（4）压力管理成分：包含压力承受和冲动控制两种能力。

（5）一般心境成分：包括幸福感和乐观主义。

二、人格理论

（一）人格的定义及特征

所谓人格（personality），是指个体独特的、稳定地对待现实的态度和习惯化的行为方式，是一个人区别于他人的稳定的心理特征。人格是由人的先天因素与后天因素交互作用而形成的。人格具有以下特征。

（1）独特性。人与人之间的心理与行为是各不相同的，人格结构组合的多样性使得每个人的人格都有自己的特点。例如，有些人沉默寡言，有些人活泼开朗，有些人顽固自守，有些人开放自然。

（2）稳定性。个体的人格在时间上具有前后一贯性，空间上具有一定的普遍性，那些偶然发生的心理特性不能称为人格。例如，一个性格外向的大学生，他不仅在学校里表现活跃，在校外也会喜欢结识朋友，而且他不仅大学四年表现如此，即使毕业若干年后，他能依然这样。当然稳定性不是绝对的，而是相对的。

（3）统合性。人格由多种成分构成，但它们并不是孤立存在的，而是密切联系并整合成为一个有机的整体。人格的有机结构具有内在一致性，受自我意识的调控。当个体的人格结构在各方面和谐一致时，就会呈现健康的人格特征。否则可能会出现适应困难，甚至导致人格分裂。

（4）功能性。人格是一个人生活成败、喜怒哀乐的根源之一，它决定了一个人的生活方式，甚至有时会决定一个人的命运。例如，面对挫折和失败，有志者会认真总结经验教训；怯懦者则一蹶不振，失去奋斗的目标。

（二）人格的结构

人格是一个人心理活动特点的典型表现，由气质和性格两方面内容构成。气质指的是人生来具备的一些特点，例如，有人好动，有人喜静，有人开朗，有人内向；性格是指一个人在后天成长过程中，由教育、环境塑造出的一些习惯性的行为风格。例如，大公无私或自私自利、勇敢或懦弱等。

1. 气质

心理学中气质概念的内涵较窄，是指人的心理活动的动力方面的特征，也是人的最稳固、最典型的个性心理特征。所谓心理活动的动力性特征，主要是指心理活动的强度（如工作能力强弱、情绪的强弱、意志的强弱和行为活动的强弱等）、速度（如知觉与思维的速度、心理活动的速度、节奏和动作反应速度等）、稳定性（如注意力集中的时间长短，心理活动是倾向于外物，还是倾向于自身内部体验等）以及行为方式。这些特征使个体在全然不同的环境或活动中，显示出同样的风格和色彩。气质不依赖于活动的内容、动机和目的，而是顽强地、无意识地表现出它的天赋特性和遗传"痕迹"。

气质类型具有四种典型表现。

（1）多血质：多血质的人，活泼好动、反应迅速、精力充沛、兴趣易变换、注意易转移、情感产生较快但不持久、举止敏捷、表情生动、喜欢交往、注重效率，一般具有外倾性。

（2）胆汁质：胆汁质的人，直率热情、行为果断、精力旺盛、情绪易冲动、心理变化激烈、行动迅速有力、语言爽快明确、富于表情，一般具有外倾性。

（3）黏液质：黏液质的人，安静稳重、反应较慢、情绪稳定持久、注意力集中、应变能力较差、善于忍耐、言语不多、喜欢较稳定的环境，一般具有内倾性。

（4）抑郁质：抑郁质的人，敏感孤僻、沉默寡言、行动迟缓、情感体验深刻、持久而不强烈、观察细致、谨小慎微，一般具有内倾性。

在实际生活中，具有典型气质的人是少数，而多数人则为具有两种或两种以上气质的混合型。这种混合形态使人们更容易适应多种环境的要求。因此，在看待人的气质时，不能做绝对化的类型判断。

气质类型并无好坏之分，任何一种气质可能在某一种情况下具有积极的意义，而在另一种情况下可能就有消极意义，即气质具有两极性特征，不能决定一个人活动的社会价值和成就的高低。例如，多血质的人思维敏捷、情感丰富、交往能力强、容易适应新的环境等，但注意力的稳定性较差、兴奋易转移、学习和工作易虎头蛇尾、缺乏恒心和毅力。据资料介绍，俄国的四位著名作家分别是四种典型的气质类型：诗人普希金属于胆汁质；小说家赫尔岑属于多血质；寓言家克雷洛夫属于黏液质；喜剧家果戈理属于抑郁质。虽然四个人的气质类型各不相同，但他们都同样在事业中取得了杰出的成就。因此，具有不同气质的人只要通过主观的努力，都能在各自的事业中取得重大的成就。

2. 性格

性格是指一个人对现实的稳定态度及与之相适应并习惯化了的行为方式的个性心理特征，是人格最鲜明的标志。偶然的情境性心理特征，不能称为一个人的性格特征。性格经常明显地体现在人的行为、态度和活动方式之中，每个人对现实的态度都有其相适应的习惯化的行为方式。正如恩格斯所说："人物的性格不仅表现在他做什么，而且表现在他怎样做。"例如，具有坚韧不拔性格的人，为了实现自己的理想和在事业上的执着追求，无论遇到什么困难和阻力都会坚持不懈地奋斗到底；而一个性格怯弱、意志不坚强的人，当遇到困难和挫折时，往往会对追求的目标产生动摇，甚至心灰意冷，结果一事无成。这就是说，性格表现既包括行为方式，也包括行为的动机和内容。人们在实践活动中怎样按各自的思维方法去思考问题，怎样表达自己的情感和体现自己的意志以及最后怎样去行动，这些心理活动方式经常在类似的情境中不断出现，并具有一定的稳定性，达到习惯化，这便形成了人们具有的独特的性格特征。

性格具有预见性、可塑性和社会性等普遍性特性。

（1）预见性，是指当我们了解性格特征后，就能预见这个人在某种情况下将会采取什么态度和将要进行什么行动，从而可以采取相应的措施，以达到教育、引导的目的。因此，管理者需要了解员工的性格特点，根据其特点和能力布置相应的任务，这样才能收到预期的良好效果。

（2）可塑性，是指一个人的性格在某种特定条件下可以发生变化。性格的形成受环境、教育以及个人实践活动等因素的影响，它是个体在生活实践过程中潜移默化、自然地塑造出来的。年龄越小性格的可塑性越强，性格一旦形成以后，就将具有相对的稳定性。一般成人的性格是不易改变的，除非在人生道路上遇到重大事件、重大变革等因素。

（3）社会性，表现在两个方面：第一，人们可以根据社会道德标准来评价性格的优劣、好坏。例如，直率、诚实、认真、负责是优良的性格特征，对社会有积极的影响；奸狡、虚伪、敷衍、草率是不良的性格特征，对社会有消极作用。第二，在不同的社会历史时期或生活在同一社会的具有不同地位、不同文化层次、不同职业以及不同地域的人可以形成不同的典型性格类型。

（三）主要的人格理论

心理学家在对人格进行研究的过程中形成了很多不同的理论，比较有代表性的理论学派有类型理论与特质理论。

1. 类型理论

1）荣格的人格类型理论

瑞士心理学家卡尔·古斯塔夫·荣格认为，人与人之间存在差异，可分为内倾型和外倾型两种心理类型。外倾型的人其心理能量指向外部的物体或事件，依据客观标准来看待一切，他们性格开朗活泼，善于交际，适应力强。内倾型的人其心理能量指向主体内部，这种人性情孤僻，优柔寡断，深思熟虑。荣格还认为个体的心理差异按照收集信息的风格可进一步分为感觉型和直觉型，按照处理信息的风格可进一步分为思考型和情感型，这样就出现了八种人格类型：外倾思考型、外倾情感型、外倾感觉型、外倾直觉型、内倾思考型、内倾情感型、内倾感觉型和内倾直觉型。

2) 迈尔斯和布里格斯的 MBTI 人格类型理论

20 世纪 50 年代，凯瑟琳·库克·布里格斯和她的女儿伊莎贝尔·布里格斯·迈尔斯以荣格的心理类型理论为基础并加以发展，构建了 MBTI（Myers-Briggs type indicator）人格测评理论及测量工具。MBTI 共有四个维度，内倾（I）—外倾（E）维度，感觉（S）—直觉（N）维度，思考（T）—情感（F）维度和认知（P）—判断（J）维度。依据这四个维度把人们的行为和态度划分为 16 种人格类型（见表 2-5），可以用来解释不同的人对不同的事物感兴趣及擅长不同工作的原因。MBTI 可以应用于选择职业、改善人际关系、团队沟通、组织建设、组织诊断等多个方面。在世界五百强中，有 80% 的企业有 MBTI 的应用经验。

表 2-5 MBTI 测验 16 种人格类型

ISTJ Inspector 稽查员	ISFJ Protector 保护者	INFJ Counselor 咨询师	INFP Healer/Tutor 治疗师/导师
ESTJ Supervisor 督导	ESFJ Provider/Seller 供给者/销售员	ENFJ Teacher 教师	ENFP Champion/Advocate 倡导者/激发者
ISTP Operator/Instrumentor 操作者/演奏者	ISFP Composer/Artist 作曲家/艺术家	INTJ Mastermind/Scientist 智多星/科学家	INTP Architect/Designer 建筑师/设计师
ESTP Promotor 发起者/创设者	ESFP Performer/Demonstrator 表演者/示范者	ENTJ Field Marshall/Mobilizer 统帅/调度者	ENTP Invertor 发明家

2. 特质理论

特质论者认为人格是个体内在的、持久的特征系统，这种特征系统促进了个体行为的一致性，而特质则是建构人格的基本砖块，具有影响人类外显行为和感知的作用。其代表人物有奥尔波特、卡特尔和艾森克等。

1) 奥尔波特的人格特质理论

1921 年，美国心理学家高尔顿·威拉德·奥尔波特在《人格特质：分类与测量》中开创性地提出人格特质的概念，而后又在其著作《人格型的成长》中形成了完整的人格特质理论。奥尔波特认为特质是人格的"心理结构"，是个体的"神经特性"，具有"支配个人行为的能力"，这种"神经特性"促使个体以独特的方式感知情境，并对各种不同的情境做出反应。奥尔波特还把人格特质分为共同特质（common traits）和个人特质（individual traits）两大类。共同特质是指在某一社会文化形态下，大多数人或一个群体所具有的相同的特质，借助共同特质可以比较一定文化背景下人与人之

高尔顿·威拉德·奥尔波特（1897.11.11—1967.10.09）

间的差别。个人特质是指个体身上独具的特质，依据其在个体生活中的作用，又可细分为三种：①首要特质（cardinal traits），它表现了个体在生活中无所不在的倾向，是个体最典型、最具有概括性的特质，它影响到个体行为的方方面面；②中心特质（central traits），它是构成个体独特性的几个重要特质，一般有 5 到 10 个，这些特质描述了个体的人格；③次要特质（secondary traits）是个体的一些不太重要的特质，只有在特殊情况下才表现出来，这种特质的显著性和普遍性是因人而异的。

2）卡特尔的 16 种人格特质理论

雷蒙德·卡特尔
（1905.03.20—1998.02.02）

美国著名心理学家雷蒙德·卡特尔是人格特质心理学史上的又一伟大人物。他认为研究的核心目的是发现究竟有多少不同的人格特质，因此在开展研究之前不应先主动提出一套人格特质的清单，此外他还把因素分析视为确定人格基本单元的最好方法，并提出了人格特质的一个理论模型。

卡特尔用特质的阶层联系表示人格结构：第一层包括个别特质（individual traits）和共同特质（common traits）；第二层包括表面特质（surface traits）和根源特质（source traits）；第三层包含在根源特质下面，包括体质特质（constitutions traits）和环境特质（environmental traits）；第四层包括动力特质（dynamic traits）、能力特质（ability traits）和气质特质（temperament traits）。

卡特尔于 1995 年运用因素分析法提出了 16 种相互独立的人格特质，并编制了 16 人格因素量表（16 personality factor test，16PF）。卡特尔的研究发现可以用乐群性、敏锐性、稳定性、影响性、活泼性、规范性、交际性、情感性、怀疑性、想象性、隐秘性、自律性、变革性、独立性、自虑性、紧张性 16 个相对独立的人格维度描述所有人的人格面貌，并可以了解应试者在环境适应、专业成就和心理健康等方面的表现。由于 16PF 能够预测应试者的工作稳定性、工作效率和压力承受能力，因而广泛地应用于心理咨询、人员选拔和职业指导等各个环节，为人事决策和人事诊断提供相关参考依据。

3）艾森克的人格结构层次理论

汉斯·艾森克通过对先前实验心理学家的实验、量表与观察所得到的大量的人格特质资料进行分析，提出了人格结构层次理论。艾森克将人格结构分为类型、特质、习惯反应和特殊反应四个水平，并提出内倾-外倾、神经质、精神质、智力和守旧性-激进主义五个维度，但他认为内倾-外倾、神经质和精神质是人格特质的三个基本维度。其中，精神质是独立的维度，与神经质和内倾-外倾不相关，因此艾森克提出可以用神经质和内倾-外倾两方面来描述人的人格特质。艾森克于 1975 年制定了一份人格量表（EPQ），它由艾森克早期编制的若干人格量表组成。由于该量表具有较高的信度和效度，其结果也得到数学统计和行为观察的佐证，因此广泛地应用于医疗、教育和司法领域。

汉斯·艾森克
（1916.03.04—1997.09.04）

4）大五人格理论

现如今，人格五因素模型（five factor model，FFM）的研究已取得了令人瞩目的成就，其稳定性在不同文化背景的大量研究中都得到了证实。早期的人格模型构建集中于词汇研究，词汇研究是在词汇假设的基础上，试图用自然语言对特质进行描述和分析，以确立人格维度。大量的词汇研究都证明了英语中用于描述人格特质的术语主要由 5 个维度构成，即人格五因素模型。这五个因素分别是神经质（neuroticism）、外倾性（extraversion）、开放性（openness）、宜人性（agreeableness）和责任感（conscientiousness）。其中，神经质反映个体情绪状态的稳定性和内心体验的倾向性；外倾性反映个体神经系统的强弱和动力特征；开放性反映个体对经验的开放性、智慧和创造性；宜人性反映人性中的人道主义方面及人际取向；责任感反映自我约束的能力及取得成就的动机和责任感。

三、兴趣理论

（一）兴趣的概念及功能

兴趣是指一个人积极探索某种事物和爱好某种活动的心理倾向。兴趣在人的心理活动中有重要作用，它与人的认知、情感、意志有着密切的联系。一个人如果对某种事物感兴趣，便会对它产生特别的注意力，对该事物感知敏锐、思维活跃、记忆牢固、情感深切、意志坚强。所以，兴趣具有探究性、情感性、专注性等。兴趣是需要的一种表现形式，只要是人感兴趣的事物必然直接或间接地符合人们的需要，兴趣得到满足，会使人产生积极、肯定的情感。兴趣可使人的生活充满热情和情趣，使人增长求知的欲望和培养锲而不舍的探索精神。古今中外，许多杰出的科学家的创造、发明和智慧的结晶都是从兴趣开始的。所以，兴趣对人们所进行的特定的行为活动（感兴趣的活动）具有动力性作用。

兴趣和爱好在职业指导和咨询以及人才测评、选拔和使用中意义重大。如果一个人所具有的兴趣爱好同工作内容和活动相一致，他就会在工作中表现出强烈的工作动机，从而在工作中获得成功的可能性将大大增强。因此，一个人能否在他从事的事业和工作上获得成功，与他对这种职业本身的兴趣有很大的关系。

兴趣测验的目的在于通过对个体兴趣特点的了解，选拔和使用那些对工作内容和活动本身感兴趣的人才，或者具有与该项工作中获得成功者类似或一致兴趣的人才。这样，经过兴趣测验选拔和使用的人才适应工作并做出实绩的可能性要比同一知识和能力水平的其他人员高。

职业兴趣测量有助于个体恰当地选择职业，恰当的职业，有利于发挥人的才能，创造健康的社会心理气氛和稳定的工作情绪，保证工作绩效和员工满足感，而这两方面正是现代管理所追求的根本目标。这正是兴趣测验已逐渐受到人们重视的原因所在和意义所在。

（二）职业兴趣的主要理论

1. 霍兰德职业取向模型

美国心理学家和职业指导专家霍兰德根据大量的职业咨询经验，提出实际型、研究型、艺术型、社交型、魅力型和传统型六大职业兴趣类型。

（1）实际型。这类人具有直率、随和、重实践、节俭、稳重和不爱社交等人格特点。喜欢从事有规则的具体劳动和需要基本操作的工作，如一般劳工、技工、修理工、制图员和机械装配等工作。

（2）研究型。这类人具有好奇、善于分析、聪明、理性、富有理解力和批判力等人格特征。喜欢从事智力的、抽象的、分析的、独立定向的工作。如自然科学研究、教师、工程师等。

（3）艺术型。这类人具有感情丰富、想象力强、好冲动、相信直觉、富有创造性、不重实际等人格特点。喜欢从事文学创作、美术、音乐、舞蹈、演员、导演、艺术设计、文艺评论等工作。

（4）社交型。这类人具有爱好社交、合作、友善、慷慨、乐于助人、善言谈等人格特征。喜欢从事社会工作、教师、咨询、公关和护士等工作。

（5）魅力型。这类人具有外向、乐观、爱社交、好冒险、有野心、独断、支配、自信等人格特征。喜欢从事企业经理、政府官员、销售员等工作。

（6）传统型。这类人具有务实、顺从、稳重、谨慎、保守、有条理、随和、友好、拘谨等人格特征。喜欢从事工作程序较明确的工作，如秘书、办公室人员、会计、行政助理、图书管理员、出纳、统计员、交通管理员等。

霍兰德认为，在职业指导时，首先应该通过测评确定个体的职业兴趣类型，然后寻找与之相匹配的职业。他的理论可以概括为"六角形模型"，图2-4中的6个角代表6种职业类型和人格类型。每种类型的人格与职业之间的关联程度以连线表示：连线距离越短，说明两种类型的人关联程度越大，适应程度越高。当人格类型与职业类型在一个点上时，表明这种类型的人从事了最适宜的工作，这是最好的职业选择。连线距离越长，表明人格与职业的适应性越低。

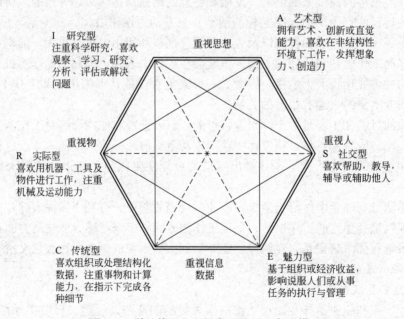

图2-4 霍兰德职业兴趣类型的"六角形模型"

2. 罗伊的职业兴趣类型

安妮·罗伊（Anne Roe）将各种职业分为八类：艺术类、服务类、商业类、组织类、技术类、户外类、科学类、传统类。罗伊通过对物理学家、生物学家和社会学家的人格进行研究，发现这些科学家对人、对物的兴趣有明显的差异。对物有强烈兴趣的个体往往喜欢从事科学研究、户外工作和技术等职业。对人有强烈兴趣的个体往往倾向于选择文化、艺术、服务和商业等工作环境。罗伊强调这些取向的差别来源于幼年时的家庭气氛及亲子关系。如果儿时所生活的环境充满温暖、爱、接纳或保护的氛围，个体就可能会选择与人有关的职业。生活在冷漠、忽视、拒绝或适度要求的家庭中的人则会选择与物有关的职业。

3. 蒂莫西·巴特勒和詹姆士·沃尔德罗的职业兴趣类型

哈佛商学院心理学博士蒂莫西·巴特勒和詹姆士·沃尔德罗经过研究，形成了他们的评估工具"职业兴趣目录"，将职业兴趣分为三类八种。

1）对专门技术应用的兴趣

技术应用：对事物内部运行情况的兴趣；对利用更好的技术方法解决工作问题的好奇心；对数学、计算机程序及实体的物理模型的满足感。

定量分析：对依靠数学方法解决问题的兴趣。

理论研究及概念思考：对具有广泛意义的概念性方法的兴趣；对想法、构思、理论、计划、情节及预测的兴趣和满足感。

创造性过程：对高度创造性活动的兴趣。

2）与人相处的兴趣

咨询及指导：对帮助他人以及在业务工作中建立团队关系的兴趣。

管人和处理人际关系：对与人相处和处理日常人际关系的兴趣。

3）对控制与影响的兴趣

企业控制：对一个企业、部门及项目的最终决策权的兴趣。

通过语言及思想影响他人：对通过人的书面或口头语言来影响他人的兴趣。

4. 普雷迪格尔的职业兴趣维度理论

普雷迪格尔根据工作任务的性质，把职业兴趣分成四种类型：数据型、观念型、事物型、人物型。

1）数据型（data）

这种工作通过与事实、记录、文件、数字及系统程序打交道，从而服务于人们的日常消费和服务消费。购买代理人、图书馆保管员、交通管理员的主要工作符合这一特点。

2）观念型（ideas）

这种工作任务涉及概括、理论、知识、洞察及以新方法呈现事务。科学家、作曲家、哲学工作者的主要工作符合这一特点。

3）事物型（thing）

这种工作涉及仪器、材料、工具、生物机制等。建筑工人、实验室技术人员、司机的主要任务符合这一特点。

4）人物型（people）

这种工作任务与人打交道，涉及看护、游说、娱乐、训练等。教师、社会工作者、职业咨询师的主要工作符合这一特点。

第三节　测量学理论

一般而言，现代人才测评建立在三大测量学基础理论之上：真分数理论、项目反应理论和概化理论。其形成和发展的过程大致经历了两个阶段：20 世纪 50 年代前，占主导地位的是真分数理论，这一阶段称为经典测验理论阶段；50 年代至今，出现了项目反应理论和概化理论，与真分数理论形成了三足鼎立的格局，这一阶段称为多种理论并存阶段。

真分数理论作为测评领域历史上第一个理论，揭示了测验最一般、最基本的规律和原则，也称为经典测验理论。此后的测验理论大多是在真分数理论的研究基础上发展而来的，主要目的在于弥补真分数理论各方面的缺陷。例如，为了克服真分数理论中题目参数等指标的变异性问题，出现了项目反应理论；概化理论的出现则是为了解决对真分数理论中信度的质疑。因此，一定意义上讲，三种理论之间存在继承和发展的关系，共同促进人才测评走向成熟和完善。

一、相关概念

（一）信度和效度

信度是指测量结果的一致性、稳定性及可靠性。效度表示一项研究的真实性和准确性程度。它与研究的目标密切相关，一项研究所得结果必须符合其目标才是有效的，效度也就是实现目标的程度。测量必须具有较高的信度和效度。

（二）测量误差

测量误差是指测量结果与实际真实值之间的差异。在测量过程中会因研究设计、研究人员、测量工具、数据处理、被访对象等多种因素而产生测量误差。测量误差会影响到测量的信度和效度。

（三）标准化

标准化指的是进行一项测验的条件和程序上的连贯性或一致性。每一项测验必须有自身的标准程序，而每次进行测验时必须遵循这些程序。

（四）测验常模

简称常模，指一定人群在测验所测特征性上的普遍水平或水平分布状况，是一种供比较的标准量数，由标准化样本测试结果计算而来。它是测评用于比较和解释测验结果时的参照分数标准。

二、真分数理论

心理学家斯皮尔曼在研究中引入了真分数（true score）这一概念，是指被测者在所测特质（如能力、兴趣、性格等）上的真实值。由于测量时存在误差，所以观察值并不等于所测特质的真实值，观察分数中包含真分数和误差分数。而要获得真实分数的值，就必须将测量的误差从观察分数中分离出来。

真分数理论是最早实现数学形式化的测验理论，它出现于 19 世纪末，发展到 20 世纪 30 年代形成比较完善的体系。后人将以真分数为核心假设的测量理论及其方法体系统称为经典测验理论（classical test theory，CTT），测评中的信度、效度、项目分析、常模等基本概念都是基于真分数理论而提出的。

（一）理论概述

在经典测量理论中，真分数假设是在这一思想基础上提出来的：在刻画一个人的外显行为反应水平时，可据此来间接刻画人的心理特质及其发展状况的水平。这成为测验的首要条件。

所谓真分数，是指测验中不存在测量误差时的真实值或客观值。真分数是一个在理论上构想出来的概念，在实际测量中是无法得到的。由于实际测量中误差是不可避免的，因此真分数只能依靠对实测分数进行修订而得出。

其数学模型是：$X = T + E$

这里 X 为实际测得分数，T 为假设的真分数，E 为测量误差，即随机误差分数。

上式包含以下假设：一是在所讨论的范围内，真分数保持不变；二是误差分数是完全随机的，与真分数相关为零，反复测量后其平均值为零。

据此，真分数的操作定义为：在某一具体测验反复施测的条件下，或在这一测验大量平行施测的条件下，被测者所得分数的期望值（平均值）。

（二）理论应用

1. 应用的情况

真分数假设是人们为刻画人的外显行为反应水平与人的心理特质发展水平之间的关系而架设的一座桥梁，它的作用和价值是巨大的。目前，它已经被广泛应用于各种测评的编制和对测评分数的分析解释中，其许多重要公式已经为广大测评工作者所熟悉。经典测量理论有着较长的历史，并且也发展得比较成熟。经典测量理论是一个线性模型，它表示在观察分数和真分数之间存在线性关系。但是真分数理论并没有真正建立起被试者可观察的外部表现与不可观察的内部潜在特质之间的关系，所谓"观测分数等于真分数加误差"的模型所给出的仅仅是一种外部的现象性描述，并没有真正去揭露或刻画内部特质与外部表现的实质关系，所以，运用真分数这一特征量来刻画人的心理特质水平，就存在较大的相对性和模糊性。在实际应用中，尽管它仍然存在许多无法克服的技术问题，要确认严格意义上的平行测量颇为困难，但还是开发了许多获得平行测量（严格说是大体平行测量）的方法和策略。

2. 应用的局限性

应用经典测量理论的最严重缺点可能是误差的概念。对内部一致性信度、重测信度和复本信度而言，决定测评误差数量的因素是不同的。我们一般认为信度系数是真分数与真分数加上误差之间的比率，但是如果改变估算程序，真分数和一次测评误差的组成成分也发生变化，那么就会发生严重错误了。

汉布尔顿和沃米娜赛认为经典测量理论存在以下局限：①项目统计量（项目难度和项目区分度）不能独立，会随着测评所实施的被试样本组的不同而变化；②被测者的测评分数并不一定是真正想要测评的素质的体现，这些分数还依赖于所施测项目的难度；③信度是经典测量理论的一个基本理论，而经典测量理论的第三个缺陷和它有着密切关系；④经典测量理论不能提供不同能力水平的被测者是如何对项目做出反应的信息；⑤经典测量理论假设对所有被测者测量误差的方差都是相等的，这显然也不符合现实。除了上述缺陷以外，经典测验理论对许多实际问题都不能提供令人满意的答案。另外，它在研究项目偏差时也是不成功的。这是因为其无法很确切地掌握不同团体被试者真实能力之间的差异。

三、概化理论

（一）理论概述

克隆巴赫（L. J. Cronbach）于 1972 年提出的概化理论（generalizability theory，GT）是测量和研究测评分数一致性的一个可选择的方法。概化理论主要源自经典测量理论和误差分析，概化理论本身由两大块组成：一是理论部分，包括概化研究（generalizability study，G 研究）和决断研究（decision study，D 研究）；二是统计部分，包括"误差的变异成分"和"信度系数和指数"。概化理论是经典测量理论与方差分析结合的产物，它将因素设计、方差分量分析等统计方法应用到心理测量理论中，对经典测量理论的信度观进行推广，提出了新的误差分析方法。在经典测量理论中，核心问题是在我们的测量中存在多少随机误差。在概化理论中，关注点是我们从一系列测量（如一篇文章测验上的一个分数）到一系列其他可行的测量（如不同研究者对相同的文章划分等级）进行概括的能力。概化理论中的核心问题是关注个体可以进行概括的条件，或我们期望在什么条件下的结果与这里获得的结果是既相似又不同的，概化理论通过系统研究测评分数的一致性和不一致性的来源来解决这个问题。

（二）理论应用

1. 应用情况

从测评的理论历史来看，经典测量理论发展了 50 年，才出现了概化理论。概化理论推出不到 10 年，便成为大量研究的焦点，但直到现在，它才用于处理实践性的测评问题。现在概化理论已经成为众多研究者的重要研究工具之一，概化理论的技术正在各种研究领域中得到广泛的应用。

2. 应用优势

概化理论与经典测量理论相比，其首要优势是概念上的而不是统计上的。也就是说，概化理论将信度看作测验分数使用的一个特征，而不是分数本身的一个特征。例如，概化理论认为，当你制定的决策与人们在一个特质或属性上的相对位置相关，而不是与绝对水平相关，那么你的决策将会更可靠。因此，正如前面已经提到的，相同系列的测验分数由于分数使用的目的不同，就会存在不同水平的信度。我们相信，怎样使用测验分数比分数本身更重要，因此，与统治心理测量学历史的经典测量理论相比，概化理论是一个非常大的进步。

概化理论的另一个优势在于，它为使用经典测量理论过程中无法回答的各种实践性问题提供了答案，概化理论可以用来决定如何将问题和人的数量结合起来，以产生最可靠的评估效果。

四、项目反应理论

（一）理论概述

20 世纪中后期，项目反应理论（item response theory，IRT）逐步发展起来，又称潜在特质理论。这是人们为克服经典测量理论的局限而提出的现代测量理论。当我们编制一个测评时，为了改善和提高测评的信度和效度，在组成测评之前，应对每个题目进行分析，这就是项目分析。所以，项目分析是指根据被试者的反应对组成测评的各个题目（项目）进行分析，从而评价其功用的程序和方法。

项目分析包括定性分析和定量分析，定性分析包括考虑内容效度、题目（项目）编写的恰当性和有效性等；定量分析主要是指题目难度和区分度的测量。任何测量的信度、效度最终都依赖于题目的上述性质。

通过项目分析，我们可以挑选和修改测评题目，以提高测评的信度和效度。项目分析既能帮助测评使用者评价现有的各种测评，还非常适合特殊的和非正式的测评的编制。

（二）理论应用

1. 应用情况

从 20 世纪初开始到现在，经典测量理论一直是心理测量工作的基础，它运用的是线性模型，而近年来测量学家的注意力已转向非线性模，于是产生了项目反应理论。到 20 世纪 70 年代，该理论在大多数发达国家得到测量学者们的关注并成为其研究的主要课题。

项目反应理论在美国、西欧等地具有广泛应用。一些著名的测验与编制机构都在运用项目反应理论编制常模与标准参照测验，许多大型考试（如 GRE、TOFFL、GMAT）等也用项目反应理论原理来指导测验的编制、实施和解释。我国于 20 世纪 80 年代引入项目反应理论，取得了一些研究成果，并将之成功运用于教育与心理测量实践中。

2. 应用优势

项目反应理论的特点是：①被试者能力的估计值和所施测的项目无关；②项目参数的估计值和被试样本组无关；③IRT 可以提供被试者能力估计值的精确度指标；④在 IRT 中，被试者能力和项目难度是在同一量表上。由于项目反应理论具有以上优点，解决了经典测量理论中的许多问题，所以成为教育和测量学中的前沿理论，吸引了大量测量专家去研究并将其应用于实际。

第四节　概率论与统计学理论

爱因斯坦曾说过："一门科学如果不能用数学语言来表达，它就不能称为一门科学。"任何一门学科，只有当它达到能够运用数学的方法，使这门学科向精确化、定量化方向发展，才具有科学的说服力。人才测评有许多数据信息需要统计处理。人才测评的发展和广泛运用得益于数理统计学的参与和支持。按统计过程分，测评信息处理有两种方式，即单元统计方法和多元统计方法。前者是测评信息处理的基本方法，也是多元统计方法的基础；后者是测评信息处理的有效方法，尤其对因素分析十分有用。

一、概率与统计基础

（一）概率论基础

1. 随机现象与概率

在基本条件不变的情况下，一系列试验或观察会得到不同的结果。换句话说，就个别的试验或观察而言，它会时而出现这种结果，时而出现那种结果，呈现出一种偶然性。这种现象称为随机现象。对于随机现象，我们通常关心的是试验或观察中某个结果是否出现，这些结果称为随机事件，简称事件（event）。

随机现象有两个特点：第一，随机现象的可能结果至少有两个；第二，事先并不知道出现哪一个可能结果。上述两个特点缺一不可，如抛一枚硬币是随机现象，可能出现正面，也可能出现反面。

表示一个事件发生的可能性大小的数，叫作该事件的概率。概率是随机事件出现的可能性的度量。虽然在一次随机试验中某个事件的发生是带有偶然性的，但那些可在相同条件下大量重复的随机试验却往往呈现出明显的数量规律。例如，连续多次抛一枚均匀的硬币，出现正面的频率随着投掷次数的增加逐渐趋向 1/2。

2. 总体与样本

总体（population）是指研究者希望研究的人、事、物的全体。例如，如果一位组织顾问想研究一周休息三日对一家电话公司的白领员工的影响，则这家公司的所有白领员工将构成总体。如果一位管理者想了解某公司所经营的疗养院如何照顾病人，那么这家疗养院的所有病人将构成总体。

样本（sample）是总体的子集合，是来自总体的部分成员。如果从 1 000 位员工的总体中抽出 200 名成员，则这 200 名成员将构成研究的样本。换言之，从对 200 个样本的研究中，研究者可得到关于 1 000 位员工总体的结论。同样地，若医院中有 145 位住院病人，而医院管理者调查其中 40 人对于治疗的满意度，则这 40 人即样本。

因此，样本为总体的子群体或子集合。通过研究样本，研究者应能将所获得的结论推广到所研究的总体上。

3. 抽样

抽样是从总体中选取足够元素的过程，所以针对样本的研究以及对其属性与特征的了解可以推广到总体上。μ（总体平均值）、σ（总体标准差）以及 σ^2（总体方差）等，都是总体的参数。样本的集中趋势、离散趋势以及其他统计量都是总体的集中趋势、离散趋势及其他参数的近似值。就其本身而论，从样本中所得到的全部结论可推广到总体上。换句话说，样本统计量 X（样本平均值）、S（样本标准差）以及 S^2（样本方差）都是用来估计总体参数 μ、σ 及 σ^2 的数值。

使用样本而不搜集整个总体的原因是，在包含成百上千个元素的研究中，研究者难以搜集、检验或检查每个元素，即使可能也将导致过高的时间、资金以及人力资源的耗费。针对样本而非整个总体进行研究有时还能产生更可靠的结果，这是因为减少了令人疲倦的工作，减少搜集资料时可能产生的误差，特别是在元素数量相当大时。此外，在少数情况下，使用全部总体来获得知识或加以测试是不可能的。例如，在检验一批灯泡时，若将每一个灯泡烧坏就没有灯泡可卖了，这就是所谓的毁灭性抽样。

（二）统计学基础

1. 统计的基本内容

统计学研究的内容，是随着历史的发展而不断发展的。到目前为止，人才测评中的统计学内容主要包括描述统计和推断统计两方面。

1）描述统计

描述统计主要是就所关心的人才测评信息资料进行全面的收集，然后将所得的大量资料通过数据加以整理、简缩、制成图表，或就这些数据的分布特征，如集中趋势、离散趋势、相关程度等，计算出一些具有概括性的统计量（如平均数、标准差、相关系数等）作为标志。借助这些概括性的数字，我们就可以从杂乱无章的资料中取得有意义的信息，便于对不同的测评对象进行比较，做出结论。

2）推断统计

推断统计也叫抽样统计。它是在描述统计的基础上发展起来的。它是用抽样的方法，根据部分数据推断一般情况，即通过局部对全局情况加以推断的一种统计。这种可以由小猜大，由少断多，由已知推断未知，由样本性质推论总体性质的推断统计，在人才测评的实践工作中越来越受到人们的重视。因为我们测评的对象，其信息总体往往是很大或无限大的，但实际所能观测到的样本却是有限的，要通过有限的样本特性探讨出整体测评对象的特性，就必须求助于推断统计。

2. 数据类型

统计数据按不同的分类规则可分为不同的类型。

（1）按照所采用的计量尺度不同，可以将统计数据分为分类数据、顺序数据和数值型数据。分类数据是指只能归于某一类别的非数字型数据，比如性别中的男女就是分类数据。顺序数据是只能归于某一有序类别的非数字型数据，比如产品的等级。数值型数据是按数字尺度测量的观察值，它是自然或度量衡单位对事物进行测量的结果。

（2）按照统计数据的收集方法，可以将其分为观测数据（observational data）和实验数据（experimental data）。观测数据是通过调查或观测而收集到的数据，它是在没有对事物进行人为控制的条件下得到的，有关社会经济现象的统计数据几乎都是观测数据。在实验中控制实验对象而收集到的数据则称为实验数据。

（3）按照被描述的对象与时间的关系，可以将统计数据分为截面数据和时间序列数据。在相同或近似相同的时间点上收集到的数据称为截面数据（cross-sectional data）。在不同时间上收集到的数据，称为时间序列数据（time series data）。

3. 正态分布

总体的属性或特征通常呈正态分布。例如，若考虑身高或体重等属性，大多数人会集中在平均值上，而仅有极少数人是非常高、非常矮、非常重或非常轻。如果想从样本估计总体特征，则样本特征的分配必须拥有与总体相同的形态，即正态分布。从中心极限定理可知，样本平均值的抽样分布是正态分布，当样本规模 n 增加，从任何总体抽出的随机样本的平均值将会趋近于均值 μ 与方差 σ^2 的正态分布。总而言之，不管总体的属性是否为正态分布，如果能小心地选取足够多的样本，则将使抽样样本呈正态分布。

如果总体的属性在样本中未被过分代表（overrepresented）或代表不足（underrepresented），即认为样本具有代表性。当所研究的变量中，样本包含了总体中数值偏高的元素，则样本平均值 X 将会远高于均值 μ。相对地，若研究的变量中，样本包含了总体中数值偏低的元素，那么样本平均值 X 将会远低于均值 μ，然而，若抽样设计与抽样分布是正确的，样本平均值 X 将会落在相当接近均值 μ 的范围中。因此，通过适当的抽样分布，可确保样本研究对象不会出现极端值，而对总体的属性有相当的代表性。样本越具总体代表性，研究发现的推广程度就越高。

二、描述统计

（一）统计表和统计图

1. 统计表

统计表是以表格形式表达测评数据关系的重要工具，它可以化繁为简地反映表中各类测评对象或数据的情况，便于分析、对比、计算和记忆。统计表的形式通常有简单表（见表2-6）、分组表（见表2-7）和复合表三种（见表2-8）。

表2-6 取出一组数据的最大值和最小值

131	127	125	127	128	122	130	124	121	140
130	125	121	127	122	121	120	130	127	128
133	128	144	152	120	131	125	138	132	129
129	124	127	136	131	125	120	127	136	128
132	124	138	134	132	116	123	131	133	134
131	124	134	133	132	137	131	127	124	122

表2-7 一次测评成绩统计（满分100分）

X/Y	90~100	75~89	60~74	30~59	30以下
人数	9（17.6%）	16（31.4%）	14（27.5%）	8（15.7%）	4（7.8%）

表2-8 操行评定表

等级	部门1		部门2		部门3		部门4		小计
	男	女	男	女	男	女	男	女	
优	3	2	2	2	4	3	1	0	17
良	4	3	4	5	4	4	2	1	27
中	3	2	2	3	4	2	1	2	19
差	1	0	0	1	0	1	0	0	3

制表应符合有关的基本原则。首先，要求表的结构简单明了。一张表只能有一个中心，避免包罗万象的大表。其次，要求表的层次清楚。项目排列要按照逻辑顺序合理安排。

统计表有以下几个方面的作用。

（1）能使大量的统计资料系统化、条理化，因而能更清晰地表述统计资料的内容。

（2）利用统计表便于比较各项目（指标）之间的关系，也便于计算。

（3）采用统计表表述统计资料显得紧凑、简明、醒目，使人一目了然。

（4）采用统计表易于检查数字的完整性和正确性。

2. 统计图

统计图是以点、线、面、体来表示各种数据间关系的工具。它形象直观，便于整体比较。常见的统计图有条形图（见图2-5）、饼形图（见图2-6）和折线图（见图2-7）几种。

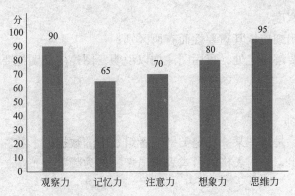

图 2-5　某被测者智力测评得分条形图

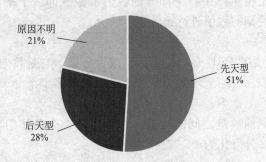

图 2-6　北京市四街道 782 例智力落后病人病类情况饼形图

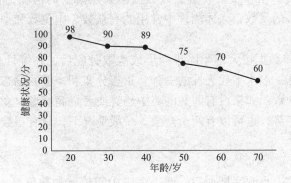

图 2-7　某企业职工健康状况折线图

制图的基本规则一般有以下几条：

（1）根据信息的性质和分析的目的，正确选择适合的图形；

（2）图的标题要简明扼要，切合图的内容，标题一般写在图形的下方；

（3）图的尺度线与图形基线要垂直，尺度分点要清楚，便于读数和计数，不能用同一尺度表示性质不同的两种计数单位；

（4）图的横坐标与纵坐标的数字，分别按笛卡尔坐标形式自左向右、由小到大，自上而下、由大到小排列；

（5）为了美观易懂，对于有纵横轴的图形，其高度与宽度之比以接近 3∶5 为宜；

（6）在同一个图例中比较两个对象时，使用的比例要相同，数量大小最好用条形图的长短来表示，而固定其宽度；

（7）图中线条的粗细应依其重要性而有所区别；

（8）图形中如需要解得之处，可用图注加以说明，图注应简明扼要，字体要小并写在图题的下方。

（二）频数分布分析

1. 频数与频数分布

频数（frequency）是落在某一特定类别或者组别中的数据的个数。把各个类别及落在其中的相应频数全部列出，并用表格的形式表现出来，称为频数分布。

2. 比例

比例（proportion）是一个总体中各个部分的数量占总体数量的比重，通常用于反映总体的构成或结构。比例是将总体中各个部分的数值都变成同一个基数，也就是都以 1 为基数，这样就可以对不同类别的数值进行比较了。

3. 百分比

用比例乘以 100% 就是百分比（percentage）或百分数。它是将对比的基数抽象化为 100计算出来的，用"%"表示，它表示每 100 个分母中拥有多少个分子。

4. 比率

比率是各个不同类别的数量之间的比值。它可以是一个总体中各个不同部分的数量对比，为便于理解，通常将分母化为 1。

（三）集中趋势与离散分析

集中趋势是反映关于在分布中大量测评数据向某点集中的情况，它一般以集中数来描述。用来描述集中趋势的量数，人才测评中常用的有众数、中位数和平均数。

1. 众数

众数（mode）是将数据按大小顺序排列形成次数分配后，在统计分布中具有明显集中趋势点的数值，是数据一般水平代表性的一种。正态分布和一般的偏态分布中，分布最高峰点所对应的数值即是众数。如果没有明显的集中趋势或者最高峰点，众数可以不存在。如果有两个最高点或集中趋势，也可以有两个众数。一般情况下，只有在数据量较大的情况下众数才有意义。

2. 中位数

当一组测评数据按大小顺序排列后，那个居于中间位置的数就是中位数（median）。当测评数据组的个数为偶数时，中位数即是位于中间那对数的平均数。中位数是从位置上确定的，个别极端大值或极端小值的变化不影响中位数数值。

3. 平均数

平均数（mean）就是均值，是数据集中趋势的最主要测度值，它是某组数据的总和除以该组数据的总个数所得之商。它只适用于测度数值型数据的集中趋势，而不适用于分类数据和顺序数据。

4. 众数、中位数和平均数的特点和应用场合

众数是一组数据分布的峰值，不受极端值的影响。其缺点是具有不唯一性，一组数据可能有一个众数，也可能有两个或多个众数，也可能没有众数。众数只有在数据量较多时才有意义，当数据量较少时，不宜使用众数。众数适合作为分类数据的集中趋势测度值。

中位数是一组数据中间位置上的值，不受数据极端值的影响。当一组数据的分布偏斜程度较大时，使用中位数也许是一个好的选择。中位数适合作为顺序数据的集中趋势测度值。

平均数是针对数值型数据计算的，而且利用了全部数据信息，是应用最广泛的集中趋势测度值。当数据呈对称分布或接近对称分布时，三个代表值相等或接近相等，这时则应选择平均数作为集中趋势的代表值。平均数的主要缺点是易受数据极端值的影响，对于偏态分布的数据，平均数的代表性较差。因此，当数据为偏态分布，特别是偏斜程度较大时，可以考虑选择中位数或众数，这时它们的代表性要比平均数好。

集中趋势是各变量值向其中心值聚集的程度，在反映统计数据一般水平的同时，掩盖了总体各单位标志值的数量差异。因此，要分析数据总体的分布规律，仅知道集中趋势指标是不够的，还要知道数据的离散程度或差异状况。例如，甲乙两个应聘者在 15 种素质测评中的平均分数均为 70 分，但甲的最高分为 95 分，最低分为 45 分，而乙的最高分为 85 分，最低分为 65 分。这说明，这两个人的素质水平并不是相同的。因此还要考虑分布的离散程度。

数据的离散趋势分析主要是用来反映数据之间的差异程度的，常用的指标有极差、四分位差、方差和标准差。方差是标准差的平方，根据不同的数据类型有不同的计算方法。离散趋势指标值越大，说明数据内部变异程度越大。最常用的指标是标准差。

1. 极差

极差（range）也称全距，是一组数据的最大值与最小值之差，通常记为 R。显然，一组数据的差异越大，其极差也越大，它是数据离散或差异程度的最简单测度值。但极差有很大的局限性，它仅考虑了两个极端的数据，没有利用其余更多的数据信息，因而是一种比较粗糙的变异指标。

2. 四分位差

四分位差（quartile deviation）也称中点分布，是一组数据 75% 位置上的四分位数和 25% 位置上的四分位数的差，也就是上四分位数和下四分位数的差，记为 Q_d。四分位差反映了中间 50% 数据的离散程度，数值越小，说明中间的数据越集中；数值越大，说明中间的数值越分散。四分位差测量的是中间 50% 数据的离散趋势，所以不受极端值的影响。因此，四分位差的大小在一定程度上说明了中位数对一组数据的代表程度。

3. 方差和标准差

方差（variance）和标准差（standard deviation）是应用最广泛的变异指标。方差是总体所有变量值与其算术平均数离差平方的平均值，它表示了一组数据分布的离散程度的平均值。标准差是方差的平方根，它表示了一组数据关于平均数的平均离散程度。

方差和标准差都是用离差平方和算出来的，不能出现负数，也不能等于零，因为等于零就说明所有数据都相同，所以方差和标准差一定是正数。虽然标准差有计量单位，而方差无计量单位，但两者的作用一样，故在此仅介绍标准差。标准差越大，表示变量值之间的差异越大；各数据距离均值越远，平均数的代表性就越低。反之，标准差越小，表示变量值之间的差异越小；各数据距离均值越近，平均数的代表性就越高。

三、推断统计

（一）参数估计与假设检验

参数估计（parameter estimation）是统计推断的一种，是根据从总体中抽取的随机样本来估计总体分布中未知参数的过程。从估计形式看，区分为点估计与区间估计；从构造估计量的方法讲，有矩法估计、最小二乘估计、似然估计、贝叶斯估计等。

点估计（point estimation）是依据样本估计总体分布中所含的未知参数或未知参数的函数。通常它们是总体的某个特征值，如数学期望、方差和相关系数等。点估计问题就是要构造一个只依赖于样本的量，作为未知参数或未知参数的函数的估计值。例如，设一批产品的废品率为 θ，从这批产品中随机地抽出 n 个做检查，以 X 计其中的废品个数，用 X/n 估计 θ，这就是一个点估计。

区间估计（interval estimation）是依据抽取的样本，根据一定的正确度与精确度的要求，构造出适当的区间，作为总体分布的未知参数或参数的函数的真值所在范围的估计。例如人们常说的有百分之多少的把握保证某值在某个范围内，即区间估计的最简单的应用。

假设检验（hypothesis testing），又称显著性检验，是用来判断样本与样本、样本与总体的差异是由抽样误差引起还是本质差别造成的统计推断方法。显著性检验是假设检验中最常用的一种方法，也是一种最基本的统计推断形式，其基本原理是先对总体的特征做出某种假设，然后通过抽样研究的统计推理，对此假设应该被拒绝还是接受做出推断。常用的假设检验方法有 Z 检验、t 检验、卡方检验、F 检验等。

假设检验的基本思想是"小概率事件"原理，其统计推断方法是带有某种概率性质的反证法。小概率思想是指小概率事件在一次试验中基本上不会发生。反证法思想是先提出检验假设，再用适当的统计方法，利用小概率原理，确定假设是否成立。即为了检验一个假设 H0 是否正确，首先假定该假设 H0 正确，然后根据样本对假设 H0 做出接受或拒绝的决策。如果样本观察值导致了"小概率事件"发生，就应拒绝假设 H0，否则应接受假设 H0。

假设检验中所谓"小概率事件"，并非逻辑中的绝对矛盾，而是基于人们在实践中广泛采用的原则，即小概率事件在一次试验中是几乎不发生的，但概率小到什么程度才能算作"小概率事件"，显然，"小概率事件"的概率越小，否定原假设 H0 就越有说服力，常记这个概率值为 α（$0<\alpha<1$），称为检验的显著性水平。对于不同的问题，检验的显著性水平 α 不一定相同，一般认为，事件发生的概率小于 0.1、0.05 或 0.01 等，即"小概率事件"。

（二）方差分析

方差分析法（ANOVA）又称"变异数分析"，用于检验因变量为定距或定比尺度时，两个以上群体的平均数显著差异。例如，以下四组销售人员在销售额上有没有显著差异：他们有些被派到训练学校，有些通过实地考察在职训练，有些由销售经理指导，有些没有接受上述的所有训练。或是在组织中，在由组织分派指导者、自行选择指导者以及没有指导者的三种方式下，其促销率有何显著差异。

方差分析的基本思想是：将试验结果的数据的总变动平方和，按其来源分成两部分，一部分是由试验误差而来称为误差平方和，另一部分是由于各因素的效应（包括交互效应）而来，称为各因素的平方和。然后把各因素的平方和与误差平方和相比较，来判断各因素作用的大小。如果某因素的平方和与误差平方和之比，相对来说比较大，就说明该因素的效应显然地超过误差，该因素的效应确实存在。反过来，如果这一比值相对比较小，就说明该因素的效应，即使存在也不过最多与误差处在同一数量级，它在实际上被误差所掩盖了，因而有理由认为这一因素的效应不存在。

利用 ANOVA 来确定不同群体彼此间是否有显著差异可通过 F 统计量得知。F 统计量表示两样本的方差是否不同，或是否来自同一总体。F 分布是样本方差的概率分布，不同的分布随样本大小而改变。

（三）相关分析和回归分析

1. 相关分析

事物或现象之间的关系是错综复杂的，但大致可以分为三种情况。第一种是因果关系，这种关系说明的是事物之间相互依存、互为因果的关系。第二种是共变关系，例如冬季与羽绒服的销量、感冒人数的关系。当天气变冷时，两者都会增加，但通常我们不认为它们之间存在因果关系。第三种是相关关系，即两种现象在发展变化的方向与大小方面存在一定的联系，但不是前面两种关系，例如智商和学业成绩之间的关系，智商高的人往往学业成绩也好。具有相关关系的两种现象之间的关系是比较复杂的，甚至可能包含暂时尚未认识的因果关系以及共变关系在内。

相关关系若从两组测评数据相互变化的增减趋势来看，可分为正相关和负相关；若从表现形式上看，可分为直线相关和曲线相关；若从两组测评数据的相互关系上看，可分为完全相关、高度相关和零相关三种。分析相关的方法通常有图示法和计算法两种。计算法是最常用的一种方法。这种方法一般是通过相关系数的计算，从相关系数的大小来揭示两组测评数据相关程度的。

变量之间相关程度的大小可用相关系数 r 来表示，取值范围为 $[-1, 1]$，$|r|$ 值越大，变量之间的线性相关程度越高；$|r|$ 值越接近 0，变量之间的线性相关程度越低。负数表示负相关，正数表示正相关。

2. 回归分析

回归分析是一种利用非实验性资料对自变量与因变量相互依存关系的资料分析方法。简单相关和回归分析讨论的是一个自变量与一个因变量的关系。而在实际研究中，影响因变量的因素常常不只是一个，而是两个或多个。在组织行为学研究中，多元回归方法的分析过程虽然比较复杂，但是应用范围很广。对三元以上（三个或三个以上的自变量）的相关和回归分析，由于计算过程复杂，所以经常采用艾肯法的数学矩阵和杜立德法的相关系数矩阵来计算回归系数 β。因为在多元相关分析中，主要是通过计算回归系数 β 值来说明自变量的相互作用，即由 β 值来衡量每个自变量相对来说对因变量的变化有多大影响。也常常计算 R^2（复相关决策系数）。用它来代表自变量（独立变数）解释因变量时，说明因变量变化有多大的百分比是受自变量（独立变数）变化总和的影响。

在人才测评活动中，如果想找出哪些因素对职业经理人的工作绩效有显著的影响，可以采用多元回归分析的方法，将工作绩效作为因变量，智力水平、人格特质、工作经验、学历等分别作为自变量，建立回归方程，分析哪些自变量对因变量有显著的预测力。

（四）聚类和因子分析

1. 聚类分析

聚类分析的作用是建立一种分类方法，它是将对象按照它们在性质上的紧密程度进行分类。一般有两种方法。一种是把每个对象看作空间中的一个点，然后定义点与点之间的距离；另一种是用某种相似系数来描述对象之间的紧密程度。

当确定了对象或变量间的距离或相似系数后，就要对样本或变量进行分类。分类的方法很多，一种方法是在对象（样本）距离的基础上定义类与类之间的距离。首先将几个对象各自看成一个类（共 n 个类）。然后每次将具有最小距离的两类合并，合并后重新计算类与类之间的距离。最后逐次重复上述步骤，直到所有对象归为一个大类为止。这种方法称为系统聚类法。另一种分类方法是 n 个样本大致分为 k 类，然后按照某种原则逐步修改到比较合理为止。这种方法称为逐步聚类方法或动态聚类法因子分析。

2. 因子分析

因子分析，亦称因素分析，是一种用较少数的综合变量（称为因子）来表达多个观测变量的多元统计方法。它是主成分分析的推广，综合变量是不能直接观测到的变量。例如，某个人群的消费水平，可能会通过饮食消费、服装消费、住房消费和文化娱乐消费等多项可观测变量的线性组合来表示。又如，人的智力可以由数学能力、逻辑判断能力、应变能力等的某种函数关系式来表示。像这样一些潜在的、无法直接观测到的因素就可以采用因子分析的方法来测定。因子分析基于以下的统计思想：根据观测到的原始变量间的相关程度，对变量进行分组，使得同组内的变量之间相关程度较高，不同组的变量间的相关程度较低。每组变量代表一个基本结构，或称因子。例如，从学生的古典文学、法语、英语、历史等课考分的高度相关，可以导出"文科能力"因子，而从学生的代数、几何、物理等课考分的高度相关，可以导出"数学能力"因子。因子分析就是寻求这种类型结构的因子并使因子可以解释事物特征的统计方法。因子分析主要是由心理学家发展起来的。1904 年卡尔·皮尔逊和查尔斯·爱德华·斯皮尔曼提出这种方法用来解决智力测验得分的统计分析问题。目前，因子分析在心理学、社会学、经济学、人口学、地质学、管理科学等领域都取得了成功的应用。

（五）主成分分析

哈罗德·霍特林
（1895.09.29—1973.12.26）

主成分分析是将原来多个指标化为少数几个相互独立的综合指标的一种统计方法。每个综合指标是原来多个指标的线性组合。少数几个综合指标提取了原来多个指标主要成分的方差信息，故综合指标又称主成分，按提取方差信息从多到少依次称为第一主成分、第二主成分等。主成分分析和因子分析原是从心理学和教育学的研究发展起来的。1933 年美国数理统计学家哈罗德·霍特林发表论文，对考生的多科入学考试成绩做主成分分析，发现存在词语成绩和计算成绩 2 个主成分。主成分的主要用途是解释。通过寻找描述研究单位（个体）的多个相关指标的少数几个独立的综合指标，探索解释原来多个指标对个体特征描述的关系，使其清楚、易于了解。由于主成分的主要用途是解释，因此不对由样本建立的主成分作假设检验，实际应用中也就对多指标（变量）的分布未有任何要求。

因子分析是通过因素分解的思想，把每一个变量分解为公因素与特殊因素两部分，然后通过简化的公因素体系达到对原变量体系化简的目的。主成分分析则是通过各变量的自身组合，构建出少数几个新综合变量以达到对原变量体系化简的目的。聚类分析则是对原变量体系的一种分类整理，并无化简的功能。

思政元素

▶ 通过学习人才测评理论，培养学生正确的择业观、就业观以及锲而不舍的奋斗精神；

▶ 通过掌握心理学理论，有助于学生形成更好的自我认知，培养学生良好的心理素质，调节心理机能，帮助他们更加理性、客观地看待事物，促进德智体美劳等综合素质提高；

▶ 通过了解测量学理论，培养学生严谨的做事态度和精益求精的工匠精神；

▶ 通过学习概率论与统计学理论，培养学生的辩证思维。

核心概念

胜任特征模型、人职匹配理论、能力理论、人格理论、兴趣理论、真分数理论、概化理论、项目反应理论

本章小结

本章主要介绍了人才测评的基础理论，包括人才测评理论、心理学理论、测量学理论以及概率论与统计学理论。了解人才测评的理论基础不仅可以帮助我们了解人才测评存在的价值和意义，而且有助于我们在实践中评价各种测评工具的技术质量指标。

胜任特征模型和人职匹配理论作为人才测评的专业理论，在人才测评理论部分分别做了详细介绍；心理学理论部分，详细介绍了能力理论、人格理论和兴趣理论。其中，能力是一个人最基本的心理特征之一；人格是一个人心理活动特点的典型表现；兴趣是指一个人积极探索某种事物和爱好某种活动的心理倾向。最后，本章还介绍了真分数理论、项目反应理论和概化理论等测量学基础理论，以及概率论基础、统计学基础和多元统计等概率论与统计学基础理论。人才素质测评的发展和广泛运用得益于以上理论和学科的参与和支持，它们共同促进人才测评向精确化、定量化方向发展，并使之逐步走向成熟和完善。

复习思考题

1. 什么是人职匹配理论？
2. 什么是胜任特征模型？如何构建胜任特征模型？
3. 人的气质可分为哪几种类型？其特点是什么？
4. 试分析比较经典测量理论、概化理论和项目分析理论这三大测量理论。
5. 测量学、概率论与统计学为人才测评的发展做出了哪些贡献？

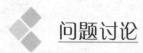 问题讨论

如何防止人才测评中的作假现象

一、概念界定

人才测评作假是指为了迎合组织需要与提升自我形象，个体在测评过程中歪曲自身真实反应的伪装行为。更具体而言，就是在甄选情景中，人们故意歪曲其行为倾向和态度从而与他们认为的组织期望形成最佳匹配。从受测者角度来看，通过作假行为往往能够帮助其获得更好的职业和工作机会；但从用人单位角度出发，这会破坏人格量表作为研究工具在测评场景的使用，干扰或妨碍其做出合理的雇佣决策。因此，从组织长远发展来看，作假不利于提升人力资源管理人员甄选的效率。

二、作假动因

第一，高淘汰率的人事选拔情境以及信息不对称可能诱发个体的作假倾向与行为。第二，受测者比较容易识别出人格量表中有明显社会称许倾向（符合社会认可与需要）的题项。骆方等人提出应聘情境下受测者的作假行为应该是一种"工作称许性反应"。即他们试图通过塑造"优秀员工"的形象以满足用人单位的期望，而不是简单地顺应社会期望而进行印象管理。第三，由于并没有办法在短期内验证受测者的自陈是否属实，因此，在缺少警告或惩罚的前提下作假的成本与被识破的风险均较低。

三、影响因素

1. 人格特质。O'Neill 等人的研究认为，在招聘情境中，求职者的作假行为与其人格密切相关。如果诚实、谦逊、道德、正直与冒险等特质没有被直接作为测验目标，这些特质水平低且具有冒险精神的人，更有可能出现作假行为且被录用。

2. 认知能力。Tett 等人通过让 150 名大学生诚实地完成自陈式情商和个性测试，评估了认知能力对造假行为的作用。结果发现认知能力高的个体能够更加快速、准确地识别工作要求和单个测试题目的含义，当组织非目标特征水平高时，作假的可能性较大。

3. 特质—工作相关性。Tett 等人通过对职业护士、市场经理、计算机程序员三份不同性质的工作进行造假评估，表明作假会因工作类型的不同而产生差异。个人可以根据特定的工作要求进行伪装。

4. 作假机会。Tett 等人的研究提出，那些在期望特质上得分低，但是在非期望特质上得分高的往往是作假机会多的人，并且进一步指出，作假机会与工作类型会交互作用。

作假会在很大程度上降低人才测评的有效性，从而大大降低组织人才选拔的科学性，增加人才甄选的成本。请通过小组讨论形式提出防止人才测评中作假现象的措施及应对策略。

资料来源：董福海．人才测评的"伪装者"：人格测验作假研究述评［J］．企业改革与管理，2021（17）：79-82.

实　践　篇

第三章 人才测评的组织与实施

学习目标

通过对本章的学习，你能够：

▶ 了解人才测评指标体系建立的原则；
▶ 掌握人才测评模型构建的方法；
▶ 了解人才测评指标权重的确定技术；
▶ 了解人才测评活动组织与实施的流程与关键环节；
▶ 掌握人才测评方案制定的方法。

案例引入

北京地铁建安公司管理人员的竞聘组织与实施

在建安公司三年一次的竞聘期再次来临时，企业管理层考虑引入新的评价体系和外部专家评定的方式实施竞聘。为此，建安公司选择北森测评为企业竞聘工作的外部专家，全程为企业提供竞聘的人才测评实施和指导以及人事决策的建议。

建安公司实施本次竞聘的决心很大，竞聘涉及企业机关 118 名员工，82 个岗位。参与本次竞聘的人员包括在岗的中层/一般管理者、工作仅 1 年的大学毕业生和来自基层单位的报名者。外部专家的介入不仅保证了测评的公正性和公开性，也为打造结构合理、能力出众的管理团队提供了科学化的保证。经过双方的密切沟通，北森测评将本次竞聘的目的锁定在打破固有的人员结构，从岗位要求出发，选择合适的人做合适的工作，将现有人员搭配形成最优化的团队形式。

在平衡了参与人数众多、时间周期和评价手段等多种因素后，竞聘负责小组形成了如图 3-1 所示的内部竞聘测评方案。

图 3-1 建安公司的内部竞聘测评方案

在准备阶段，北森专家对建安公司的82个岗位进行了梳理和归纳，提取出四层核心胜任素质，如图3-2所示。首先，通过对公司高层管理人员的访谈和资料分析，并根据建安公司的战略发展方向和业务特点、企业价值观和文化提取出责任心、理解与执行力、吃苦耐劳程度等企业要求素质，这是建安公司所有员工，不论从事何种工作，隶属组织机构的哪一层级，都应该具备中等以上水平的胜任特征；其次，根据工作职责、范围和工作接触对象的差异，区分对于一般管理人员和中层管理人员的素质要求；最后，根据每个部室和岗位的具体岗位要求和工作职责对其中的共性和差异性进行平衡，例如，确定党群、经营、技术和其他四大类岗位的职类素质，并确定某些岗位的特殊胜任素质。例如，提取出地铁运营安全的关键岗位调度员岗，要求非常高的团队合作和灵活应变能力。

图3-2　建安公司四层核心胜任素质金字塔

在竞聘的实施阶段，选用管理素质测验、管理技能测验、职业价值观测验和动力人格测验等考查不同心理特征的心理测验，并利用结构化面试集中对参与竞聘人员的态度动机、行为风格、个性成熟度、人际合作、履行管理职责、职业锚等与管理工作密切相关的特质进行评价。

三名竞聘某部室科长岗位的候选人在岗位胜任力上的得分结果如图3-3所示。

姓名	理解与执行力	吃苦耐劳	……	服务意识	细心周到	灵活应变	抗压能力	得分	职业价值观
A	6.5	6	……	6.5	8.75	5.8	5	63	管理型
B	6.5	7.5	……	7.5	6.5	6.4	5.4	59	技术职能型
C	5.5	6.25	……	5	7.5	3.8	4.0	52	安全稳定型

点评： A综合素质一般，做事情有责任心、耐心细致，有比较稳定的人际工作关系网，但交往层次往往不够深入，可能更多地是与上级领导、下属讨论工作，较少交流情感，不太善于与不同处事风格和个性的同事建立深层人际关系。其主动性和开拓性稍弱，理解与执行力一般，对事情的推动力较弱，抗压能力不足，应对人际紧张和冲突的方式有时不够成熟。决策能力比较弱，也不愿承担决策所带来的风险，不愿对结果负责，可能会导致决策前的过于谨慎，迟疑不决；另外在安全生产和检查方面可能缺乏一定的实践经验，距离应聘职位有一定的差距。

聘用建议： 不建议，建议其留待原岗继续从事××管理或者类似的一般性工作，较为适合其性格。

图3-3　三名竞聘某部室科长岗位的候选人在岗位胜任力上的得分结果

最后由北森专家对测评结果进行综合提炼，测评专家根据不同岗位的需要和对人员的要求进行整合，综合分析竞聘人员的胜任力素质水平、价值取向、人际关系、抗压能力、个性优缺点、发展潜力等内容，对竞聘同一岗位的人员进行工作胜任力排序，并对排列原因做出分析；对不合适目标岗位的竞聘人员推荐工作岗位；对具有发展潜力的人员提供干部后备培养和发展建议。

　　在本次竞聘中，北森测评为 20 个部门提名了正副手的人选，兼顾正副手的资历、专业经验和能力，还需要从工作风格、性格特点、部门工作的特点等多方面进行衡量和搭配，为企业最终的人事决策提供更有针对性的结果。

　　资料来源：北森测评．胜任素质测评实现人岗匹配：北京地铁建安公司管理人员竞聘案例［J］．人力资源管理，2009（6）：46-48.

第一节　建立人才测评指标体系

　　人才测评是一项系统、复杂的工作，测评内容广泛，影响因素众多。测评主体的价值观、专业经验以及测评角度等方面的差异，均会导致不同的测评主体对同一被测评者的评定结果出现较大差异。因此，就像在日常生活中计量物体长短、轻重与容积时需要尺、秤与量杯，在人力资源管理活动中当我们需要了解员工的特定素质时，同样也需要科学、客观的测量工具，那就是人才测评指标体系。

一、人才测评指标体系概述

　　人才测评指标体系是进行人才测评时所依据的统一标准，由一群特定组合、相互关联的测量指标构成，该体系体现了各个指标之间的内在联系及其在整个评价体系中的重要性。如果把测评者比作法官的话，那么测评标准体系就是法官所依据的法律条文。它既包括衡量与评价测评对象属性的关键指标，也包含为了减少测评过程中的人为误差因素，所使用的衡量标准，并且需要按照一定的权重形成逻辑关系。设计测评指标体系是解决人才测评中"测什么"和"如何度量"的问题，是人才测评工作的基础性和系统性工程。

　　一个标准的测评指标体系包括测评指标及其指标权重两个主要部分，如图 3-4 所示。其中，测评指标（一级指标）包含测评指标的内容及其测评标准（测评指标的标准）。测评指标的内容被具体化为测评指标的维度（二级指标）和测评指标的条目（三级指标），其中测评指标的条目是对测评指标维度的进一步细分。测评指标的标准包括测评指标的标志和测评指标的标度，具体而言，这两个标准的设置是依据测评指标的内容而来的，当测评指标的维度没有进一步细分条目时，测评指标的标准依据测评指标的维度设置；当测评指标的维度进一步细分条目时，测评指标的标准依据测评指标维度的细分条目设置。即测评指标的标准是对测评指标的要素最后一个层面设置的。测评指标的权重主要规定的是测评各维度在测评指标中的重要性关系。

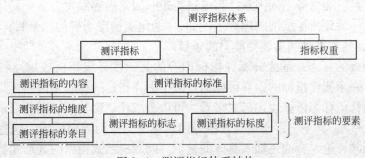

图 3-4　测评指标体系结构

（一）测评指标的定义

测评指标也叫测评要素，指人才测评目标操作化的表现形式，是能够反映被测评者特定属性的一系列考查要素或维度，用于表征被测评者的特征状态。例如体温，正常人腋下温度为 36 ℃ 至 37 ℃，但是体温是一个不便测评的内容，人们通过体温表将其操作化地表现出来，体温表中水银柱的长短，即成为体温这一测评目标的测评指标标准。但是物理测量是以物量物，其特点是客观性强，容易操作；而人才测评是以主观构建出来的度来测量无形的人员素质，如采用智力测验衡量员工的认知能力，这是用观念评价抽象，需要经历复杂的观念转换，不易操作。

人才测评指标是通过测评指标的内容、测评指标的标志与测评指标的标度三个要素，把被测评者物化为指标内容或细化为条目的形式，把测评标准物化为测评指标的标志与标度，使被测评者与测评标准连接起来，它是衡量和评价与工作有关的个人素质的维度。

（二）测评指标的要素

测评指标一般包含三个关键要素：测评指标的内容（包括测评指标的维度与条目）、测评指标的标志和测评指标的标度。

（1）测评指标的内容：是对人才测评指标的细化反映，一般通过被测评者自身所具有的一些比较稳定的个体特质反映出被测评者的特征状态。测评指标的内容主要通过工作分析或建立胜任特征模型来确定。例如，北森测评公司通过建立管理人员的胜任特征模型，为北京地铁建安公司管理人员的人才测评确定出主要的测评指标内容维度：企业要求素质、管理素质、职能要求素质及岗位素质。

测评指标的维度是对人才测评指标内容的细化和反映。常用的测评指标的维度包括意愿素质、能力素质、人格素质、知识素质 4 个方面。其中意愿素质又可再分解为动机、态度、责任心、诚信、兴趣等维度；能力素质包括管理能力、领导能力、组织能力、创新能力、计划能力、控制能力、语言表达能力、文案写作能力、应变能力等维度；人格素质包括性格、气质、情绪稳定性等维度；知识素质包括专业知识和社会知识等维度，旨在测评被测评者知识的广度和深度。

测评指标的维度具有严密性、简明性和准确性的特点。严密性，就是测评维度的设计必须经过科学论证，坚持理论和实践相结合的原则。简明性，就是测评维度的名称应简洁明了，言简意赅，便于直观理解，便于进行人才测评。准确性，就是测评维度的设计要符合测评目的的需要，要能准确地把测评目的所要求的最关键、最必需的素质项目包括进去。

测评指标的条目确定往往需要结合已有的理论知识及生活实践行为，例如，在对人才的管理能力进行测评时，可以依据相关的管理能力理论细分为组织能力、协调能力、领导能力、决策能力、判断能力等不同因素。再通过将每一因素内容细化为多个具体条目，从而操作化管理能力这一测评指标维度的内容。例如，"为组织确定明确的愿景目标"，"推动组织的实质性变革"，这些都是测量领导能力的条目。

（2）测评指标的标志：是区分测评指标内容的关键性界定特征或描述特征，具有易操作、可分辨性。一个测评指标的内容可以通过多个测评指标的标志来说明，且其表现形式丰富。例如测评指标的标志依据表述形式来看，可以分成评语短句式、问题提示式和方向指示式三种（见表 3-1）。其中，评语短句式指采用简单短句作为测评标志，这些短句是对测评指标的简短判断与评论，有的还加入具体的量词。问题提示式指以问题形式提示测评者把握某个测评指标的特征。方向指示式指只规定了测评指标特征应考查哪些主要的方面，但并没有具体规定测评的标志和标度，而是让测评者在大方向已知的情况下自己去把握细微的操作。这种测评在传统测评中经常被采用，优点是指标确立迅速方便，缺点则是很难避免测评者不同的主观判断标准造成的差异。

表 3-1 三种测评指标的标志依据表述形式举例

表述形式	测评指标的条目	测评指标的标志	测评指标的标度
评语短句式	语言清晰性	A. 没有吐词不清晰的情形 B. 偶有吐词不清晰的情形 C. 多次出现吐词不清晰的情形	A、B、C
问题提示式	忠诚度	1. 能严守公司机密吗？ 2. 能积极维护公司形象吗？ 3. 能完成公司要求的所有工作吗？	完全能、有时能、不能
方向指示式	业务经验	主要从应聘者所从事的业务年限、熟悉程度、有无工作成果等方面进行考评	依据具体情况把握

（3）测评指标的标度是指用评价标准对测评指标的条目进行衡量后的结果表现形式，常常表现为对素质行为特征或表现的范围、强度和频率的规定。测评标度可以是数量的，也可以是语言的；可以是精确的，也可以是模糊的。测评标度的一般表现形式有等级式、数量式、符号式、数轴式、定义式、综合式几种。其中，等级式标度是用一些等级顺序明确的字词、字母或数字揭示测评标志状态、水平变化的刻度形式。例如"优""良""中""差"，"甲""乙""丙"以及"A""B""C"或"1""2""3"。数量式标度是以分数来揭示测评标志水平变化的一种刻度。它有离散型与连续型两种形式。前者是指用一些规定好的离散数量（一般是整数）来标度标志水平；而连续型是设定一些数量变化的区域，允许用区域中任一个数量表明标志的水平，如表 3-2 所示。

表 3-2 数量式标度

测评条目	测评指标的标志	离散型测评标度	连续型测评标度
应变能力	思维活跃，对新事物迅速做出判断，能有效地处理突发事件	10 分	8~10 分
	思维较活跃，对新事物表现不敏感，在突发事件面前表现较自然，但不能有效地处理	5 分	4~7 分
	思维缺乏灵活性，对新事物表现木讷，在突发事件面前表现出无所适从，没有自己的主见，流露出紧张不安的情绪	0 分	0~3 分

符号式标度一般是以一种简便的符号来提示测评标志的不同水平。例如"？"与"×"表示"是""否"；"＋"与"－"表示"正"与"负"。其作用是既能避免差异刺激的负面影响，又直观形象。数轴式标度是指用一个带有刻度的数轴来表示测评标志的不同水平。这种标度方式直观而灵活，能在较大程度上允许测评者根据具体的差异加以自主变化，如在一个关于教师主观幸福感的测评指标设计中，数轴式标度设计如图 3-5 所示。

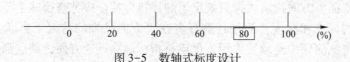

图 3-5　数轴式标度设计

定义式标度是用许多字词规定各个标度的范围与级别差异，实质上相当于对测评指标的评语式标志赋予一个等级，是评语式标志与等级式标度的结合，如表 3-3 所示。

表 3-3　定义式标度

测评条目	定义式标度			测评结果
条目描述	A	B	C	直接领导 填写栏（A，B，C）
团队合作意识	团队意识强，主动获取他人信任与支持，主动协助他人	团队意识较强，但缺乏主动与他人合作、协助他人的意识	缺乏团队概念，不愿意寻求与他人的合作，不愿协助他人工作	

综合式标度是综合上述两种或更多的标度形式来揭示测评标志不同状态与水平变化的情况。这在实践中也是很常见的。总体而言，一个科学的测评标准体系不是测评指标、测评标志和测评标度的简单加总，而是三者的有机结合。根据测评对象的结构特征，多个测评指标可以分解为一级指标及相对应的二级指标，形成测评指标体系；同时，再对每一个指标制定相应的测评标志和标度。现实应用中，测评指标可以没有测评标度，也可以将测评标志和标度合二为一。定义式标度就是评语短句式测评标志与等级式测评标度的结合。此外，因为评语短句式测评标志本身带有标度含义，也可以将其与数量式标度结合，或者不需要另外的测评标度。

（三）测评指标的权重

测评指标的权重涉及人才测评指标、测评指标的维度以及测评指标维度细分的条目。权重是一个相对的概念，即测评指标的内容在测评体系中的相对重要性或测评指标的内容在总分中应占的比重，其数值表示即为权数。例如对高校师资队伍的活力进行测量时，确定出教学岗位教师不同活力维度及不同测评条目的具体权重，如表 3-4 所示。测评指标的权重是根据测评指标来确立的，首先必须有测评指标，然后才有相应的权重。指标权重的选择，实际上也是对人才测评指标进行排序的过程。

表 3-4　教学岗位教师活力测评指标权重

一级指标	权重	二级指标	权重
A 知识活力	46%	A1 教学知识	25%
		A2 科研知识	7%
		A3 行业实践知识	14%
B 能力活力	27%	B1 科研产出	4%
		B2 实践贡献	9%
		B3 培育成效	14%

一级指标	权重	二级指标	权重
C 动机活力	27%	C1 认同	10%
		C2 意愿	10%
		C3 热爱	7%

需要指出的是，测评指标权重的确定与被测评对象有关，不同的测评对象对同一测评指标的要求是不一样的，其具体解释和分数也不一样。考虑到不同测评方法对同一测评指标的要求不同，其评价标准（分数）也是不一样的，例如同样是教师活力测评指标，对同一高校实验岗位的教师而言，权重就不相同，如表3-5所示。所以对不同的企业性质、企业文化、部门、人员和测评方法来说，各个指标的权重是不一样的，测评实践中应综合运用各种方法科学设置指标权重，并根据需要适时调整。

表 3-5　实验岗位教师活力测评指标权重

一级指标	权重	二级指标	权重
A 知识活力	28%	A1 教学知识	10%
		A2 科研知识	4%
		A3 行业实践知识	14%
B 能力活力	38%	B1 科研产出	6%
		B2 实践贡献	18%
		B3 培育成效	14%
C 动机活力	34%	C1 认同	12%
		C2 意愿	12%
		C3 热爱	10%

（四）测评指标的分级

对测评指标从广度和深度两个方面进行精细化划分，有利于精确地对被测评者在该测评指标上的素质水平量化处理，以便进行评价。按照测评指标的广度划分，从横向来看，指标体系具有一定的层次结构，第一层称为一级指标，第二层称为二级指标，第三层称为三级指标；从纵向来看，测评指标由各个不同的维度组成，各测评维度按照由浅入深的顺序，又分为不同的等级。

二、人才测评指标体系的构建过程

人才测评指标体系的设计包括确定需要测评指标和衡量测评指标具体标准的过程。在构建人才测评指标体系的过程中遵循一定的程序和方法，能够确保体系构建内容科学合理。设计测评指标体系有利于统一评价标准，有利于对被测评者进行比较分析。设计一个成功的测评指标体系需要多次反复实践才能达到较为理想的效果，其制定过程必须系统化，设计流程图如图3-6所示。

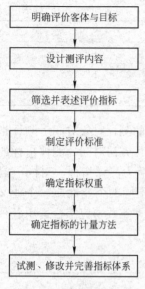

图 3-6　测评指标体系
设计流程图

（一）明确测评的对象与目的

在人才测评中，测评的对象即被测评的人员。测评目的包括选拔性测评、配置性测评、开发性测评、诊断性测评、考核性测评等。测评对象的特征不同，测评的目的不同，所制定的测评指标体系自然也就不同。

测评对象的特征一般由行业的性质和职位的特点决定。例如，营销人员的测评指标体系显然不同于程序员或快递员的测评指标体系。以选拔性为测评目的的人才测评指标体系显然要区别于以开发性为测评目的的人才测评指标体系。例如，对同一个人进行招聘测评与对其进行诊断开发所使用的测评指标就不会相同。一般而言，企业开展人才测评主要有以下几个目的。

1. 以选拔为目的

组织在进行外部招聘和内部晋升的过程中，常常会面对众多的求职者，如何在这些候选人中选出与岗位最为匹配的员工是组织需要解决的关键问题。一般而言，组织会根据不同岗位的素质要求，采取有针对性的测评方法和手段对这些候选人进行测试和评价。

2. 以诊断为目的

在组织的运营过程中，管理者会遇到各种人力资源方面的问题。他们可以通过人才测评查找原因，并根据测评所获得的信息对员工素质和能力进行诊断，制订提高和改进的方案。

3. 以培训为目的

员工培训是人力资源开发中的重要环节，员工培训能否实现预期的目标，关键在于是否能够满足员工的需求。为了提高培训的针对性，很多组织将人才测评作为组织培训需求分析的一项重要工具，还有一些组织将测评中的方法应用于培训当中，如无领导小组讨论、情景模拟等，以提高员工的素质水平。

4. 以配置为目的

现代人力资源管理的目的是做到人职匹配、人适其岗、事得其人、人尽其才、才尽其用。每一个岗位对任职者都有不同的要求，而不同的任职者又有各自的特点，只有当两者相匹配时，才能达到最佳绩效水平。此外，要实现部门和团队之间的高效运作，也需要成员间能力、性格、知识、经历等各种要素的有效互补。人才测评可以了解员工的各方面素质特点，帮助企业实现人员的科学与优化配置。

5. 以考核为目的

在传统的绩效考核中，考核结果通常会受到人际关系和一些主观性因素的影响，从而不能反映被考核者真实的素质水平。而将人才测评的方法引入绩效考核中，可以有效解决这一问题，提高绩效考核的客观性和科学性。

例如，在"工程科技人才评价指标体系构建与分析"的研究中，为了构建工程科技人才评价指标体系，首先界定测评对象：工程科学是指研究和解决工程活动中具有普遍性问题的知识体系，是连接基础科学和工程技术的纽带；工程技术是指在实际工程活动中，综合运用自然科学知识、人文社会科学知识、技术知识创造实际生产力的手段。因此，工程科技人才是指从事工程科技活动的，有品德、有科技才能，在工程科技领域有科技特长的人，是掌握知识或生产工艺技能并有或可能有较大社会贡献的人。

其次明确测评目标：遴选优秀的工程科技人才。

（二）设计测评内容

依据测评目的和对象的要求，测评内容的设计涉及测评指标的内容和测评指标的标准。在设计测评内容时需要参考并分析大量已有的信息资料，以归纳总结出符合理论原理及工作实际需要的测评指标和体系构想。可供参考的资料包括已有的研究文献资料、工作分析资料、工作绩效资料、访谈资料、人事档案资料、问卷调查资料和理论基础资料等。实际操作中可能还要采用一些统计方法来确定指标与指标之间的关系，如探索性因素分析、验证性因素分析和聚类分析等。

总之，确定测评内容，需要从概念和理论上对测评指标进行探讨，弄清其实质内涵和外延，以确保内容效度，使测定的问题或条目能够准确地反映要测评指标的内容。为保证测评指标的内容科学合理，还需要遵循以下几个基本原则。

① 同质性原则：测评指标的内容和标志特征要与被测评者的特征相一致。

② 针对性原则：针对某一具体岗位、职业类别或行为特质设计合理的测评指标体系。

③ 完备性与精练性相结合原则：指处于同一测评体系中的各种指标内容相互配合，使整个被测评者包含在测评指标体系内容之中；同时测评指标的设计应尽量简单，应把不必要的指标删去，在获得所需功能信息的基础上，提高测评的有效性。

④ 可操作性原则：测评指标的内容应能够使用工具进行客观的测量和评价，在设计测评指标的内容时，措辞应当通俗易懂，避免意义含糊不清。

⑤ 独立性原则：同一层级上的任何两个指标不能存在重叠和因果关系。

⑥ 结构性原则：指考评指标体系在总体上要有条件、过程与结果的指标，并从多方面多角度进行测评，以确保测评的有效性。

⑦ 不平等原则：人才测评指标体系的各种测评指标对测评结果的贡献是不一样的，其贡献率可用权重来表示。

对每个测评指标的内容都必须进行认真的分析，遵守可操作性原则和独立性原则，使测评者、被测评者及第三人都能明确测评指标内容的含义。另外，测评指标还应避免涉及隐私、社会敏感性问题，并把内容上有重复的指标筛掉。同时针对可操作性原则，用比较简单可测的指标去替代可测性较差的指标。

测评指标的标准由标志和标度两个部分组成。清楚、准确地表述和制定测评指标的标准是使测评指标体系具有可操作性的关键步骤。

案例链接

工程科技人才评价指标体系构建与分析

郑展等人通过专家访谈法访谈了7名科技企业人力资源管理人员、4名科研部门中层管理者以及4名科研人员，采用扎根理论对访谈问题进行了深入的分析、编码，从中选取重要的、关键的要素，结合人才评价的一般要素，初步确定了单位人才测评所需测评指标，以及工作能力、工作业绩及贡献3个一级指标。其中，工作能力又称"素质""胜任力"，是驱动员工产生优秀工作绩效的各种个性特征的集合。能力是判断一个人能否胜任某项工作的起点，是决定并区别绩效差异的个人特征。工作业绩是工作能力的最终体现。相对于能力考核项目，工作业绩可以明显地体现出来，而且具有易量化的特点。贡献反映被评价者在社会及专业领域取得的突出成绩，一般用定性评语式评定方法，着重从宏观综合的角度进行定性的评语式评定。各项指标具体考核内容与方法可参见原文。

在对各位访谈对象提出的指标进行分类汇总之后，统计指标提及数量超过2/3以上的指标作为科研人员评价的二级指标，最终确定了知识素质、技能水平、综合素养、科技成果、人才培养、对专业领域及经济社会发展的贡献及对科学技术发展的贡献7个二级指标。通过在多家企事业单位以座谈会的形式对初步测评指标进行讨论，并征求专家意见之后，最终确定了基本知识，专业知识，研究创新能力，应用推广能力，组织协调能力，团队合作能力，应变与承担风险能力，职业道德，思想品德，身体素质，发展潜能，科研项目，获奖成果，论文、专著收录，重大政策研究报告，专利，同行认可的报告，科研管理，培养青年人才，创新与团队建设，对专业领域事业发展的贡献，对经济的贡献，对社会发展的贡献，理论贡献，实践贡献25个三级指标。工程科技人才层次分析模型如图3-7所示。

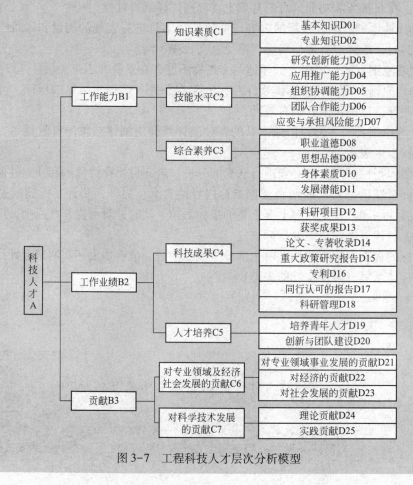

图3-7　工程科技人才层次分析模型

资料来源：郑展，张剑，赵煜嘉. 工程科技人才评价指标体系构建与分析 ［J］. 科技管理研究，2017，37（22）：71-78.

（三）确定测评指标的权重

在人才测评指标体系中，各个指标的地位和作用不同，每个测评指标所使用的权重也必然不同。要根据实际需求，结合基本原则，科学合理地设置人才测评指标的权重。通常来说，可以通过以下 3 种方法来设置权重。

主观经验法是设计者凭自己以往的经验直接给测评指标设置权重，一般适用于设计者对被测评者非常熟悉和了解的情况。

德尔菲法，又称专家咨询法。这是一种相对复杂的专家加权法。德尔菲法是美国兰德公司于 1964 年首先用于定性预测的方法。它是一种集中各方面专家意见得出结论的方法。这种方法的程序如下：首先选择有关方面的专家，请他们分别填写对权重设立的意见，每位专家从一开始到结束互相之间都不进行沟通；主持人统计专家意见并把结果反馈给每位专家；每位专家根据统计反馈的结果，对自己的意见再次进行修订；重复前面的步骤（结果反馈和调整），直到各专家意见趋于一致为止。

层次分析法（analytic hierarchy process，AHP）是测评领域中应用十分广泛的一种方法，由美国运筹学家萨蒂托马斯·萨蒂教授基于 Thurstone 两两判断理论提出，其基本思想是把复杂问题分解为若干层次，通过两两对比最低层次的各个项目得出各因素之间的相对重要程度，并通过矩阵运算得到权重。由于层次分析法要求将问题分层次考虑，因此需要建立分层模型，并考虑其上下层对应关系。相对于上层指标，需要判断其直接下层各元素对其影响程度；为获得下层元素对相应上层的影响程度，首先判定下层元素之间的相对重要程度。

具体操作步骤是：①针对同一层次的各个测评指标，运用两两比较的方法建立判断矩阵；②类似对偶比较法求出每个测评指标的权重系数；③对权重系数进行一致性检验，并删除不合格的测评指标；④进行综合运算，得出各测评指标相对整个体系的权重。

例如，在"工程科技人才评价指标体系构建与分析"的研究中，为更加科学地获得各项指标权重，并顾全工程科技人才评价的具体需求，研究采用问卷调研法，并向工程科技人才及相关领导发放问卷 600 份，回收问卷 587 份，回收率 97.83%。在获得这些元素之间的相对重要程度之后，采用层次分析法针对工程科技人才的 B 层指标建立了 1 个 3 阶矩阵；C 层指标建立了 2 个 2 阶矩阵、1 个 3 阶矩阵；D 层指标建立 3 个 2 阶矩阵、1 个 3 阶矩阵、1 个 4 阶矩阵、1 个 5 阶矩阵、1 个 7 阶矩阵。其基本形式为：

$$A = (a_{ij})_{n \times n} = \begin{bmatrix} a_{11} & a_{12} & \cdots & a_{1n} \\ a_{21} & a_{22} & \cdots & a_{2n} \\ \vdots & \vdots & \vdots & \vdots \\ a_{n1} & a_{n2} & \cdots & a_{nn} \end{bmatrix} \tag{3-1}$$

其中 a_{ij} 表示某一准则下一级第 i 个准则对第 j 个准则的相对重要性。例如，基于被试提供的数据，针对技能水平 C2 可形成矩阵，如表 3-6 所示，其中被试认为团队合作能力 D06 比应变与承担风险能力 D07 稍重要，因此矩阵中元素 $a_{45} = 3$，$a_{54} = 1/3$。

表 3-6 技能水平指标的测评矩阵

指标	D03	D04	D05	D06	D07
D03	1	1/2	1/2	2	4
D04	2	1	1/2	2	4
D05	2	2	1	2	4
D06	1/2	1/2	1/2	1	3
D07	1/4	1/4	1/4	1/3	1

在获得所有判断矩阵之后，需对它们进行层次单排序，即计算每个互反判断矩阵的最大特征值及其对应的特征向量，并通过求解判断矩阵的特征方程得到归一化特征向量 ω。计算公式为：

$$A\omega = \lambda_{max}\omega \qquad (3-2)$$

例如，将针对 C2 形成的矩阵代入特征方程，可以得到研究创新能力 D03、应用推广能力 D04、组织协调能力 D05、团队合作能力 D06、应变与承担风险能力 D07 的特征向量分别为 0.196 9、0.260 3、0.344 2、0.139 3、0.059 4。

此外，为确保矩阵一致性及结果科学性，还需对层次单排序结果进行一致性检验，若检验通过，即可取特征向量 ω 值为权重；否则需要被试进行重测并重新构造互反判断矩阵。一致性检验的具体步骤如下：

计算一致性指标 CI：

$$CI = \frac{\lambda_{max} - n}{n-1} \qquad (3-3)$$

根据随机一致性指标数值表（见表 3-7）中的 RI 计算一致性比率 CR。

$$CR = \frac{CI}{RI} \qquad (3-4)$$

表 3-7 随机一致性指标数值表

指标	1	2	3	4	5	6	7	8	9	10	11	12	13	14	15
RI	0	0	0.52	0.89	1.12	1.24	1.36	1.41	1.46	1.49	1.52	1.54	1.56	1.58	1.59

若 CR<1，则矩阵 A 的一致性程度在容许范围之内；若 CR<0.1，则矩阵 A 的一致性比较好。否则，需要重新构造互反判断矩阵。

经过计算发现，所有进行层次单排序一致性检验的矩阵都有较好的一致性。以针对 C2 形成的矩阵为例，其 CI = 0.039，CR = 0.034 8，显示一致性较好，由此可得研究创新能力 D03、应用推广能力 D04、组织协调能力 D05、团队合作能力 D06、应变与承担风险能力 D07 的权重分别为 0.196 9、0.260 3、0.344 2、0.139 3、0.059 4。

最后，通过层次总排序将各矩阵的相对权重全部转化为对于总目标的权重。工程科技人才评价指标权重如表 3-8 所示。

表 3-8　工程科技人才评价指标权重

A 层	B 层	C 层	D 层
工程应用人才	工作能力 (0. 405 1)	知识素质 (0. 130 1)	基本知识 (0. 086 7)
			专业知识 (0. 043 4)
		技能水平 (0. 157 9)	研究创新能力 (0. 031 1)
			应用推广能力 (0. 041 1)
			组织协调能力 (0. 054 3)
			团队合作能力 (0. 022 0)
			应变与承担风险能力 (0. 009 4)
		综合素养 (0. 117 2)	职业道德 (0. 057 6)
			思想品德 (0. 035 8)
			身体素质 (0. 014 6)
			发展潜能 (0. 009 1)
	工作业绩 (0. 301 4)	科技成果 (0. 179 8)	科研项目 (0. 066 8)
			获奖成果 (0. 029 1)
			论文、专著收录 (0. 010 9)
			重大政策研究报告 (0. 020 0)
			专利 (0. 008 5)
			同行认可的报告 (0. 029 1)
			科研管理 (0. 015 3)
		人才培养 (0. 121 6)	培养青年人才 (0. 091 2)
			创新与团队建设 (0. 030 4)
	贡献 (0. 293 5)	对专业领域及经济社会发展的贡献 (0. 172 5)	对专业领域事业发展的贡献 (0. 069 0)
			对经济的贡献 (0. 034 5)
			对社会发展的贡献 (0. 069 0)
		对科学技术发展的贡献 (0. 121 0)	理论贡献 (0. 030 2)
			实践贡献 (0. 090 7)

　　测评指标权重确定的基本原则包含：①系统优化原则，在确定测评指标的权重时，不能只从单个指标出发，而是要遵循系统优化原则，处理好各测量指标之间的关系，把整体最优化作为出发点和追求的目标，合理分配权重。②设计者的主观意图与客观情况相结合的原则，测评指标的权重反映了设计者和企业对人员工作的引导意图和价值观念。当他们觉得某项指标很重要，需要突出其作用时，就必然会赋予该指标较大的权数。但客观情况往往与人们的主观意愿不完全一致，所以确定权重时要考虑历史指标和现实指标，社会公认要素和企业的特殊性，同行业、同工种间的平衡等多个问题。③民主与集中相结合的原则，权重是对测评指标重要性的认识，是定性判断的量化，往往受个人主观因素的影响。不同的人由于个人能力、价值观和态度的不同，对同一指标也会有不同的看法，因此在确定测评指标权重时就需要实行民主与集中相结合的原则，集中相关人员的意见形成统一的方案。

（四）规定人才测评指标的计量方法

在完成人才测评后，需要通过对各测评指标的标度进行综合分析来得到相应的测评结果，所以在设计人才测评体系时需规定各测评指标的计量问题。因此，如果没有对每一个指标的计量方法进行科学统一的规定，仅仅靠权重的话，测评结果会产生很大的误差。

测评指标的计量由两个因素决定，具体包括计量等级及其对应的分数和计量的规则或标准。

（1）为了使测评结果规范化和统一化，实现计分的简单化，对于人才测评指标体系中的每一个指标，可采取统一的分等计分法，即每个测评指标均分为 1~5 等。1 等代表最好的水平，记作 5 分；2 等代表较好的水平，记作 4 分；3 等代表一般的水平，记作 3 分；4 等代表较差的水平，记作 2 分；5 等代表最差的水平，记作 1 分。这种分等计分法简单规范，便于最后统一运算。

由于不同的两个测评指标在总体中的权数是不同的，因而即使在分等计分法中某些测评指标的测评值相等，它们最终的实际得分也并不相同。如指标 A 的权数为 20%，所得测评值为 5 分，则最后得分为 1 分；指标 B 的权数为 40%，所得测评值为 5 分，则最后得分为 2 分。

（2）计量的规则或标准，一般有以下两种常见的情况：

① 客观性测评指标。有些测评指标具有客观性的数据与结果，如打字速度、出勤率、销售业绩等均可以采取客观性的计量方法来计量。客观性的计量可以采用参考标准法和排序法。

参考标准法，即列出与测评指标有关的参考标准，参考标准可以采用企业内、行业内有关政策的规定，也可以采用国内外提供的经验数据，在计量中以参考标准为效标，根据被测评者偏离效标的实际程度来确定相应的等级。

排序法，即把被测评者在某一测评指标上实际达到的水平按照从高到低的顺序排列，以获最高分者得 5 分为标准，除此之外，被测评者的得分按比例量表折算，确定等级得分。

② 主观性测评指标。在人才测评指标体系中，有些测评指标没有客观性的数据与结果，也没有可参考的量化标准。这就要求测评者在调查研究的基础上，结合当前实际情况对指标进行定性分析，然后根据以往的经验和实际需求来确定被测评者在该指标上的等级水平并给予相应的分数。

为保证测评结果的相对客观与准确，测评者不能是一个人而必须是一个群体。具体的计量方法是，首先要求每个测评者对同一测评指标按统一的等级量表进行测评，然后统计出各个评判等级上的总人数，并据此算出分数。

（五）试测、修改并完善测评指标体系

在试测时要注意主体（测评者）和客体（被测评者）的选择、情景的控制，并对突发情况进行记录。人才测评指标的设计者需选择自己熟悉的测评客体来做检验，这有利于将实测结果与实际情况进行对比；要尽量选择各种层次中有代表性的群体进行试测，试测场景要与将来测试时的正式工作场景无实质性的差别；试测中如果发生误解误用、操作时间不平衡等情况，需要进行详细记录。

针对试测的结果，对测评指标体系进行不断完善，使其更加客观、准确、可行，以保证正式测评时的可靠性和有效性。

第二节　设计人才测评方案

人才测评方案是开展人才测评工作的指导文件，涉及测评工作的各个方面，包括明确的测评目的和对象、测评指标体系的设计、测评方法与工具的确定、测评实施程序的设计、测评结果的应用等。不同人才测评的目的和对象决定人才测评方案各个环节的选择与组合。测评方案的针对性、完整性与可执行性直接关系到测评工作的顺利开展与测评结果的可靠性。因此，在设计人才测评方案的过程中，应当全面考虑开展人才测评工作的内容、流程以及实施细节。

一、测评方案设计前需考虑的因素

（一）预算

预算的多少实际上直接关系到测评的精度，通常情况下，招聘一个人的平均预算越多，选用的测评方法也往往越多，测评的效果当然越好。测评预算受到单位领导认识的影响。比如，某公司为了招聘几位部门经理，在测评环节才花几千元，因为老板觉得靠自己的经验进行面试即可；而一家知名企业为了招聘两位副总经理，在测评环节居然投入了十多万元，专门委托测评机构应用比较复杂的评价中心技术。实际上，应该对测评的投入-产出比进行系统的测算。美国有测评专家经过测算发现，在企业中层管理人员的测评中投入几千美元，其实际回报能达到几百万美元之多。

（二）测评目的

测评目的是测评工作的出发点，同等条件下，单位内部人力资源普查会比外部人员招聘需要更复杂的测评设计，因为人力资源普查需要全方位地了解、诊断单位员工的特点与不足，为组织的未来发展和员工个人发展提供诊断报告，所以往往需要邀请外部的测评专家，综合运用心理测验、面试、小组讨论、角色扮演、公文筐测验、360度评估等多种测评技术和方法；而员工招聘可能采用笔试和面试，或者再用一种情景模拟技术（如小组讨论）即可。

（三）评价要素数量

胜任特征模型分析可以帮助企业确定测评的评价要素。一般来说，评价要素的数量在7个以内效果比较好，超过7个，评价者就很难对要素进行区分了。不过在应用评价中心技术进行测评时，由于考官具有较高的人才评价素养，测评指标往往会达到10个之多。国外有研究发现，评价中心的评价要素平均是11个。

（四）候选人数量

候选人的数量是测评方案设计前必须考虑的一个因素。一般来说，当一个职位有多名候选人时，用较少的测评方法就能达到理想的测评效果；相反则需要选择较多的测评方法。也就是说，假如我们需要从100名候选人中选出5人时相对比较容易；而如果从10名候选人中选5人时，测评的精度要求更高，尤其是对于位列中间第4~7名的人，有时难以取舍，决策风险明显加大。

（五）预期结果

测评的预期结果也会影响测评方案的设计。当只需要根据岗位胜任特征对候选人进行简单的排序时，对测评方案的设计要求相对不算太高；而当需要给每位候选人提供个人诊断性信息和职业发展建议报告时，对测评方案的设计要求就很高。

（六）方案实施的复杂程度

测评方案设计前还需要考虑到组织实施测评活动的复杂程度。如果实施的是比较复杂的测评方案，考官的数量比较少，那就不可能分多个组同时对候选人进行测评，测评实施可能需要很多天，在这种情况下考虑到测评题目的保密性，就需要事先设计多套难度大体相当的测评题目。

二、测评方法与工具的设计

在确定好测评目的和对象，并设计好测评指标体系的前提下，选择合适的测评方法和工具，有利于测评结果的科学性和可靠性。科学合理的测评指标体系如果没有搭配合理的测评方法和工具，很难发挥最大效果。测评方法与工具的设计根据测评内容、对象和岗位不同而不同。

（一）依据人力资源管理内容的方案设计

人才测评主要是在人力资源管理范围内进行的，针对人力资源管理的招聘、培训开发、绩效考核和员工职业生涯规划等不同模块，需要选择相应的人才测评方法和工具。

1. 用于招聘的测评方法与工具设计

人员招聘选拔的目的在于择优淘劣，将真正适合企业需要的人才甄选出来。招聘是具有选拔性质的测评，测评内容主要包括以下 3 个方面。

（1）考查应聘者的素质特征。素质特征包括人格特质、智力、技能、知识和价值观等方面的内容，它反映个体的心理特点，对个体的行为方式具有很大的影响，与个体的工作行为和工作绩效密切相关。因此，需要根据目标职位对任职者的素质要求设计相应工具，确保人岗匹配。

（2）考查应聘者的职业兴趣。职业兴趣会影响人们的职业选择和工作的稳定性，另外它还能发挥个人的主动性和创造性并开发个人的潜力，使个人在职业活动中取得新的成果。在人员甄选过程中考查应聘者对应聘职位的职业兴趣有助于保证人员的未来发展潜力，确保企业获得持续的竞争力。

（3）在情景模拟中考查应聘者的行为特征。在情景模拟状态下，针对有关评价维度对应聘者表现出的行为进行考查，可以直观地了解应聘者的行为结果。

根据以上招聘测评的内容，使用最多的是能力或技能测评、个性测评、职业兴趣测评以及诚信度测评。还可根据不同的岗位进行管理能力测评、交往能力测评以及沟通能力测评等。一般采用笔试、面试、评价中心等测试方法。涉及的测评工具包括 YG 性格测验、霍兰德职业适应性测验以及与招聘岗位相适应的胜任力测验等。

2. 用于培训开发的测评方法与工具设计

培训与开发的目的是提升员工的综合素质。员工培训活动包括需求分析和效果评估两个环节。在培训需求分析环节，测评的主要内容是了解员工个体的素质状况，以便与企业实施战略所需的素质要求进行比较，与职位素质要求进行比较，找出优势与劣势，综合测评结果、绩效考核结果和员工职业发展计划，制订针对性的培训计划。

在培训效果评估环节，对经过培训和开发后的人员进行测评，将培训开发前后的人员素质情况进行分析对比，检测其行为特点是否发生变化、是否把培训中所学知识与技能有效运用到工作中，以此作为评估培训效果的依据，并为组织内部的人员调整、流动提供决策信息。

根据培训与开发的测评内容，常用的测评方法包括笔试、面试和评价中心等。涉及的测评工具包括 SCL-90 测验、霍兰德职业适应性测验、职业技能测验、公文筐测验和性格测验等。

3. 用于绩效考核测评方法与工具设计

组织的健康发展是其各个部门合理运行的表现，而各个部门的正常运转则依赖于每一个员工个体对其预期绩效的顺利达成。因此，有必要定期对员工的工作绩效进行考核。绩效考核的目的是对各级员工当前的工作情况进行鉴定，进而为确立新的工作目标提供依据。绩效考核与晋升方面的测评目的是对员工的表现进行评价，通过测评了解员工的工作情况，包括他的胜任能力、工作态度、工作表现以及完成工作任务的数量与质量情况等，为奖惩措施的实施以及有关的人事决策服务。

员工绩效考核的内容主要包括工作业绩、工作态度、工作动机、工作能力和品行等，通常采用目标管理法、关键事件法、工作标准法、工作动机测量、能力倾向测验、评价中心和强制分布法等对员工的表现做出全面的评价。

4. 用于员工职业生涯规划的测评方法与工具设计

现代企业管理特别注重员工的职业生涯发展，尤其是技术性企业，对员工的素质和技能有特殊的要求。这些企业多采用内部晋升制度，企业在用人的同时也在不断地培养人才，进行人才储备，以备使用的时候能够找到合适的人选。

员工职业生涯规划的目的在于帮助员工根据自身的素质和职业兴趣设计适合个人的职业发展路径。通过测评，帮助员工更好地了解自身的优势与劣势，并知道岗位的素质要求，从而更加清晰合理地确定自己在企业中的定位和发展方向，减少个人职业生涯规划的盲目性。

在员工职业生涯规划测评中，经常测评的内容有智能倾向、个性特征及职业兴趣偏好。可以使用的测试方法包括笔试、面试、评价中心等。用于员工职业生涯规划的测评工具往往包括 YG 性格测验、霍兰德职业适应性测验等。

（二）依据测评岗位确定的人才测评方法与工具

在企业的人才测评活动中，还可以依据测评对象的层次，将测评类型区分为一般职员、中层管理人员与高层管理人员三种。

1. 一般职员的测评设计

对于一般职员而言，其胜任力特征主要包括专业技能、个性特征、一般能力、职业兴趣、心理健康状况、诚信态度等。

具体的测评工具及方法组合为：YG 性格测验，SCL-90 测验和霍兰德职业适应性测验等。

2. 中层管理人员的测评设计

中层管理人员的主要职责为：上下级沟通，对部门事务进行管理，与员工、同事以及领导进行交往沟通，执行公司的决定，参与员工的职业生涯管理等。

具体的测评工具及方法组合为：沟通能力测验、管理能力测验等。

补充案例

A公司中层岗位竞聘测评指标方法体系

A公司委托专业人才测评服务机构为其经济运行部副部长岗位设计与实施内部竞聘测评的方案。测评公司通过客户访谈，确定测评目的，并取得测评岗位相关信息。因为竞聘人员来自公司的各个部门或子公司，公司很清楚他们过去的工作成绩，所以，这次测评的内容不包括行为环境要素和工作绩效要素，主要以心理素质（文化素质、品德素质、智能素质、心理健康素质以及其他个性素质）为主要的测评内容。此外，因为竞聘的岗位为经济运行部副部长，是中层管理岗位，中层管理人员是处于企业执行层的各部门经理，处于基层和高层管理者中间，对他们的一般职责要求是侧重各个部门之间工作关系的协调、上下级之间的沟通，与外部的联络及经营计划的实施，以及促使本部门成为一个完整的工作团体等。这就决定了测评的重点在于组织协调、领导决策能力上，同时兼顾管理、行业知识素质。因此确定出如下的测评指标方法体系，见表3-9。

表3-9　A公司经济运行部副部长岗位竞聘测评指标方法体系

测评指标	测评方法	方法使用权重
生产计划管理、技术改造管理、固定资产管理、生产安全管理、行业政策法规	笔试	18%
科学决策能力、组织领导能力、交往协调能力、事业心、责任感、风险意识、权变意识、创新意识、心理承受能力、公共知识	机考	12%
仪表气质、反应的灵活性、论点的正确性、协调能力、情绪稳定性、自信心、综合分析能力、说服力	无领导小组讨论	28%
领导风范、语言表达、岗位认识、施政方案、敬业精神、协调能力、综合分析能力、业务素质、管理知识	结构化面试	42%

知识链接

企业的人才测评是否应该委托专业的测评机构去完成？

委托专业机构开展内部竞聘的好处主要有：首先，专业机构拥有技术、富有经验，为测评结果的准确性提供了有力保障；其次，在事前与被测评人没有接触的情况下，专业机构可以在相对中立和客观的位置做出评价；最后，企业可以把内部比较难以处理和平衡的人事问题外部化，避免矛盾的进一步激化。

不利的地方有：专业机构不熟悉企业情况，而测评报告往往是按照一定模板制作的，不一定能够满足企业需求。同时，如果完全依赖专业机构，企业人事决策权可能受到影响。另外，委托专业机构也可能会带来商业秘密泄露等问题。

3. 高层管理人员的测评设计

高层管理人员的主要职责为：企业的战略策划、经营决策、领导与管理，其核心是决策。高层管理人员的胜任特征主要有：变革与决策意识和能力、管理能力、创造力、较高的成就追求以及交往与沟通能力。

具体的测评工具及方法组合为：经营决策能力测验、管理能力测验、创造力测验等。

（三）依据不同岗位的测评方案设计

管理实际中的岗位是多种多样的，代表性的岗位有生产岗位、销售岗位、服务岗位、管理岗位、技术岗位等。针对这些岗位的人才测评需要具有自身特点。

1. 生产岗位的人才测评方案设计

生产岗位对人的要求是喜欢与物打交道，操作能力强，反应敏捷，细心安静，并需要一定的专业技能。

对于生产岗位的人员测评应从以下几方面来进行：操作能力测验、专业技能测验以及霍兰德职业适应性测验等。

2. 销售岗位的人才测评方案设计

销售岗位对人的要求是喜欢与人打交道，乐观自信，善于与人交往，善于说服别人，对产品较为熟悉，具有该方面的专业技能。

对于生产销售岗位人员的测评应从以下几方面来进行：霍兰德职业适应性测验、交往能力测验、性格测验等。

3. 服务岗位的人才测评方案设计

近年来，服务的概念在不断变化，原来主要集中于第三产业服务行业，而现在很多生产和营销企业也以"服务"为宗旨，这种服务还包含售后服务的内涵。所以，现代的服务岗位不仅要有与人交往的能力，还需要具备一定的专业技能。

对于服务岗位人员的测评应从以下几方面来进行：交往的能力测验、工作动机测验以及职业价值观测验等。

4. 管理岗位的人才测评方案设计

管理岗位的主要职责是对有关部门的事务进行管理，与员工、同事以及领导进行交往沟通，执行公司的决定，参与员工的职业生涯管理，企业的战略策划、经营决策、领导与管理等。

管理岗位的人员测评应从以下几方面来进行：变革与决策意识和能力、管理能力、创造力、成就追求以及交往与沟通能力等。

5. 技术岗位的人才测评方案设计

近年来，技术岗位在企业中的作用越来越凸显，并且往往与较高的薪酬相联系，这样就使一些专业技术人员能够更好地从事研发工作，他们不通过晋升到管理岗位上就可以获得较高的报酬。高新技术企业中大多有自己的研发机构或部门，那里有一大批专门从事研究开发工作的技术岗位人员。研发机构技术人员的主要职责在于开发新产品，他们需要具有较为深厚的专业技术知识和技能，同时，对他们的创新能力的要求更高。

技术岗位人员的测评应从以下几方面进行：专业技能、成就动机、一般能力倾向测验、创造力测验、专业知识经验等。

总之，人才测评是一项十分复杂的、专业性很强的系统工程，其方案设计绝非菜单式的、计算机化的任意组合，而需要根据不同的测评内容来选择正确的测评方法和工具，这些方面的有机组合才能确保其科学性和信度、效度。因此，还需要测评专家的参与，在他们的帮助下，对测评的内容、对象和用途等进行综合分析，从而来设计成套的测评工具，包括从已有工具中挑选合适的，或者选取其中的某些部分，甚至重新编制一些新的测评工具。测评专家的参与是解决这种复杂问题的有效保障。

三、测评实施程序的设计

当测评指标体系及测评方法与工具均已确定之后，则可以开展测评的实施程序。在具体实施测评内容之前，需要精心设计好测评实施程序内容及相应的流程环节。例如，A公司经济运行部副部长的岗位竞聘测评流程环节示意图见图3-8。测评实施的具体程序包括确定测评小组成员、培训测评者、测评时间及场地安排、必要的后勤保障等方面。具体的实施程序要根据企业的具体情况而定。

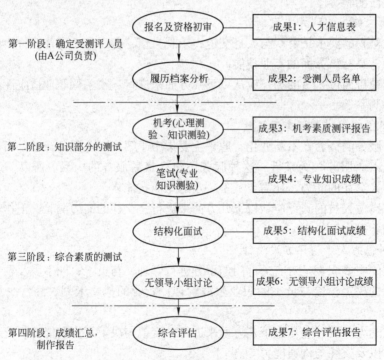

图3-8 A公司经济运行部副部长的岗位竞聘测评流程环节示意图

（一）测评小组成员的确定与培训

测评小组成员是测评活动的具体实施者，对他们的选择关系到整个测评工作的最终效果。一般合理的人数及成员搭配，能够使测评指标体系发挥预期的效用，甚至可以弥补某些不足，达到最终的测评目的。此外，不同测评者的思想、态度和个性等在一定程度上能够影响测评的效果，因此对测评小组人员的确定提出以下几点建议：

（1）具有人才测评方面的专业知识和经验；

（2）熟悉待测职位的素质要求与具体的评分标准；

（3）了解待测人员的基本情况；

（4）具有较好的口头表达、沟通、应变与观察能力；

（5）善于独立思考，处事公正。

测评人员可以是测评领域的专家、组织的领导、主管或人力资源部门的人员。测评者的数量和层次要依据测评的性质、方法和条件进行具体的分析和确定。

在一项测评活动中，通常会使用多种测评方法，每种方法对测评人员的要求也不尽相同，所以在测评实施前需要对所有测评人员进行培训。培训的内容包括测评纪律及其监控、测评方法、具体的操作流程和程序步骤、测评中有可能出现的突发事件及应对办法等。培训目的是使测评人员熟悉测评的每个环节和每项内容，掌握各种测评方法，保证测评工作的顺利实施。在条件允许的情况下，可以组织测评者先做一些实际的演练。

（二）测评时间和环境确定

测评时间和环境的选择同样会对测评结果产生影响，科学地选择测评的时间和环境，将会促进测评工作的开展，从而提高测评结果的有效性。

不同的测评方法和测评工具所花费的时间不尽相同。例如，用于初步筛选的笔试测验一般会在 2~3 小时完成，而一个普通面试可能在 30 分钟以内就可以完成。因此在测评实施前，测评人员要按照每项测评活动的特点合理安排时间，同时确定不同测评项目的先后顺序以及时间间隔，从而提高测评的信度和效度。此外，测评时间应按照人的心理、智力和体力活动的生物节律来安排，如中午人容易犯困，不宜安排测评，所以具体的测评时间应该挑选能够完全发挥被测评者智慧和能力的时间段。

对环境的选择主要考虑测评现场是否适合被测评者完成测评任务事项。如果测试环境通风设备不好、空间狭小、嘈杂、光线不好，容易使人心情烦躁、反应迟钝，易疲劳、影响思考。因此，测评场地应该比较宽阔、安静、光线充足，使测评对象注意力集中、思维敏捷，从而提高测评的准确性。另外，要合理地安放测评设备和被测评者所需材料。其中测评设备包括测评工具、音像放映设备和摄像装置等，被测评者所需材料包括测试编号、题本、答题纸、草稿纸、铅笔和橡皮等。除此之外，测评的人文环境也很重要。在测评过程中，测评者要表现出温和的态度，让被测评者放松心情，从容应对。

（三）其他注意事项

在设计测评方案的实施程序时还需要考虑其他事项。第一，在开展测评活动之前，应设计测评者与被测评者的沟通环节。测评者应向被测评者宣传测评目的、测评的大致流程、测评时应注意的事项等，以获得他们的支持，使他们以更好的状态参与到测评互动中来。第二，应该预想在实施测评的过程中被测评者会产生疑难问题的情景，设计协助被测评者解决问题的程序。第三，进行测评活动时可能会受场地、设备、测评材料等方面的影响，这时要为测评者事先设计随时协调与控制各方面的影响，保证测评活动顺利开展的步骤。第四，在实施测评的过程中，为保证测评结果的精确性，测评者应遵循务实的原则，运用评价表、录音机、摄像机等收集并记录测评信息，从而保证测评信息的真实性、准确性、及时性和代表性，这些内容都需要提前设计好。

四、设计人才测评方案的原则

（一）成本节约原则

一套完整的测评方案涉及测评的各个方面，耗费一定的人力、物力和财力，因此在测评方案的设计过程中，应当在保证测评顺利实施的情况下尽可能降低成本和节约时间。测评人员可以通过科学的方法选择和安排测评项目的顺序，达到节约成本的目的。

在具体测评方案的设计过程中，应当坚持先简单后复杂的原则，按照先淘汰后筛选的顺序进行。即将笔试、履历分析等简单易操作的方法放在实施顺序的前面，而结构化面试、评价中心等复杂和较难操作的方法放在后面。先淘汰后筛选是指在测评实施过程中，前面的方法主要用于将那些明显不符合要求的人员淘汰，侧重于测评对象的缺点和不足。后面采用的测评方法应该侧重于测评对象的优点和长处，目的是在候选人中选出与岗位最为匹配的人。遵循这一原则可以有效降低测评费用，节约成本。

（二）时间合理原则

合理的时间设置能够有效地反映出被测评者之间的差异。测评方案中需要考虑与时间有关的几个因素：测评时间、考官评价时间、数据处理时间、报告撰写时间、结果反馈时间。下面简要介绍前三个因素。

（1）测评时间：测评方案要根据测评方法和工具使用需要，合理地说明每项测评所需的时间。

（2）考官评价时间：指每项测评结束以后，考官对被测评者每个测评维度的表现进行单独或集体讨论的时间。如果选拔项目只关注被测评者与岗位的匹配程度，考官只需要对被测评者每个维度的成绩达成一致就可以了，需要的评议时间较短。如果人才测评技术在能力诊断、绩效管理中的应用对结果要求比较详尽，评议时间也就比较长。因此，针对不同评价对象，需要合理地规定评价时间。

（3）数据处理时间：指测评全部结束以后，根据不同的要求对测评数据进行处理的时间。心理测验要将被试者的答题卡输入计算机进行处理；面试成绩要进行分数统计；情景模拟测验的成绩也要进行统计计算。在设计测评方案时需要根据数据量合理地规划数据处理时间。

（三）用人最少原则

用人最少原则的目的在于优化测评流程的方案，明确测评人员的具体分工，以避免同一个测评环节多人负责而互相推诿或指挥混乱，最终确保测评活动的顺利实施。测评者是人才测评项目能否取得成功的关键因素。在人才测评项目中，对测评者的要求比较高：既要熟悉职位的素质内容与标准，又要对各种测试工具、方法的操作过程有清晰的了解，同时还要具备丰富的测评经验，对测评过程中的核心环节进行有效的掌控，另外还要求测评者具有心理学、管理学及相关业务知识。因此，要找到比较合格的测评专家并不是一件容易的事情。为此，组织必须根据自身实际情况合理地整合外部专家资源，让专家参与到测评过程中，担当测评过程中的考官角色。由于专家人才比较少，测评项目又比较多，测评流程可以根据考官配置的情况进行设计。流程设计者要将考官的时间进行完整的计划，确保时间被充分利用。

根据测评专家人数、时间设计测评流程，是测评工作中面临最多的情况。遵循用人最少的原则一方面可以确保测评项目的合理实施；另一方面可以合理地配置测评过程，优化测评顺序。

第三节 组织与实施人才测评活动

在正式组织与实施人才测评活动时，应当严格按照预先设计好的测评方案进行，从而保证科学合理地获取测评对象的个人素质数据。此外，还应当具有一定的灵活性，以便妥善应对各种突发情况。

一般组织与实施测评从准备测评材料开始，同时依据测评方法的要求选择合适的测评场地，确定和培训测评人员。随后，测评人员按照方案中的时间规定进入测评环境当中，依照测评方案的要求开展测评内容。在测评实施过程中，收集并详细记录测评信息，确保测评信息的精确性。

一、准备测评材料

在实施测评项目时，首先要准备的是测评项目所需要的各种资料。

（一）测评题目

无论采用何种测评方法，都需要预先准备好测评题目。考官提供给被测评者的题目，需要提前做出完整设计。对于笔试题，除了确定题目、内容以外，还需要在题目编排上下功夫。题目要以先易后难的顺序排列，选择题、填空题、判断题等简单的题目放在前面，简答题、资料分析、讨论等复杂的题目放在后面。这样有利于缓解被测评者的压力，使其能够发挥真实水平。在编排心理问卷时，一般按照能力测验、个性测验、价值观测验的顺序依次编排试卷。因为个性测验及价值观测验会涉及更多个人隐私方面的问题，因此不宜一开始就让被测评者回答，应该让被测评者在适应答题的状态下再做回答。另外，题目要统一编号，统一纸张规格，以便之后整理。单个测评的题目要单独装订。试题要在开始测评时发给每个被测评者。

对于一对一的面试，需要提前设计面试提纲，有目的地进行提问和讨论。在确定了测评内容的基础上，需要对问题的先后顺序进行编排。一般来说，要按照先易后难、由浅入深的顺序进行编排。轻松愉快的面试有利于被测评者发挥自己的真实水平。在小组面试中，一般只有一个题目，但对这个题目的要求会比较多。首先，这个题目必须是无对错可言但又反映不同价值观倾向的。其次，题目的答案必须有争议，才能引起讨论。一般来说，题目一般会先描述一定的实际情况，然后给出两种以上互斥解决方案，让被测评者共同商讨最终的决策或对策。

公文筐测试需要设计比较多的题目。题目可以来源于不同岗位工作中出现过的难题，可以通过访谈和员工工作日记获得，这需要一定的积累。题目主要考查的是问题解决能力。其他比较灵活的题目，如案例分析、角色扮演、管理游戏、演讲等，也基本是一样的规则。

（二）答题纸（卡）

案例分析或公文筐测验项目需要考官提供答题纸，而心理测验则需要专用的答题卡，因为答题卡可以直接通过光电扫描仪输入计算机进行成绩统计。考官要向被测评者说明答题卡的使用方法及注意事项。

（三）评分表

评分表是考官记录被测评者在测评过程中表现出的语言和行为的专用表格。测评结束后，考官要在评分表上对被测评者的表现进行评价。

（四）草稿纸

测评前要准备足量的草稿纸，以备被测评者在笔试、面试、情景模拟测验中使用。

（五）其他

随着网络技术的发展，一些笔试和面试的时间和地点可能变得不再固定。当使用网络笔试时，一方面需要提前设置好笔试内容的分布、呈现与记分程序；另一方面需要设置好反作弊的声明、要求与后果。当使用网络面试时，应当提前确定好网络面试的时间、软件平台、网络被测评者的周边环境要求以及其他要求。

二、选择测评场地

不同测评形式对场地的要求基本一致：光线充足、安静、场地宽裕，色调温和，不能对被测评者产生视觉刺激或空间上的压抑感。在一般的测评项目中被测评者都要参加几个测试，因此在布置测评场地时必须在每个测评室门外的显著位置上标明该房间测评的项目，如"面试室""小组讨论室""笔试室"等。如果同样功能的房间不止一个，还要进行编号，以利于被测评者快速准确地找到场地。如果人员条件允许，可以设立专门的引导员对被测评者进行引导。如果被测评者人数众多，建议设立"候考室"。候考室与测评室应保持一定的距离，避免由于人声嘈杂而对正在接受测评的人员产生影响。

对于笔试，应当合理安排测评室内的座椅，避免出现相互干扰或作弊的情况。对于单独面试，应当设计好桌椅摆放的位置，一般来说需要被测评者与测评者相对而坐，两方之间的距离不易过远也不易太近。对于小组面试，要让被测评者围着桌子坐成一圈，便于小组成员进行讨论。对于角色扮演要设置好足够空旷的场地，准备好道具。演讲要设置好讲台或适合被测评者站的位置。

三、测评人员培训

测评人员的培训是让测评者准确理解职位素质标准、典型行为、评价标准的过程，达到所有测评者使用统一的评价标准对被测评者进行评估的目的。测评人员的一致性在很大程度上决定了测评的结果，然而测评者的评价往往受到主观因素的影响。而测评者的主观判断会对测评结果产生影响。有的笔试题有比较标准的答案，需要手工计算的结果要求测评者细致精确，有的笔试题主观性比较大，如简答题、公文筐等，在评分时就会掺杂测评者的主观成分。因此，需要对测评者进行严格的培训，让测评者准确理解岗位素质标准、典型行为、准备过程，了解测评目的、测评的维度（维度的定义以及典型的行为）、施测中对被测评者观察与记录的要求、出现争议的解决方法、对测评者评价语言的要求、对测评报告的结构与内容的要求等。全面深入地与测评者进行沟通，才能达到所有测评者使用统一的评价标准对被测评者进行评估的目的。

如果邀请外部专家来完成测评过程，也必须向专家说明以上内容。因为每个单位对人员要求的侧重点不一样，虽然专家对各类岗位的要求有较为详细的了解，但如果不清楚单位的具体情况，也很难做好评价工作。总的来说，测评者的客观性和准确性决定着测试的成败。系统的测评人员培训能够有效提升测评的信度和效度水平。

四、测评过程操作

测评实施过程的具体操作包括验证测评者的身份、宣读测评指导语、测评数据的回收。

（一）验证测评者的身份

对测评者身份的验证是为了防止被测评者的作弊行为，保证测评的公正性。

（二）宣读测评指导语

测评指导语是测评具体操作前，由测评人员向被测评者说明测评的操作流程、保密原则和注意事项等问题，使他们能够准确、完整地完成测评活动，消除各种顾虑，保证整项活动的顺利实施。测评的指导语通常包括以下内容：人才测评的目的、测评持续的时间、测评过程中的注意事项、举例说明相关要求、测评结果的保密和处理。测评指导语的时间应该控制在 5 分钟以内，时间过长会引起测评对象的反感和抵触情绪。

现代人才测评往往通过计算机平台实现，指导语直接呈现在测评开始之前，这就要求计算机的指导语呈现方式更加人性化。

（三）测评数据的回收

测评过程中产生的数据，要由测评人员统一回收。如果是集中测评，测评人员应把收集到的全部数据当众进行封装，减少测评对象的顾虑。如果不是采用集中测评的方式，在发出测评题目时，要发给每位被测评者一个信封，由被测评者将测评数据装进信封并封装，之后再交给测评人员。测评数据的回收一定要按照规定的程序和步骤进行，否则将影响测评对象对测评活动公正性的认识以及后续对测评结果的接受。

五、测评过程控制

测评过程的控制一般包括施测时间控制和评议时间控制。

（一）施测时间控制

被测评者的时间管理观念不同，做题的速度也有快有慢，在控制测评时间的时候应当设定合适的范围。

对于笔试题，要根据题目长度和难度设定时间，能力测验题等客观题的时间可以设置得紧凑一些，因为对于这一类的测试来说，时间也是一个评价标准。对于笔试项目，测评人员可以在测试结束前 10 分钟、5 分钟分别提示一次，并且在答题时间结束时，要求未答完的被测评者立即停止作答。

对于心理测验、公文筐等主观题的时间可以设置得宽松一些，因为对于这些题目来说，答题时间不是一个非常重要的评价标准，能够全部完成才是比较重要的。

对于单独面试、小组面试、情景模拟等比较主观的评价方式，需要根据测评目的以及要考查的内容设定比较固定的时间，提高工作效率，特别是一次参评的人数较多时，更要注意控制时间，最好是在测评人员比较容易看见的地方放置时钟。

（二）评议时间控制

除了笔试类型的题目，其他测评方式都需要测评人员记录被测评者的表现，并根据记录给出评价结果。一般先由测评人员单独做出评价，然后进行集体讨论，对被测评者在每个维度上的表现进行定性评价。如果测评人员之间的意见达成一致，集体讨论就可以结束。为了更客观地考查测评者的一致性，集体讨论结束后还需要测评人员分别在各个评价维度上单独打分。如果在集体讨论中测评人员有不同的意见，那么需要通过讨论达成一致，然后再单独打分。如果无法达成一致，则需要调用录像资料进行取证，然后再讨论。

评价所需的时间因具体情况而有所变化，但也需要控制时间，提高工作效率。

思政元素

▶ 通过掌握人才测评方案制定的方法，培养学生树立一种天下为公的社会理想；

▶ 通过系统学习人才测评模型构建的方法，培养学生内心笃定且着眼于细节的耐心、执着、坚持的工匠精神；

▶ 通过了解人才测评指标体系建立的原则，培养学生对法律发自内心的认可、崇尚、遵守和服从的法治意识；

▶ 通过了解人才测评指标权重的确定技术，培养学生树立大局意识，从大局看问题，分清事情轻重缓急。

核心概念

测评指标、指标权重、测评指标维度、测评指标条目、测评指标标志、测评指标标度、试测

本章小结

本章主要介绍了建立人才测评指标体系涉及的相关概念和主要过程、设计人才测评方案的基本原则和方法、组织与实施人才测评活动的关键流程。

第一节主要介绍了测评指标的定义、要素、权重和分级的概念，提供了人才测评指标体系构建中的五个主要过程：明确测评的对象和目的、设计测评内容、确定测评指标的权重、规定人才测评指标的计量方法以及试测、修改并完善测评指标体系。

第二节主要介绍了测评方案设计前需要考虑的因素、测评方法与工具的设计、测评实施程序的设计以及设计人才测评方案的原则。

第三节介绍了五个关键流程：准备测评材料、选择测评场地、测评人员培训、测评过程操作以及测评过程控制。

复习思考题

1. 概述人才测评指标体系结构图的内容。
2. 概述人才测评指标体系的构建过程，每个过程的意义是什么？
3. 概述组织与实施人才测评活动的关键步骤。
4. 测评方案设计前需考虑哪些因素？
5. 测评方案设计时需遵循哪些原则，为什么？

 问题讨论

人才测评中如何有效地利用人事档案

人才测评是选拔人才的基本工具和科学方法，人事档案担负着全面考查了解和正确选拔使用人员的任务。

一、人才测评中使用人事档案的原因

人事档案是档案家族的成员，之所以在人事测评中用到人事档案，除了它们都是以人为主体开展的工作，还有以下两方面原因。

1. 人才测评和人事档案的目的相似

人事测评是为选拔、培训、考核与职位调动等人事工作服务的，而人事档案的最直接作用是为选人、用人提供依据。人事档案是人才培养和管理过程的详细记录，是人才业绩经历的有效证明。它为组织提供最为真实可靠的关于员工个体的凭证性信息。两者的最终目的是相同的，都服务于组织的人才管理目标，并上升到为社会的发展进步服务。

2. 人才测评和人事档案的内容一致

人才测评的内容主要包括员工的身体素质和心理素质等个体特质。而人事档案是反映个人经历、思想品德、业务实绩、个性特点、专长爱好等情况的原始记录，主要包括：①履历材料；②自传材料；③鉴定、考核、考查材料；④评定岗位技能和学历材料（包括学历、学位、学绩、培训结业成绩表和评定技能的考绩、审批等材料）；⑤政审材料；⑥参加中国共产党、共青团及民主党派的材料；⑦奖励材料；⑧处分材料；⑨招用、劳动合同，调动、聘用、复员退伍、转业、工资、保险福利待遇、出国、退休、退职等材料；⑩其他可供组织参考的材料。

两者包含的内容都是关于个体外在的身体状况、知识技能和内在的思想品德、智力能力情况。人才测评需要人事档案提供个人的真实资料和信息，人事档案也需要通过人才测评实现自己的利用价值，最终实现员工个人和组织的共同发展。

二、人事档案在人才测评中的作用

1. 提供人才测评的方向

人事档案反映出一个人最真实的基本情况，基于此，得以对人员进行基本分类，指导后续开展的人才测评方向。例如，在测评中考查某司机的手脚灵活性和基础技能的熟悉程度，通过其人事档案发现该被测评人员的文化水平比较低，但驾驶经验丰富，因此不宜采用笔试和计算机测验，而要通过面试的方法来考查其驾驶的基本技能素质。虽然通过简历、面试等方法也可以知道被测评者的学历等信息，但是相比而言，档案比其他方法更真实可靠，而且档案信息更加丰富。

2. 提高人才测评的效率，减少成本

通过人事档案的信息，可以减少人才测评的内容。首先，资历在素质测评中起着重要的作用。人事档案对资历的考查最为翔实，可以减少实际调查的工作量，提高工作效率，节省时间。其次，利用人事档案的内容减少需要测评的素质项目，例如，现在很多组织在人员招聘中使用英语六级成绩或者托福、雅思等成绩代替外语测试。档案材料中的入党材料、鉴定材料、外语技能材料等都可以反映受测者的思想品德、智力水平及外语水平等情况。因此，采用现有人事档案中的数据不仅能够提高人事测评的有效性，还能够压缩工作量，节省某些测评的成本。

3. 凭证参考作用

在人才测评的准备阶段和测评结果反馈阶段都需要人事档案提供个人信息。在准备阶段提前收集一些必要的测评数据和资料是很重要的，是实现人事测评量化的前提，也是减少测评误差的一种手段。在测评结果反馈阶段，也可以通过个人档案中的学习工作情况和鉴定、考核、考查材料等来反馈测评的结果。因为一个人的特质短时间内不会发生重大改变，无数的事实证明，一个人过去的表现反映了其现在和将来的表现趋势。通过被测评人员的测评结果与以往的表现对比，可以减少测评的误差。

请通过小组讨论形式提出在人才测评中有效利用人事档案的合理化建议。

资料来源：王焕．人事档案在人事测评中的利用［J］．兰台世界，2010（24）：50-51.

第四章　心理测验

学习目标

通过对本章的学习，你能够：

▶ 了解心理测验的概念及原理；
▶ 掌握心理测验的编制过程；
▶ 了解心理测验的主要类型；
▶ 掌握心理测验的应用情境；
▶ 掌握心理测验的实施步骤。

案例引入

基于心理测评的城市轨道交通行业员工行为干预措施研究

对城市轨道交通运营事故的统计发现，由人为因素造成的运营事故占74%以上，其中由内部员工人为因素造成的事故占80%以上。人因失误已经成为制约运营安全水平提高的瓶颈。为了从根本上消除列车驾驶员人因失误的影响，除了要有法律、规章制度管理、教育手段等保障外，还需从心理层面解决人员素质与工作岗位之间的匹配问题。

2018年11月某市地铁公司对列车在岗驾驶员团队进行了首次心理测评，目标是了解列车驾驶员团队的整体心理状况，筛查可能存在问题的个体。为了全面了解列车驾驶员心理状态的全貌，测评人员采用了SCL-90（symptom check list 90，症状自评量表）。SCL-90是应用广泛的心理咨询与心理治疗工具。总量表内容丰富，对感觉、情感、思维、意识行为、生活习惯、人际关系、饮食睡眠等内容均有涉及，被证明是衡量心理病理症状及严重程度的可靠指标。具体因子包括躯体化、强迫症状、人际关系敏感、抑郁、焦虑、敌对、恐怖、偏执、精神病性及其他10个因子维度。每个因子维度又被具体细化为条目，例如，躯体化因子主要反映身体不适感，包括心血管、胃肠道、呼吸等器官的不适，以及头痛、背痛、肌肉酸痛等躯体不适表现。该量表每一个条目的评价采取的是5级评分制。

参加测评的列车驾驶员共计386名。测评结果发现该市地铁列车驾驶员在SCL-90总分、躯体化、强迫、抑郁、焦虑、敌对、恐怖、偏执及精神病性等指标的得分均显著高于全国常模值（$P<0.05$），即该市地铁列车驾驶员的心理和生理健康水平均低于国内成人群体。具体结果发现只有工龄小于2年的列车驾驶员躯体化指标得分较低，随着年龄增加及不良因素的累积，生理疾病趋于常见，躯体化消极影响逐步加重；3~5年工龄段驾驶员的恐怖指标得分高于其他工龄段。分析认为这个工龄段的列车驾驶员是运营工作的中坚力量，工作压力随工龄累积达到峰值。此外，这个群体的员工大多数处于组建家庭的初期，除了工作压力，还会感受到来自家庭的压力。随着工龄继续增加，心理调控能力提升，对工作的适应程度提高，恐怖指标得分逐步下降；还发现本科学历员工在SCL-90总分、强迫、抑郁、精神病性维度得分均高于中专学历驾驶员，表明本科学历驾驶员的心理健康状况更弱。分析认为，在列车驾驶员群体中，本科生人数较少，仅占21.6%。一方面本科学历员工有优越感和自豪感，另一方面由于不同角色定位、培养模式和社会期待，公司对本科生的期望值相对较高，而不同学历层次的列车驾驶员群体处于同一环境中，会让本科学历员工感受到更大的压力。但是地铁列车驾驶员的岗位较为注重操作类技能以及较好的生理素质。本科学历员工的优势并不明显，在工作中反而会体会到更多的挫败感和失落感，容易导致不知所措、迷茫、抑郁、焦虑等负性情绪。

由此公司针对地铁列车驾驶员普遍出现的心理疾病，进行通识性心理健康教育，并对本科员工和专科员工按照其人格特质和心理健康状况，有所侧重地采用分类施教等管理策略，取得了较好的人力资源管理成效。

资料来源：何静，刘宇. 基于心理测评的城市轨道交通行业员工行为干预措施研究[J]. 城市轨道交通研究，2020，23（11）：68-72.

第一节　心理测验概述

美国心理学家桑代克指出，凡客观存在的事物都有其数量；麦考尔进一步指出，凡有数量的东西都可以测量。心理现象是客观存在的，人们心理的差异性也是客观存在的，因此，心理现象是能够测量的。心理测验是人才测评中最常见的测量形式之一，它属于一种定量化程度很高的测评技术，其编制的各个环节都必须遵循标准化的程序，因此心理测验的结果准确并可靠。

一、心理测验的概念

心理测验是对行为样本进行客观的和标准化测量的系统方法，是通过测量个体少数有代表性的行为，推断其在某一领域中的全部行为及其内在心理特征水平的科学手段。在一次测验中不可能对被测评者的全部心理特征相对应的行为领域进行测量，所以只能通过有代表性的行为样组来推论整体。就像生化学家检验样本的水质来推断河流的污染情况，开篇案例中的地铁公司是通过测查列车驾驶员的SCL-90总分、躯体化、强迫症状、人际关系敏感、抑郁、焦虑、敌对、恐怖、偏执、精神病性等指标来反映员工整体心理状况的。

随着心理学在中国的普及，心理测验被广泛应用于心理咨询、特种行业选拔、职业指导等领域。在企业中更是因其能够对人的各种心理特质快速、准确、科学、客观地考查而得到广泛的接纳与应用，在招聘、内部人员普查、培训效果评估、人员晋升、轮岗、团队诊断等领域发挥着重要作用。

二、心理测验的优缺点

(一) 心理测验的优点

1. 针对性发现问题

心理测验是从各个不同的角度对人的心理进行考查，如果说评价中心技术是对人进行综合性考查的话，心理测验就是针对性的考查，好比是医院中的 B 超、心电图、CT 等，针对人的不同功能和部位进行针对性的检查。心理测验可以较为准确地发现工作和管理中出现的涉及人的心理方面的问题，甚至是潜在的问题。

2. 效益高，成本低

心理测验可以进行团体施测，在较短时间内获得被测评者的大量信息，因而节约大量时间、精力；而且不受时间、地点、测评者等的影响。这些特点使得心理测验被广泛应用于企业人力资源管理的多个领域，特别是在需要大规模考查、选拔等进行横向比较的领域，如招聘、内部选拔与晋升、职业生涯规划、团队匹配分析、组织诊断等。

3. 主观因素干扰少

心理测验量表是严格根据心理学理论与方法编制出来的测量工具，在实施过程中对环境以及测评者与被测评者的要求较少，测量结果依据量表编制时确定的模型得出，往往有标准化的实施说明、计分系统和解释系统，因而最大限度地剔除了测试中主观人为因素的干扰。测量结果受测评者和计分者的主观因素干扰少，可保证在公平的前提下进行测验，被测评者通常容易接受和信服。当然，这并不是说心理测验完全不受外界干扰，比如测评结果的解释与咨询就与评价者的专业水准有较大的相关性。

4. 便捷性

相比其他测评手段，心理测验可以在相对较短时间内迅速获得一个人的能力、技能、人格、价值观等许多企业需要了解的心理特质信息。而且，心理测验的结果还可以为后续测评手段提供参考。这为人力资源管理工作带来很多方便，特别是对一些实效性强的工作，如招聘等，具有不可替代的优势。

5. 对用户的技术要求相对较低

评价中心技术、胜任素质模型等人才测评手段的实施与结果应用，往往需要用户也具备相应的知识和技能，但心理测验对用户的技术要求相对较低。心理测验通常有详细的实施说明。就单一测验而言，一位没有经过任何心理测量训练的测评者，可以在很短时间内掌握测验的施测过程，即使是非专业人士也可以很好地实施心理测验。

通常心理测验的难点在于对测试结果的处理、分析与应用，但这一过程完全可以委托专业人员或咨询机构来做，其他如准备、施测、场地安排等环节并不需要用户具备很强的心理学知识或技能。而无领导小组讨论、结构化面试等测试手段往往需要用户承担面试考官或行为评价者的角色，如果不经过事先的培训是很难掌握相关技能的。

（二）心理测验的缺点

1. 不够直观

心理测验是一种间接测量方式，无法对被测评者的行为表征进行直观的考查与测量，如动手操作能力、平衡能力等。有时被测评者会对结果产生怀疑。

2. 缺乏灵活性

心理测验实施过程的结构化很强，这虽然是测评工具客观化的保证，但也使其只能收集到测验所涉及的信息，对测验以外的信息一无所知。高度结构化使得心理测验不可能像非结构化面试等手段那样，可以根据测试过程中被测评者的反应，临时调整测评方案，进行有针对性的考查。

3. 测量误差

心理测验通过标准化的流程来保证测试结果的客观、公正，但仍然存在一些难以避免的测量误差。如在能力倾向测验中有应试技巧及猜测因素的影响。特别是对于人格等个性心理特征的主观自陈式量表，尽管在量表编制时就采取了技术措施，但很难杜绝被测评者掩饰、作伪自己真实情况或意图的现象。

三、心理测验工具的评估

为了保证心理测验的科学性、有效性及其信息的真实性，测评者必须严格审查心理测验中测验工具的质量。对测量工具进行质量评估，一般流程包括项目分析、信度评估、效度评估和标准化分析4个环节。

（一）项目分析

项目分析是指对试测结果从测评题目的难度和项目区分度两个方面进行的质量评估。试测是将测评试题施测于某一有代表性的团体，试测团体应是将来正式测评准备应用群体中的一个行为样本。经过试测可以得到该团体在每道题目上的测评结果，对测评结果进行的分析就是项目分析。项目分析一般从测评题目的难度和项目区分度两个方面进行。

1. 测评题目的难度

测评题目的难度是指测评题目的难易程度，在不考虑猜测因素影响的情况下，难度指标通常以通过率表示，即以答对或通过某题的人数比例来表示。难度过大或过小都不能很好地将不同水平的被测评者区分开来，如果大部分被测评者都能答对测评题目，表明该题目的难度偏小；如果绝大部分被测评者都不能答对题目，则表明该题目的难度过大。

2. 项目区分度

项目区分度指测验项目对被测评者素质特征的区分能力和鉴别能力。项目区分度是测验是否有效的"指示器"，是评价题目质量、筛选题目的主要指标，又被称为"项目的效度"。

区分度好的项目，能够将被测评者的高低水平分开，即高水平的被测评者在该项目上得分高，低水平的被测评者在该项目上得分低。确定区分度的方法有鉴别指数法、方差分析法和相关法。

（二）信度评估

仅仅做项目分析是不能直接评定心理测评的质量水平的，考查心理测评质量的好坏，还必须考虑其信度。信度（reliability）是指测评结果反映的所测素质的可靠性和稳定性，一般多以内部一致性来表示该测验信度的高低。由于测试时会有多种因素对测试结果产生影响，使得结果可能偏离真实的情况，因此需要计算信度来衡量测评的准确程度。评估信度的方法主要有4种类型：再测信度、复本信度、内部一致性信度和评分者信度。

1. 再测信度

再测信度（test-retest reliability）也称"重测信度"，指以同样的测评与选拔工具，按照同样的方法，对相同的对象再次进行测评与选拔，所得先后结果的一致性程度。再测信度的两次测评使用的是同一个测评工具、同一种测评方式，较难把握的是两次测评间隔的时间长短。时间间隔过长，被测评者特征将随时间的增加而发展变化，由此计算的稳定系数将失去意义；若时间间隔过短，又可能产生记忆与练习效应，这也将影响稳定系数。一般来说，时间间隔不应是固定不变的，对不同类型的人时间间隔应有区别，通常为1至3个月。在进行测评结果报告时，应报告两次测评的间隔时间以及在此期间内被测评者的相关经历。

2. 复本信度

复本信度（alternate form reliability）又称"等值性系数"，是指一个测评和选拔结果与另一个等值测评和选拔结果的一致性程度。所谓等值，是指在测评内容、效度、要求、形式上都与原测评一样，其中一个测评可以被看作另一个测评的近似复写，即复本。如果两个复本测评相距一段时间分两次实施，则在鉴定复本信度的同时还可鉴定再测信度，可见它应用范围之广泛。鉴定复本信度，首先要编制等值的复本。例如，学业测试中通常使用A、B卷。编制严格平行的复本难度较大，这也是制约复本信度的主要因素。此外，复本信度虽能较好地克服再测信度的练习、记忆效应，但原测评中的一些技能技巧也会产生迁移效应。

3. 内部一致性信度

内部一致性信度（homogeneity reliability）又称"同质信度"，指所测素质相同的各测评项目分数间的一致性程度。若被测评者的第一个项目的分数高于其他人，第二个项目的分数还高于其他人，第三个项目的分数仍高于其他人，且这些测评项目所测评的是同一素质，那么有理由认为测评与选拔结果较可靠。再测信度与复本信度都需要组织两次测评，而内部一致性信度只需要进行一次测评，增加了人员测评的可操作性，同时也为实际工作带来了极大的方便。

4. 评分者信度

评分者信度（scorer reliability）指多个测评者对同一组被测评者进行评分的一致性程度。测评与选拔结果的差异程度来自两方面：一是被测评者自身；二是测评者及其测评。评分者信度主要是对后者的度量，测评者及其测评的无关差异越小，测评与选拔结果就越可靠。测评者的评分是引起主观性测评结果差异的主要原因。客观性测评是利用计算机评分，不受主观因素影响，不存在评分误差。

（三）效度评估

进行心理测评时，不仅要保证测评工具的稳定性和可信性，更重要的是确保测评结果的准确性和有性效，即测评要有效度。效度（validity）即有效性，是指测量工具或手段能够准确测出所需测量事物的程度。效度是指所测量到的结果反映想要考查内容的程度，测量结果与要考查的内容越吻合，效度越高；反之，则效度越低。效度分为4种类型：表面效度、内容效度、构念效度和经验效度。效度比信度有更高的要求，信度是效度的必要条件，没有信度的测量工具谈不上具有效度，但信度高的测量工具未必具有高的效度。

1. 表面效度

表面效度指测试应达到的卷面标准，即一套测试题从表面看来是否合适。例如，若阅读理解力测试包含许多被测评者没有学过的方言词汇，则可认为这次测试缺乏表面效度。表面效度是测试出被测评者在正常情境下行为水平的一种保证因素。

2. 内容效度

内容效度指一套测试题是否测试了应该测试的内容或者说所测试的内容是否反映了测试要求，即测试的代表性和覆盖面的程度。如果在我国乡村信用社职员算术能力的测验中用英文命题，被测评者由于不懂英文而答不出算数问题，这套测验题的内容效度就值得怀疑。

确定内容效度的方法通常是由专家根据测验题目和假设的内容范围做系统性的比较判断。如果专家一致认为测验题目恰当地代表了所测内容，则测验具有内容效度。这种方法的主要问题是：缺乏一种数量化指标来描述内容效度的高低；不同专家的判断可能不一致；如果测验内容范围缺乏明确性，会使效度的判断过程发生困难。

3. 构念效度

构念效度是指理论中的抽象概念在多大程度上于实际应用中成功地进行了操作，即操作变量在何种程度上体现了它想要体现的理论概念的真正含义。构念效度示意图见图4-1。构念效度通常用聚合效度和区别效度来评价。

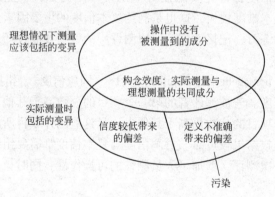

图4-1　构念效度示意图

提高构念效度有三大原则：最大可能地包括目标概念中的各个成分；发展出清晰的测量指标，降低其他相关概念的影响；努力控制随机因素的影响。

4. 经验效度

经验效度是一种衡量测试有效性的量度，通过把一次测试与一个或多个标准尺度相对照而得出。经验效度可分为两种：一是共时效度，即将一次测试的结果同另一次时间相近的有效测试的结果相比较，或同他人的鉴定相比较而得出的系数；二是预测效度，即将一次测试的结果同后来的真实成绩相比较而得出的系数。

（四）标准化分析

心理测评的质量水平不仅取决于测评工具的编制者，也取决于测评的实施者，如测评人员的个人倾向、被测评者的不同情绪动机及外界干扰等都会影响到测评的可靠性和有效性，所以心理测评的编制、实施、评分、计分和解释等都应遵循统一的科学程序。心理测评的标准化具体表现在以下4个方面。

1. 统一的指导语

心理测评中的指导语主要是对测评目的、内容、测评形式、作答方法与要求等细节方面的解释。笔试中的指导语一般出现在测评试题的开头，由被测评者自己阅读，所以该指导语应该简单明确。个别测评中的指导语由测评人员口述，测评人员必须严格按照指导语来口述，避免自己发挥，对被测评者的态度和语气等应保持一致。

2. 统一的时限

一般的心理测评都是难度与内容相结合的，会有时间上的限制，被测评者应该在规定的时间内完成测评。

3. 统一评分

评分的客观性与公平性是测试结果是否有效与可靠的重要保证，好的心理测评必须设立明确的评分标准，被测评者的答题结果应该得到完整的记录，测评人通过与评分标准的对照，给予客观的分数。

4. 建立常模

常模是指对测验分数进行分析和解释的参照标准。

第二节　心理测验的主要类型

一、依据被测评者特质的分类

这是最主流的一种测验分类方式。人的心理可以是不同特质的综合，如能力、人格、兴趣、动机、价值观等。个体心理系统概览如图 4-2 所示。

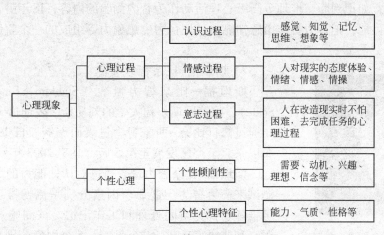

图 4-2　个体心理系统概览

心理学通常将个体的心理结构区分为两个部分：一是人们共同的心理过程，即个体意识形成及其活动表现的一般过程；二是个性差异，即个性心理特征，是人与人之间在意识倾向和稳定的心理特征上的个别差异。心理过程与个性心理特征之间是相互作用、相互影响的，同时，随着社会经验的增长，人们的个体间差异也越来越大，这实际上就是个体的社会化过程。不同的心理特征会体现在企业的不同活动中，不同的职位、工作也需要人们具有不同的心理特征。因此，根据职位、工作需要对人们不同的心理特征进行考查，就可以评估人们从事有关工作的心理匹配度，从而预测其未来工作的成效。

企业中较常使用的典型心理测验有能力倾向测验、人格测验、职业兴趣测验。

（一）能力倾向测验

能力倾向测验是用于测量个体从事某种职业或活动的潜在能力测验。所谓能力倾向，是指构成某种知识、技能和一定行为模式的各种个人特质的状态组合，它不是特殊训练的结果，而是存在于某种特殊的训练与学习之前，代表一种可能性。具备某种能力倾向的个体，在经过一些特定的训练后，更容易获得某些知识和技能，并且能在这个领域有更加深入的发展，从而取得更大的成就。能力倾向测验一般分为一般能力倾向测验和特殊能力倾向测验两种类型。一般能力倾向测验适用于测量普通群体的一般心理特征，如智力测验、语言能力测验、反应能力测验等；特殊能力倾向测验只适用于特定领域人员的专业能力测量。

常用的智力测验和一般能力倾向成套测验如下所述。

1. 智力测验

1）比奈-西蒙智力量表

比奈-西蒙智力量表由法国心理学家阿尔弗雷德·比奈和医师泰奥多尔·西蒙于1905—1908年编制，是世界上第一个智力量表。测验的主要内容包括注意力、记忆力和语言运用能力，测验由30道题组成。

该智力量表的开发开创了智力测验的先河，为智力测验的发展做出了巨大贡献。首先，第一次开发了比较客观、量化的智力测验工具，为后人提供借鉴。其次，第一次把智力测验应用到教育领域，使人们看到智力测验的实际价值，推动智力测验的发展。最后，提出了智力测验的方法，如把判断、推理等高级心理活动作为智力测验的内容；以年龄为标准，使智力的比较成为可能；把智力看作由感知能力、记忆力、想象力等组成的一个整体，从整体上进行测量。

刘易斯·麦迪逊·特曼
（1877.01.15—1956.12.21）

2）斯坦福-比奈智力量表

斯坦福-比奈智力量表（Stanford-Binet Intelligence Scale），由美国斯坦福大学的刘易斯·麦迪逊·特曼于1916年通过修订比奈-西蒙智力量表而编制。自1916年首次发布以来，至今已发展至第5版，其于2003年发布。

斯坦福-比奈智力量表通过对认知能力的5个因素加以测试来衡量智力。这5个因素分别是流畅推理、知识、定量推理、视觉空间处理和工作记忆。该测验对被测评者的语言和非语言反应均进行测量。5个因素分别具有权重，通过综合得分得到智商（IQ）。

斯坦福-比奈测验是目前教育活动中使用最多、被认为最可靠的标准化测验之一。在长达一个多世纪的历史中，该测验经历了许多有效性验证和修订，大多数结果都被认为是准确的。也就是说，在该测验上得分高的人通常都很有天赋，而得分低的人通常会面临某种认知障碍。斯坦福–比奈测验子测试和因素如表4-1所示。

表4-1 斯坦福–比奈测验子测试和因素

流畅推理	知识	定量推理	视觉空间处理	工作记忆
早期推理	词汇	非语言定量推理（非语言）	形板和形图案（非语言）	延迟反应（非语言）
言语荒谬	程序知识（非语言）	语言定量推理	位置和方向	块跨度（非语言）
语言类比	图片荒谬（非语言）			句子记忆
对象系列矩阵（非语言）				最后一个单词

3) 韦克斯勒成人智力量表

比奈–西蒙智力量表主要适用于儿童智力的测量，虽然之后的修订中增加了成年人的部分，但它的成人量表并不完善，不能满足实际需要。因此，学者大卫·韦克斯勒开发了旨在测量成年人和年龄较大的青少年的智力和认知能力的测验。

1939年，韦克斯勒编制了测验成年人的智力量表，即韦克斯勒–贝勒维智力量表（W–BI）。至2008年，第4版修订完成。韦克斯勒成人智力量表第四版（Wechsler Adult Intelligence Scale–IV，WAIS–IV）由10个核心子测试和5个补充子测试组成。WAIS–IV中的4个指数分数代表智力的主要组成部分（见表4-2）：语言理解指数（VCI）、知觉推理指数（PRI）、工作记忆指数（WMI）、处理速度指数（PSI）。根据WAIS–IV量表中的指数还可以推导出两个可用于概括一般智力能力的宽泛分数：全量表智商（FSIQ），是由VCI、PRI、WMI和PSI 4个指数分数中核心子测试的得分加总组成；一般能力指数（GAI），由语言理解指数（VCI）的相似之处、词汇和信息3个子测试以及来自

大卫·韦克斯勒
(1896.01.12—1981.05.02)

知觉推理指数（PRI）的块设计、矩阵推理和视觉谜题3个子测试，共6个子测试的得分加总组成。GAI在临床上是有用的，可以用来测量认知能力，而认知能力较不容易受到处理速度和工作记忆的影响。

表4-2 WAIS–IV 按索引分组的任务

指数	任务	核心	描述	测量的建议能力
语言理解指数	相似之处	√	描述两个词或概念的相似之处	抽象的语言推理；语义知识
	词汇	√	命名图片中的对象或定义呈现给它们的单词	语义知识；语言理解和表达
	信息	√	一般知识问题	从文化中获得一般信息的程度
	理解	×	关于社交情况或常见概念的问题	表达抽象社会习俗、规则的能力

续表

指数	任务	核心	描述	测量的建议能力
知觉推理指数	块设计	√	根据显示的模型将红白块拼凑成图案。这是定时的，一些更难的谜题会奖励速度奖金	视觉空间处理和问题解决；视觉马达结构
	矩阵推理	√	查看一组缺少一个正方形的图片，然后从5个选项中选择适合该数组的图片	非语言抽象问题解决、归纳推理
	视觉谜题	√	查看刺激书中的谜题，并从可以构建谜题的3个部分中进行选择	视觉空间推理
	图片完成	×	选择图片的缺失部分	快速感知视觉细节的能力
	图权重	×	查看一本刺激性书籍，该书籍在一个空侧的刻度上描绘形状，然后选择保持刻度平衡的选项	定量推理
工作记忆指数	数字跨度	√	口头听数字序列，并按照听到的顺序，以相反的顺序和升序重复它们	工作记忆、注意力、编码、听觉处理
	算术	√	口试算术应用题（定时）	定量推理、集中注意力、心理操纵
	字母数字排序	×	回忆一系列按升序排列的数字和按字母顺序排列的字母	工作记忆、注意力、精神控制
处理速度指数	符号搜索	√	查看符号和目标符号的行，并标记目标符号是否出现在每行中	处理速度
	编码	√	使用密钥转录数字符号代码。任务是有时间限制的	处理速度、联想记忆、书写运动速度
	消除	×	在有限的时间内扫描形状排列并标记特定的目标形状	处理速度

经过多年的修订，韦克斯勒成人智力量表的信度和效度不断提高，各个国家的量表本土化工作不断展开。但是韦克斯勒成人智力量表因为测验过程烦琐、结果分析复杂、只能单个施测等特点，在应用上有较高的要求。

2. 一般能力倾向成套测验

一般能力倾向成套测验（general aptitude test battery，GATB）是一种与工作相关的认知测验，由美国劳工部下属的美国就业服务局（U. S. Employment Service，USES）开发，并于1947年出版。它被广泛用于研究认知能力（主要是一般智力）和工作绩效之间的关系。在20世纪80年代末，美国国家科学院国家研究委员会（U. S. National Research Council，NRC）对GATB进行了审查，提出了一些问题，随后，该系列测验经历了几个重要的发展变化阶段并进行了修订。目前该系列测验的操作版本专为职业咨询、职业探索和职业规划而设计。系列测验通过11项独立的定时测试，分别对与工作相关的能力进行测验。能力测验分为认知能力（如语言能力、算术推理和计算能力）、感知能力（如空间能力、形态感知和文书感知）和精神运动能力（如运动协调、手部灵巧和手指灵巧）3个维度，共9种工作能力，见

表 4-3。

表 4-3　GATB 的 9 种工作能力

测验方式	工作能力	测验内容
笔试	语言能力	在听、说或写时，能够理解单词的意思，并在良好的沟通中有效地使用它们的能力
	算术推理	运用多种数学技能和逻辑思维解决日常问题的能力
	计算能力	能够运用加、减、乘、除等算术运算来解决日常的数字问题
	空间能力	在脑海中形成物体图像的能力
	形态感知	快速准确地看到物体、图片或图画细节的能力
	文书感知	快速准确地看到印刷材料细节差异的能力
	运动协调	在进行精确的手部动作时，能够快速准确地协调眼睛与手或手指的运动
仪器测验	手部灵巧	能够快速准确地移动手部
	手指灵巧	能够熟练和轻松地移动手指

通用能力倾向系列测验的实施有 3 个选择。第一，所有 11 项测试大约在 2.5 小时内完成。此选择更适合探索所有职业的个人，包括那些需要精神运动能力的职业。第二，7 个笔试可以在 1.5~2 小时完成。当个人不探索需要手部或手指灵巧的职业时，此选项更可取。第三，在 1.5~2 小时完成 6 项非精神运动测试。当个人不探索需要精神运动能力的职业时，此选项更可取。对于所有选项，被测评者必须（a）至少 16 岁，（b）英语阅读达到六年级或更高水平，以及（c）在过去六个月内未参加过任何形式的能力测验或 GATB。

大量研究支持早期 GATB 类型的 3 靠性和有效性。例如，研究表明 GATB 的重测信度大于 0.70，收敛效度以及与工作绩效评分之间存在适度的相关性。

（二）人格测验

目前较为常用的人格测验工具有：16 项人格因素问卷、大五人格测验、明尼苏达多相人格测试等。

1. 16 项人格因素问卷

16 项人格因素问卷（sixteen personality factor questionnaire，16PF）是由卡特尔及其同事通过几十年的实证研究发展起来的一种自我报告的人格测试。卡特尔及其同事从 Gordon W. Allport 和 Henry S. Odbert 于 1936 年开发的约 4 500 个描述人类行为的形容词列表开始，将形容词列表缩减为 171 个代表同义词组的术语、35 个表面特征变量，并使用因子分析技术来识别大量行为观察中的基本特征，最后形成了由 16 个主要特征构成的人格因素问卷。

1）16PF 的心理测量结构

16PF 包括 16 个主要人格量表，见表 4-4，所有量表都是双极性的，即每个量表的两端都有一个独特的、有意义的定义，被测评者的作答一般介于两个极端之间。

表 4-4　卡特尔的 16 种人格因素模型中的主要因素和描述符

低范围的描述符	主要因素	高范围的描述符
非个人的、遥远的、冷静的、矜持的、超然的、正式的、冷漠的	温暖（A）	热情、外向、为人细心、善良、随和、参与

续表

低范围的描述符	主要因素	高范围的描述符
具体思维，智力低下，一般智力低下，无法处理抽象问题	推理（B）	抽象思维，更聪明，聪明，更高的综合心智能力，快速学习者
情绪反应，多变，受情绪影响，情绪不稳定，容易心烦意乱	情绪稳定（C）	情绪稳定，适应能力强，成熟，冷静面对现实
恭顺，合作，避免冲突，顺从，谦虚，听话，容易领导，温顺，包容	主导地位（E）	专横、强势、自信、好斗、好胜、固执
严肃、内敛、谨慎、沉默寡言、内省、沉默	活力（F）	活泼、自发、热情、随遇而安、开朗、富有表现力、冲动
权宜之计，不循规蹈矩，无视规则，自我放纵	规则意识（G）	有规则意识，尽责，顺从，道德，沉稳，受规则约束
害羞、对威胁敏感、胆小、犹豫、害怕	社会勇气（H）	社交大胆、冒险、厚脸皮、不羁
功利、客观、不带感情、心肠硬、自力更生、不废话、粗鲁	敏感度（I）	敏感的、审美的、感性的、温柔的、直觉的、精致的
信任、不怀疑、接受、无条件、容易	警觉（L）	警惕的、多疑的、怀疑的、不信任的、反对的
脚踏实地、实用、平淡、以解决方案为导向、稳定、传统	抽象性（M）	抽象的、富有想象力的、心不在焉的、不切实际的、全神贯注的
直率、真诚、朴实、开放、天真、参与	隐私（N）	私人的、谨慎的、不公开的、精明的、优雅的、世俗的、外交的
自信、不担心、自满、安全、没有罪恶感	忧虑（O）	忧虑、自我怀疑、内疚、缺乏安全感、担心、自责
传统，依附熟悉环境，保守，尊重传统观念	变革的开放性（Q1）	乐于改变、实验性、自由主义、分析性、批判性、自由思考、灵活性
以群体为导向、有归属感、依赖加入者和追随者	自力更生（Q2）	自力更生、孤独、足智多谋、个人主义、自给自足
容忍混乱、不严谨、灵活、无纪律、松懈、自我冲突、冲动、不遵守社会规则、不受控制	完美主义（Q3）	完美主义、有组织、强迫性、自律、社交精确、严格的意志力、控制力、自我感伤
放松、平静、迟钝、耐心、沉着冷静	张力（Q4）	紧张、精力充沛、不耐烦、冲动、沮丧、过度劳累、时间紧迫

该工具还包括3个效度量表，用于测量被测评者作答的有效性：印象管理（impression management，IM）量表、默认（acquiescence，ACQ）量表和干扰（infrequency，INF）量表。

印象管理量表是一种双极性量表，高分反映社会期望的回答占主导地位，低分反映非社会期望的回答占主导地位。印象管理得分极高的可能原因包括：被测评者的行为实际上可能是非常符合社会要求的，回答是准确的自我描述；被测评者的回答反映一种无意识的曲解，这种曲解与自我形象相符，但与实际行为不符；或者是故意以一种高度社会期望的方式作答。极低的印象管理得分表明一种不寻常的意愿，愿意承认不受欢迎的品质或行为。当被测评者异常、自我批评、气馁或压力过大时，就会出现这种情况。

默认量表的目的是：无论被问的是什么，被测评者都作答同意的程度。分数过高或者回答方式总是"是"，可能说明被测评者误解了题目内容，或者回答随意，或者自我形象不清晰。

干扰量表包含测试中统计上最不常见的反应，这些反应一般是选择中间的答案，在试题册上以问号出现。如果得分高于 95 百分位，可能表明被测评者在阅读或理解问题上有困难，回答是随机的，被测评者在两端的选项上始终犹豫不决，或者为了避免给人留下错误的印象，所以选择中间的答案，而不是一个更明确的答案。

2）测验的实施

16PF 测试是为 16 岁以上的成年人设计的，但也有针对不同年龄范围的平行测试，例如，16PF 青少年人格问卷。笔试时间限定在 35~50 分钟，计算机考试时间为 30 分钟。指导语简单直白，对测试场地与时间没有特别要求。测试过程通常是自我管理的。该量表也可以在小组情境中使用。

3）信度和效度

第 5 版 16PF 的心理测量学指标在其技术手册中有记录：主因子量表在两周和两个月期间的平均测试-重测信度（即稳定性系数）分别为 0.80 和 0.70。内部一致性-可靠性信度（又名 alpha 系数）平均为 0.76。考虑到量表的长度和广度，该量表的信度估计被认为足够高，可以提供有意义的人员和职业指导。

在技术手册和研究文献中报告 16PF 的特质得分与其他知名人格量表，如"加州心理量表"的特质得分之间存在高度相关性，表明 16PF 确实评估了所要测量的特质，具有较好的效度。职业和社会心理学家还发现，16PF 可以很好地预测许多重要的社会结果，包括领导效率、药物使用和创造性成就等。比较研究的结果表明，16PF 在预测一些行为表现方面较其他的人格测量工具更好。

4）16PF 在职业发展中的应用

16PF 的报告分为基本解释性报告（basic interpretive report，BIR）和个人职业发展概况报告（personal career development profile report，PCDP）两部分内容，为被测评者提供可用于职业发展应用的信息。基本解释报告中包括整体人格因素的分数、6 个霍兰德主题分数（这些分数是由自我导向搜索的分数回归到 16PF 主要因素的方程生成的），以及几个预测结果的分数，如领导力和创造潜力。该报告会对受访者得分最高的霍兰德类型进行解释及讨论，并附有相关职业的简要清单。

个人职业发展概况报告首先以用户友好的、非技术的方式介绍测评工具概况，然后描述受访者的问题解决、压力应对和人际交往方式、工作设置偏好和职业/生活方式活动兴趣。之后列出几个详细的分数报告页面，分别讨论测评者在主要因素和总因素量表、广泛模式量表、领导—下属角色模式量表、职业活动兴趣量表、职业领域兴趣量表和职业兴趣量表上的地位。这些信息以数字和图形形式（水平条形图）报告。个人职业发展概况报告所提供的丰富信息已被证明对专业咨询师和被测评者都有帮助。技术手册中标明，PCDP 报告的主要用途如下：

- 选择和安置（为合适的工作找到合适的人）；
- 评估中心（识别员工隐藏的才能，从而为其职业发展提供培训）；

- 由大学、公司和咨询公司赞助的职业发展和管理项目；
- 再就业咨询计划（协助失业人士转行及找工作）；
- 职业和个人发展咨询（为选择特定的教育或培训项目提供职业指导和建议）。

保罗·科斯塔

2. 大五人格测验

大五人格测验是目前人格测试领域中广为人知，且运用较为广泛的一种人格测验。大五人格理论的提出历史比较长久，但直到1982年，美国心理学家保罗·科斯塔和罗伯特·罗杰·麦克雷才编制出第一份真正意义上的大五人格调查表。两位学者运用因子分析的方法将人格特质分为5类，分别是情绪稳定性、外倾性、开放性、宜人性和责任感。

（1）情绪稳定性（emotional stability）

其消极名称是神经质（neuroticism）。这一维度描述的是个体经历情绪痛苦的倾向和适应不良情形的应对策略方面的特征。与这一维度相关的特征包括焦虑、抑郁、愤怒、尴尬、担心、恐惧、不稳定和不安全感等。情绪稳定性得分高的人适应能力强、放松、自信、吃苦耐劳、脾气平和、冷静；得分低的人被描述为喜怒无常、焦虑、担忧、不安全、疑病症和紧张。

（2）外倾性（extraversion）

该维度包括与社交、支配、精力和积极影响相关的特征，表征个体寻求人际刺激的倾向和快乐的能力。外向性得分高的人常被描述为精力充沛、积极、有活力、健谈、自信、喜欢玩乐、合群、有说服力和积极向上。他们寻求能够与他人互动并在社会上占主导地位的社会环境；外向性得分低的人被描述为内向、沉默、顺从、被动、缺乏活力、离群索居、矜持或"孤独者"。外向性的主要内容包括支配性/果敢性、社交性/合群性、精力水平/活动和积极情绪。

（3）开放性（openness）

该维度经常用来表征对经验、智力或文化的开放特征，与之相关的特质包括想象力、好奇心、原创性、心胸开阔和智力。开放导致个体对歧义的宽容和对艺术的敏感性，反映出个体对陌生事物的容忍度和吸引力的差异，代表影响个人心理体验广度和复杂性的特质。高分者被描述为有广泛的兴趣，富有想象力、好奇心、创造力和洞察力，他们喜欢复杂和变化，不喜欢熟悉和稳定的情况；低分者被描述为浅薄、传统、缺乏分析能力、脚踏实地、缺乏想象力。

（4）宜人性（agreeableness）

该维度包括可爱、善良、礼貌和教养等特征。在宜人性上得分高的人被描述为友好、合作、受欢迎、容易相处、多情、敏感、关心他人、无私、善良、温柔和心软，他们乐于帮助他人，并以亲社会的方式行事；在这个维度上得分低的人经常被描述为不合作、讨厌、不友好、自私、有敌意和以自我为中心。

（5）责任感（conscientiousness）

该维度指的是与谨慎、成就、可靠、坚持、秩序和冲动控制相关的一系列特质，有时也被称为"一致性"或"可靠性"，特征是细心、彻底、责任心、组织性、效率、计划。由于责任心与各种教育成就指标正相关，并与意志（努力工作、成就导向、毅力）密切联系，因此也被称为"实现的意志（will to achieve）"。在责任感上得分高的人通常被描述为有组织、缜密、能干、工作导向、完美主义和上进心强；在责任感上得分较低的人往往做事无条理、放弃、不负责任、粗心大意、疏忽、意志薄弱、不可靠，有时还喜欢享乐和冲动。责任感包括可靠性（可信赖性）、秩序性、冲动控制（谨慎性）、果断性、深思熟虑、准时性、正式性、常规性（有传统价值观）、成就导向和勤勉性（努力工作）等内容。

大五人格测验的有效性得到普遍支持，已有研究证实大五人格特征与职业选择、工作绩效、工作态度、组织行为和职业成功等有关，因此可应用于职业指导、人员选择和安置、人员配备等许多人力资源管理活动。

3. 明尼苏达多相人格测试

明尼苏达多相人格量表（MMPI）是一种标准化的成人人格和精神病理学的心理测量测验，由明尼苏达大学的心理学家斯塔克·罗斯克兰斯·海瑟薇和精神病学家约翰·查恩利·麦金莱开发于1943年，1989年明尼苏达大学出版社发布了MMPI的第一个修订版MMPI-2。

1）量表内容

MMPI-2包括8个临床量表，如表4-5所示，分别用于衡量精神神经症与身体健康之间的关系（疑病症，现在被称为量表1）、症状性抑郁（抑郁症，量表2）、转换性癔症（癔症，量表3）、反社会倾向和心理变态行为（心理变态偏差，量表4）、怀疑和不信任（偏执狂，量表6）、具有强迫性和强迫性特征的焦虑（精神衰弱，量表7）、4种公认的精神分裂症亚型的症状（精神分裂症，量表8）、愉悦和多动倾向（轻躁狂，量表9）。后来，在这些项目的基础上又发展出了另外两个量表，分别用来衡量"男性性反转"或同性恋（男性气质/女性气质，量表5）和社交内向/外向（社交内向，量表0）。

表4-5　MMPI-2临床量表

量表	缩写	描述	测量什么？	条目数量
1	Hs	疑病症	关注身体症状	32
2	D	抑郁症	抑郁症状	57
3	Hy	癔症	意识到问题和漏洞	60
4	Pd	心理变态偏差	冲突，斗争，愤怒，对社会规则的尊重	50
5	MF	男性气质/女性气质	典型的男性或女性的兴趣/行为	56
6	Pa	偏执狂	信任程度，怀疑程度，敏感程度	40
7	Pt	精神衰弱	担心，焦虑，紧张，怀疑，强迫	48
8	Sc	精神分裂症	古怪的思维和社会疏离	78
9	Ma	轻躁狂	易兴奋性	46
0	Si	社交内向	人际取向	69

2）效度量表

MMPI-2包含3种基本的效度测量：用于检测无反应或不一致的反应（CNS，VRIN，TRIN）；用于检测客户是否过度报告或夸大心理症状的程度或严重程度（F、Fb、Fp）；用于检测被测评者是否少报或轻描淡写心理症状（L，K，S）。具体见表4-6。

表 4-6　MMPI-2 效度量表

缩写	描述	评价
CNS	"不能说"	不回答问题
L	说谎	输入"装好"
F	很少发生	输入"装坏"（测试前半部分）
K	防御性	否认/模棱两可
Fb	F 后半部分	输入"装坏"（测试后半部分）
VRIN	变量响应不一致	不一致地回答相似/相反的问题
TRIN	真实反应不一致	回答问题全对/全错
F-K	F 减 K	测试反应的诚实性/不假装好或坏
S	最好的自我表现	在 K 量表上改善，"表现过度好"
Fp	F-Psychopathology	临床表现的频率

3）内容量表

MMPI-2 的内容量表是为了提高临床量表的增量效度而开发的，旨在深入了解临床量表无法测量的特定类型的症状和功能领域，具体内容见表 4-7。

表 4-7　MMPI-2 内容量表

缩写	描述	测量什么?
ANX	焦虑	焦虑，身体问题，紧张或担心的一般症状
FRS	恐惧	特定的恐惧和普遍的恐惧
OBS	执念	难以做出决定，过度沉思和不喜欢改变
DEP	抑郁症	情绪低落，缺乏活力，有自杀意念和其他抑郁特征
HEA	健康问题	对疾病和身体症状的关注
BIZ	奇怪的心理状态	精神病性思维过程的存在
ANG	愤怒	愤怒的感觉和表达
CYN	愤世嫉俗	对他人及其动机的不信任和怀疑
ASP	反社会行为	表达与权威不一致的态度和可能的问题
TPA	A 型行为	易怒、急躁和好胜
LSE	低自尊	对自我、自身能力和服从的消极态度
SOD	社会不安	当遇到陌生人时，不舒服，更喜欢独处
FAM	家庭问题	怨恨、愤怒和缺乏来自家庭成员的支持
WRK	工作的干扰	导致工作表现不佳的态度
TRT	消极治疗指标	悲观情绪，不愿向他人透露个人信息

4）MMPI 的实际应用

MMPI-2 主要用于评估精神病住院病人和门诊病人，也常被用于法医环境，还被用于航空业和公共安全中的高风险就业岗位筛查，如航空公司飞行员选择、核电站运营、警察和消防部门人员挑选。MMPI-2 是在人员选择中广泛使用的人格指标之一，可以为决定客户是否表现出某些职业所需要的情绪稳定性和责任感提供有价值的信息，还能提供其他功能信息，包括人际关系、冲动控制、责任和潜在的药物使用等。MMPI-2 已被翻译成几十种外语，适用性很广。关于 MMPI-2 的实证研究文献不断增加，其可靠性及有效性不断得到证实。

（三）职业兴趣测验

已有的职业兴趣测验工具多基于霍兰德职业选择理论开发。

1. 斯特朗兴趣调查表

斯特朗兴趣调查表（Strong interest inventory，SII）由美国斯坦福大学院士、军事心理学家小爱德华·凯洛格·斯特朗基于其 1927 年发表的斯特朗职业兴趣量表（Strong vocational interest blank，SVIB）发展而来，这是世界上第一个正式出版的职业兴趣量表，也是可用于评估人们的职业和生活兴趣的具有科学依据的工具之一。

1）SII 量表的构成

SII 通过 4 组量表来测量个人的兴趣，分别为一般职业主题量表、基本兴趣量表、职业量表和个人风格量表。

一般职业主题量表用于描述个人对工作的广泛兴趣模式，其具体条目内容与霍兰德提出的 6 种职业人格类型的描述相对应，分别是现实主义、研究性、艺术性、社会性、事业性和传统性。高分代表对 6 个主题相关的项目非常"喜欢"和"强烈喜欢"的反应；低分代表对相关项目"不喜欢"和"强烈不喜欢"的反应。在测试结果报告中是将个体得分与常模进行对照，将个体的职业兴趣按照得分高低顺序呈现，并给出相关结果的内容解释。一般情况下个体的职业兴趣得分会在两个或 3 个主题方面较高，形成一种组合，每种组合都会在解释体系中找到自己的代码，SII 会给出每种可能兴趣代码的职业建议。

基本兴趣量表包括 30 个条目，使用与一般职业主题量表相同的结构和评分方法，目标是测量更加特定的职业兴趣领域，如艺术、科学、演讲、法律和办公室管理等，这些职业群根据霍兰德的 6 个主题进行分组，更细致地描述个体可能会觉得有趣和有回报的工作、学校或与休闲活动相关的特定兴趣领域。

职业量表的得分结果用于分析被测评者的兴趣与 122 种职业工作者的兴趣相似性，分数反映出被测评者的喜好与从该职业抽样出的员工的喜好比较情况。得分越高，反映出被测评者与该职业工作者的职业兴趣越相似。测试结果会报告被测评者与个人兴趣最密切相关的 10 个职业，并使用从不相似到相似的条形图显示 211 个题项中每个量表的分数。

个人风格量表包括 5 个子量表，分别描述处理工作、学习、领导、冒险和团队参与的不同方式。与 SII 其他量表不同的是，个人风格量表是一种双极连续性量表，每个极代表一种典型风格，如工作风格维度，左极代表"喜欢独自工作，喜欢数据、想法或事物"；右极代表"更喜欢与人合作，喜欢帮助别人，外向的"。被测评者得分一般处于从左极到右极连续体的某个位置上，具体位置有相应分数标志。

2）SII 的应用

斯特朗兴趣量表经过数次修订，信度和效度大幅提升，预测效果不断被实践结果证实，成为广泛使用的职业兴趣调查量表之一。量表的技术手册详细描述了项目选择、量表构建、常模样本的收集和计分的相关研究，足以成为帮助被测评者做出明智的职业、学术和生活决定的测评工具。

2. 库德职业兴趣调查

库德职业兴趣调查（the Kuder occupational interest survey，KOIS）是一种用于职业指导和职业咨询的自我报告式兴趣测试工具，出版于1966年。该测量工具采用比较的方法来测量被测评者的职业兴趣和各种职业者人群的兴趣相似程度。KOIS包括100个条目，分为5个分量表，分别是验证量表、职业兴趣评估量表、职业量表、大学主修专业量表和实验量表。

验证量表实际上是测谎量表，用来测量被测评者是否如实回答了问卷中的问题，这一部分的分数是确定整个问卷是否有效的依据。职业兴趣评估量表覆盖户外、机械、文书、计算、科学、文学、社会服务、有说服力、艺术和音乐10种职业兴趣领域，分别得到10种职业领域的兴趣分数，然后再将这10种兴趣的百分位数转换成霍兰德的6种职业类型的分数。职业量表是总体量表的核心，考查的是被测评者的兴趣和从业者兴趣的一致性。大学主修专业量表用来测量被测评者的兴趣和主修不同学科的大学四年级学生的兴趣之间的一致性。实验量表用来确定整个量表的效度。

相对于斯特朗兴趣量表，库德职业兴趣量表有很多创新之处。比如，后者关注被测评者的兴趣范围，将适用者的年龄层延伸到了初中阶段，加入了大学主修专业量表等。

二、按照测试材料的性质分类

（一）文字测验

文字测验是最为常见的一种测试类型，即测验项目是用文字表达的，回答时用文字进行。文字测验要求被测评者有一定的文化。

但不同的文化背景、生活与成长经历可能会使人们对文字的理解产生歧义，背离量表编制者的初衷，造成测验结果失真。比如国外的许多文字测验量表在中国的应用，就出现了由于文化差异而造成的结果偏差。因此，国外的测验量表如果在中国使用，就必须经过修订，使其本土化，方能保证结果客观、真实。

（二）非文字测验

为了克服文字测验的不足，心理学家编制了非文字测验。非文字的心理测验是指其测验项目用符号、图画、仪器、模型等做测验材料，并以非语言的方式来表达。回答时只要作简单记号、指点或者操作，而无须使用语言或书写，即使不识字者也可适应。比如瑞文标准推理测验、默里主题统觉测验、罗夏墨迹测验等就是非文字的测验。

（三）混合测验

还有一些测验既有文字的测验也有非文字的测验，许多智力测验都是混合测验，如韦克斯勒智力测验等。

三、依据测验的方法分类

（一）问卷法

问卷法多以自我报告的形式出现，又称自陈量表。这种方式通常采用文字叙述的方法，列出一些问答题或命题，后面有几种备选答案，让被测评者选择，也可由被测评者根据题目的要求，评判自己所认同的不同评价等级。

问卷法容易出现社会称许性等测量误差，因此必须采取一定技术措施加以规避，如明尼苏达多相人格测验中采用测谎维度，用于评判被测评者是否真实客观作答。

（二）投射测验法

投射测验起源于精神分析学说，认为人类具有无意识的态度和动机，可以让被测评者对一些相对非结构化的材料或任务刺激进行描述、讲故事、补全或其他反应，从而将内心的真实需要和感受"投射"到这些模糊的刺激上，由此揭示个体的隐藏情绪和内部冲突。由于刺激材料或任务在内容上相对非结构化，在形式上采取开放式作答形式，与问卷或评定量表相比，投射技术的测试意图没有那么明显，因此被测评者的伪装性和反应定势比较小，常常用于测量比较容易受到社会称许性影响的特质，如动机等。

投射测验常常用于测量个体的人格特征，多应用于心理诊所、医院和咨询中心的心理诊断目的。投射测验有一个假设，认为结构化越弱的材料越能反映人格的重要内容。但正是由于缺乏结构性，投射会提供过多的信息，使得测验结果难以解释。投射测验的计分受到情境因素和主观因素的影响，因此信效度指标总体而言都很低。与人格问卷的使用者相比，投射技术的使用者较少关注信度、效度和常模，他们更关注的是如何对被测评者回答的内容进行解释和临床分析。

根据被测评者的反应方式，可以将众多的投射测验分为 4 类。

1. 联想法

这种测试方法通常要求被测评者根据刺激说出自己联想的内容。例如，荣格的词语联想测验和罗夏墨迹测验等。

1）词语联想法及其变式

词语联想（word association）法由弗兰西斯·高尔顿发明，并由卡尔·荣格将其应用于临床诊断，主要用来考查神经性冲突。测试时，测评者会将一系列词语大声读给被测评者，要求被测评者在听到每个词语后，对进脑海的第一个词语作出反应。结果解释主要是依据被测评者反应词语的情绪性或者重要性进行分析，也会考查被测评者的语词联想数量和反应延迟的情况。近年来，还会通过测量对刺激词语作出反应时的皮肤电、肌肉紧张、呼吸频率、血压、脉搏、声音颤动或其他生理指标来衡量刺激词语的情绪唤醒程度。

临床心理学家开发出很多词语联想测验，比较知名的测验有肯特-罗萨诺夫自由联想测验（Kent-Rosanoff free association test），这是一个由 1 000 名成年人给出的 100 个刺激词及相关联想构成的测试量表，该测验于 1910 年首次出版，是最古老的心理测验之一；还有由兰波特、吉尔和西弗尔 1968 年开发的标准化的词语联想测验。

罗森茨威格的图片——挫折研究（Rosenzweig picture-frustration study）属于词语联想测验的变式。该测试给出 24 幅描绘个体处于挫折情境中的卡通图片，要求被测评者根据图片，在位于受挫者头上方的空白框里填写该人物可能作出的词语反应。见图 4-3。测评者根据被测评者表述中侵犯性的指向和类型对其反应评分。侵犯性的指向包含了外在性侵犯（相对于环境而言，外在表面）、内在性侵犯（相对于自身而言，内在的）及非侵犯（避免或消除侵犯性表述）。根据挫折理论和已有常模对评分结果加以解释。罗森茨威格的图片——挫折研究在有关挫折及相关变量的测查中得到了广

图 4-3　罗森茨威格的图片——挫折研究中的一幅图片

泛的应用。

2）墨迹测验

在投射测验的素材中，墨迹是最不具结构性的一种，也最有可能为动机和意愿的无意识表达提供自由空间。墨迹测验通常被认为是一种针对幻想性视错觉的心理测量量表。幻想性视错觉是一种将物体、形状或风景视为对观察者有意义的事物的活动模式，可被用于检查一个人的性格特征和情绪功能。瑞士精神病学家罗夏开发出第一个被广泛接受的墨迹测试量表，被称为罗夏墨迹测验（Rorschach inkblot test）。

罗夏墨迹测验包括 10 张墨迹集合及一套标准的操作步骤和对结果的解释方法，总体目标在于捕捉被测评者的认知和人格变量信息，如动机、反应倾向、认知操作、情感和个人/人际感知等，见表 4-8。测评者要求被测评者在看到墨迹后进行联想，说出从墨迹中看到了什么或者认为那可能象征什么。被测评者可以随意拿起卡片并进行旋转，是否旋转卡片或者要求旋转卡片都能够暴露被测评者的个性特征，测评者需要仔细记录被测评者的所有言行，然后对给定墨迹做出的每一项反应根据分类表计分。

表 4-8　罗夏墨迹测验中的 10 张图片

卡片	通常回应	评论
	贝克：蝙蝠、蝴蝶、飞蛾 皮奥特洛夫斯基：蝙蝠（53%）、蝴蝶（29%） 达纳（法国）：蝴蝶（39%）	当看到卡片 I 时，被测评者经常询问测评者应该怎么做，但这些问题并不重要。该卡片提供有关被测评者如何应对新的压力任务的线索。这张卡片的任务不是很难，大家会做出大体相同的回答
	贝克：两个人类 皮奥特洛夫斯基：四足动物（34%，灰色部分） 达纳（法国）：动物：狗、大象、熊（50%，灰色）	卡片 II 的红色细节通常被视为血液，是最显著的特征。对这张卡片的反应可以提供关于被测评者如何管理愤怒或身体伤害的感觉信息。此卡片常常诱发多种反应
	贝克：两个人（灰色） 皮奥特洛夫斯基：人物（72%，灰色） 达纳（法国）：人类（76%，灰色）	卡片 III 通常被认为包含两个人交互作用的信息，常常会提供与其他人互动的信息，例如，延迟的反应可能揭示挣扎的社交互动
	贝克：动物皮、皮肤、地毯 皮奥特洛夫斯基：动物皮、皮毯（41%） 达纳（法国）：动物皮（46%）	卡片 IV 以其深色和阴影为特点，抑郁的被测评者会感觉应答困难。这张卡片通常被认为描绘的是一个大人物，有时甚至是威胁性的人物；大多数人在这张卡片面前，会认为自己处于劣势，因而引发出一种权威感。被测评者在该卡片中看到的人类或动物几乎总是被归类为男性而不是女性，该主题反映出被测评者对男性和权威人物的态度。因而卡片 IV 通常被称为"父亲卡片"

卡片	通常回应	评论
	贝克：蝙蝠、蝴蝶、飞蛾 皮奥特洛夫斯基：蝴蝶（48%）、蝙蝠（40%） 达纳（法国）：蝴蝶（48%）、蝙蝠（46%）	卡片 V 一般不会被视为具有威胁性，而在之前的更具挑战性的卡片之后看到这张卡片，常常引发测试中的"节奏变化"。卡片 V 被认为包含引起关注或使阐述复杂化的特征，这是一张最容易产生高质量反应的图片
	贝克：动物皮、皮肤、地毯 皮奥特洛夫斯基：动物皮、皮毯（41%） 达纳（法国）：动物皮（46%）	纹理是卡片VI的主要特征，通常会引发与人际亲密度相关的联想，它又被认为是一张"性卡"，比任何其他卡片更频繁地报告性感知
	贝克：人头或人脸（上） 皮奥特洛夫斯基：妇女或儿童负责人（27%，顶部） 达纳（法国）：人头（46%，顶部）	卡片VII常常与女性气质相关联，这张卡片常常被描述为妇女或儿童，起到"母亲卡片"的作用。对这种卡片反应困难的被测评者可能与其生活中的女性相处存在问题。这张卡片特别与女性的性观点有关
	贝克：动物，不是猫或狗（粉红色） 皮奥特洛夫斯基：四足动物（94%，粉红色） 达纳（法国）：四足动物（93%，粉红色）	人们经常对卡片VIII表示宽慰，这让他们放松并能够有效地做出反应。这张卡片与卡片 V 类似，代表"节奏变化"。但是这张卡片可能带来新的加工困难。这是第一张多色牌，对处理复杂情况或情绪刺激感到痛苦或困难的被测评者可能会对这张卡片感到不舒服
	贝克：人类（橙色） 皮奥特洛夫斯基：没有任何 达纳（法国）：没有任何	卡片IX的形象特征是模糊和分散的，色彩特征是柔和的。对这张卡片往往反应不多。这是所有卡片中作答频率最低的图片。如果对这张卡片处理有困难，往往表明被测评者在处理非结构化数据时存在困难
	贝克：螃蟹、龙虾、蜘蛛（蓝色） 皮奥特洛夫斯基：螃蟹、蜘蛛（37%，蓝色）、兔头（31%，浅绿色）、毛毛虫、蠕虫、蛇（28%，深绿色） 达纳（法国）：没有任何	卡片 X 在结构上与卡片VIII相似，但它的不确定性和复杂性让人想起卡片IX。研究发现难以处理多种并发刺激的被测评者往往不喜欢这张原本令人愉快的卡片。作为最后一张卡片，它可以为对象提供"退出"的机会

注：罗夏墨迹测验中十个墨迹——心理诊断板，以及根据不同作者对整个图像或最突出细节的最常见回应举例。

2. 完成法

这种测验要求被测评者对一些不完整的句子或故事进行自由补充，使之变得完整，从中探测个性特征。如佩恩于 1928 年开发的句子补全法测验。测评者首先创建大量跟情绪唤醒或冲突相关的句子片段或句干，然后要求被测评者填写。通过填写，被测评者的愿望、需求、恐惧和态度等信息会被反映出来：

我最大的担心是_____。

我只是希望我的母亲_____。

最困扰我的事情是_____。

我不喜欢_____。

到目前为止，句子补全法在诊断和研究中都被认为是最有效的投射方法之一，其信度和效度是投射测验中最高的。

罗特开发的第二版不完整句子填空（Rotter lncomplete Sentences Blank，RISB. Second Edition）是比较经典的句子补全测验，有针对高中生、大学生和成人的三种形式，均由第一人称描述的 40 个句子片段组成，需要 20～40 分钟完成作答。对回答的计分方式分别为：（C）代表冲突或不健康的回答（比如："我讨厌……几乎每个人。"）；（P）代表积极的回答（比如："最好的……就要来了。"）；（N）代表中性回答（比如："大多数女孩……是女性。"）。未回答或者回答过于简短以至于没有任何意义的计为缺失。然后对各种回答赋分：按照所表达的冲突从低到高的顺序分别对 C 反应赋分，分别是 C1 = 4，C2 = 5，C3 = 6；按照反应积极性从低到高的顺序分别给 P 反应赋分，分别为 P1 = 2，P2 = 1，P3 = 0；N 反应没有数字赋值。对所用句子片段的回答计分之后，将冲突和积极两类回答的分数相加得到总体的适应分数。总体适应分数从 0～240 分，分数越高代表适应越差。

研究表明 RISB 准确地将被测评者区分成"适应"和"适应不良"两大类。

3. 构造法

这种方法要求被测评者根据他所看到的东西，编造出一个关于过去、现在和未来发展的故事，由此探测个性特征，如主题统觉测验图，如图 4-4 所示。

主题统觉测验（Thematie apperception test，TAT）是美国心理学家、哈佛大学教授亨利·亚历山大·默里和美国艺术家克里斯蒂安娜·德拉蒙德·摩根在 20 世纪 30 年代开发的投射心理测试，又被称为图片解释技术。测评者给被测评者呈现一系列挑衅但模棱两可的图片，要求被测评者尽可能讲述一个戏剧性的故事，内容包括：是什么导致了显示的事件？目前正在发生的事情是什么？角色的感受和想法是什么？故事的结果是什么？

图 4-4　主题统觉测验图

开发者假设人们倾向于根据自己过去的经历和当前的动机来解释模棱两可的情况。当要求讲述有关图片的故事时，因为是他人的故事，被测评者往往会降低防御，结果无意识地泄露个人的敏感信息。

TAT 常用于评估梦想、幻想、择偶以及人们选择职业的动机。目前有多种版本：高级统觉测验，是专门为年纪较大成年人设计的测验，由 16 幅图片组成，图片表现的主题更多是孤独、疾病、无望和低自尊；儿童统觉测验，适用于 0～3 岁幼儿，由 10 幅不同情境下的动物图片组成；罗伯特儿童统觉测验，适用于 6~15 岁的儿童，采用 27 张卡片，着重反映人与人之间相处的日常情境，包括面对面的质问、父母的冲突、父母的影响、对裸体的观察，以及在学校和跟同伴发生的事件等。

4. 表达法

表达法要求被测评者用某种方法，如绘画，自由地表露其个性特点。例如，画人测验、家庭和学校动态图画系统等。

画人测验（draw-a-person，DAP）最初由美国心理学家、明尼苏达大学教授弗洛伦斯·劳拉·古迪纳夫博士于 1926 年开发，是一种测量人格或认知的投射心理测验。在这项测试中，要求被测评者为一名同性和一名异性各画一幅肖像，然后根据图画中众多特征的布局反应，如性别、品质、位置、衣服等来进行分析解释。该测试认为被测评者倾向于在同性画像中反应出对可接受刺激的投射，在异性画像中反映出对不可接受刺激的投射。绘画中特殊的方面被认为表现了被测评者某种人格特点或精神病理学的特征。

家庭和学校动态图画系统是用于测试儿童或青少年人际关系相关特征的测量工具。测评者首先要求被测评者画出其家庭的做事场景，作画结束之后，要求被测评者分别指出画中的各个家庭成员，说出他们在干什么以及原因，并且指出他们之间的关系；测评者随后要求被测评者画出一幅关于学校活动情景的图片。解释这类测验的关键是人物交互作用的程度及其交互作用的范围广度。

总体而言，投射测验是一种间接测量的方法，获取的是被测评者没有意识到或编辑过的内容，因此可以回避被测评者伪装造假的情况。但由于结果解释的主观性，投射测验的信度与效度不高，而且需要训练有素的专业心理学家报告结果。

四、依据测验实施对象的分类

（一）团体测量

团体测量是指同时对一群人执行的测试。实践活动中大多数人事测评都是以团体形式施测的，如校园招聘活动，第一轮筛选普遍采取团体测量形式；再如我国的各级国家公务员考试，初试也是通过团体测量进行的。

团体测量通常以笔试为特征，目前计算机测试也变得越来越流行。团体测量主要包括选择、对错判断、句子完成或撰写文书等题型，测量结果多采用百分位数方法进行统计分析。团体测量最大的优点是省时省力，一次可以测量多人；计分比较容易，测量结果比较客观可靠；不需要昂贵的材料或对测评者进行复杂培训，因而具备成本效益。但团体测量对变量的控制通常无法做到个体测量那样严格，测量结果相对粗糙一些。

（二）个体测量

个体测量是指一个时间段只测验一名被测评者。在人员招聘选拔过程中，个体测量往往被安排在测验程序的后半部分进行，在经过团体测量的筛选之后，对可能的候选人进行更加全面、细致的测评。对个体进行测验之前，一般要事先组建测评实施小组，小组成员需要满足测量相关内容的具体要求。

个体测量的优点在于可以对被测评者的答题情况进行仔细观察，并且有充足时间与被测评者沟通，因此更可能全面准确地收集到被测评者的信息；缺点是费时，程序比较复杂。另外，个体测量对测评者素质要求较高，一般应进行专业训练才能胜任。

第三节 编制心理测验的一般步骤

一、确定测验对象和目的

在编制测验时，首先应根据需要确定测验的对象、目标和功用，即要明确地知道测谁、测什么和为什么测的问题，只有这样才能检验试题的可靠性和有效性。

（一）测验对象

测验对象是指测量什么人。只有做到对被测评者的年龄、智力水平、知识结构、社会经济和文化背景等心中有数，测验编制才能做到有的放矢。

（二）测验目标

测验目标是指测量什么，是测量学业成绩、能力还是个性？这也是编制测验时首先要考虑的问题。不仅要明确测验目标，还要将它具体化，即要考虑测验应包括哪些具体方面，以及通过什么方法和在何种程度上去测量这些具体目标。

（三）测验功用

测验功用是指编制的测验干什么用。测验的用途不同，所设计的操作形式、题目形式、题目范围和难度都会有差异。根据测验的不同用途，区别以下3种测验。

（1）用于选拔和预测功用的预测性测验。这种测验的主要任务是要对所关注的行为活动进行具体预测。这种分析包括两个步骤：首先，确定使预测的活动达到成功所需要的心理特质和行为；其次，建立衡量被测评者成功与否的标准，这个标准被称为效标。效标是用以鉴别测量工具的预测是否有效的重要指标。

（2）用于测量特定的心理品质或特质的功能性测验。编制这样的测验，首先要界定所要测量的心理和行为特质，然后找出表现该特质的具体行为。例如编制创造力测量工具，首先将创造力定义为发散性思维的能力，即对规定的刺激产生大量的、变化的、独特反应的能力；然后可以从反应的流畅性、灵活性、独创性和详尽性4个方面来具体测量个体的创造性行为。

（3）描述性的显示测验。主要任务是衡量所要显示的内容和技能，如成就测验。编制这种测验，可以利用双向细目表来完成。

二、编拟题目

在编制题目之前需要制订一个题目编制计划，这是编制测验的总体构思，主要是指明应该编制哪些方面的测验条目以及编写多少个项目，编题结束后，可比照计划核对测验项目是否反映了所要测量的领域，以及重要的内容是否得到了充分的重视。

编拟题目是测验编制中的重要环节。编拟题目一般包括以下阶段。

（一）收集资料

一个测验是否有效，取决于该测验是否能够测得研究者所要测的东西，为此，就需要收集适当的测验资料和题目。现成的理论从来都是设计测验题目的绝好参考。比如，设计职业兴趣测验，可以按照霍兰德等人的著名理论构架把职业兴趣分为6大类型，来编制相应的题目。专家无疑是设计测验题目的重要资料来源。在实际操作上，既可以直接邀请专家出场设计题目，也可以参考专家的有关经验、建议或以往的工作。以人格测验为例，描述人格的术语可作为题目的来源。美国心理学家、人格心理学的奠基人之一戈登·威拉德·奥尔波特等人曾总结出 4 500 个描述人特征的形容词，这些词归纳后，可作为编制测验人格特质题目的参考。

尽管不同性质的测验所依据的资料内容和题目各异，但都必须遵循以下 3 个共同的原则。

（1）资料和题目要丰富。资料收集越齐全，编题工作越顺利。无论是能力或人格，均是十分复杂的复合性心理结构，需要收集许多不同类型的材料。例如，编制人格测验，需要收集描述人格特征的大量词汇、临床观察的资料、已有的人格测验量表中的测试题等。

（2）资料和题目要有普遍性。这有两层意思：一是编制智力类测验时，所收集的资料对于不同文化背景、不同经济地位、不同地区的个人或团体应当是公平的，应尽可能避免特殊知识经验对测验结果的影响；二是编制人格测验题目时，所收集的资料应当能够全面反映某一文化背景中的团体的基本人格特征。

（3）资料要有趣味性。资料的趣味性可以减少被测评者由于缺乏足够的动机而引起的测量误差。

（二）编写和修订测验题目

编拟题目常常要经过拟写、编辑、预试和修改等一系列步骤，而且这些步骤可能不断重复，直到将初步满意的题目汇集起来组成一个预备测验。编写题目要注意以下几个问题。

（1）测验题目的取样应当对预测心理品质具有代表性。只有测验题目真实反映测量对象的特征时，才能保证测验结果的有效性。

（2）测验题目的取材范围要同编题计划所列的题目范围相一致。

（3）测验题目的难度应有一定的分布范围。如果是能力测验或学业成就测验，就应该包括各种不同难度的测验题目，以鉴别各种不同能力或不同知识水平的人员；如果是人格测验，就应当选编那些在不同方向的备选答案上都有一定人数分布的项目，以鉴别具有不同人格特征的人员。

（4）编写测验题目的用语要精练简短、浅显明了。

（5）初编题目的数量要多于最终所需要的数量，以便筛选或编制复本。

（6）测验题目的说明必须简明。

对于客观型测验，一般建议在开始时就准备比实际测验题数多 20% 的题目，这样对于测验的最终版本来说，就有足够的优质题目可供筛选。

三、形成正式测验

对初步筛选的题目必须进行试测，分析题目的性能，从而形成测验题本。这一过程需要以下步骤。

（一）试测

题目的优劣，不能单凭主观臆测来决定，必须将初步筛选出的题目组合成一种或几种预备测验形式，并试测于一组被测对象，以获取分析题目质量的客观性资料。在试测过程中应注意以下问题。

（1）试测对象应取自将来正式测验适用的群体，取样应注意代表性，人数不必太多也不可过少。

（2）试测的实施过程与情境应力求与将来正式测验时的情况相似。

（3）试测应有较为充裕的时间，使每个被测评者都能将题目做完，以便收集充分的资料使统计分析结果更为可靠。

（4）在试测过程中，应对被测评者的反应情况进行记录，如一般完成试测所花费的时间，题意有哪些不清之处，被测评者对哪些测试题目容易产生误解以及其他有关问题。

（5）试测时应注意保密，对于一些重大的测验，可以分散试测，即把一套试题拆散，分到不同地区或混杂到不同试卷中进行。还可以提前几年试测，使人无法知道何时正式采用。有时在正式试卷中也可安排少量不计分的题目，检验分析以供将来使用。

（二）项目分析

预测完成以后可以对预测的结果进行项目分析，主要涉及对测试题的难度、区分度，测验结构的合理性等的统计分析，根据分析结果对测试题进行选择、修改，这一过程可能要循环多次，而后选择较好的测试题组成正式测验。

在分析过程中应注意以下问题：设定的测试时间长度是否适当？被测评者是否理解指导语？施测条件是否适当？紧急事件的处理是否恰当？

（三）题目的选择

选择测验题目的指标有 3 个。一是测验的性质，即要选择那些能够测量到所要测量的东西的题目。假若要测量的是语言推理能力，就不能选择测量阅读能力或运算能力的题目。二是题目的难度。选择多大难度的题目并无固定的标准，选拔性测验要求难度大些，考查性测验则要求难度不可太高，人格测验则不要求难度。三是题目的区分度。一般来说，题目的区分度越高越好，对于选拔性测验尤为如此，但有时也可以保留若干区分度不高的题目，这要视题目的重要性而定。

对题目的初步选择可以细分为以下几个步骤。

（1）检查题目是否符合细目表中某一单元格内容的要求。

（2）根据细目表对各部分所要求的比例选择适当数量的测试题，尽量覆盖整个细目表的内容。

（3）检查题目是否叙述明确，是否提供了额外线索。

（4）检查题目是否适合将要施测的对象和施测的条件。

（5）检查题目的难度是否恰当，一般来说，难度定为 0.50（50%的人答对此题）较为合适（对能力、技能类的题目要求除外）。

（6）检查所选择的题目是否彼此独立，没有重叠，即回答某一问题所需的知识与能否回答其他问题无关。在选择题目时还要注意测量工具的长度。在一个测量工具里究竟包括多少题目较合适，既要看能否完全满足测量目的的要求，也要根据测量工具的时间限制和被测评者的年龄、阅读水平而定。通常应该在正式测试前，根据试测来观测测量工具所需时间，并对测量工具长度进行调整。

（四）题目的编排

在对测试题初次选择完成之后，就应决定如何对选出的题目进行最佳编排。测试题目的编排方式因测量工具的类型不同而有所差别，下面是题目编排的一般原则。

（1）尽可能地将同一类型的测试题组合在一起。这样只需对每一类型的试题作一次说明，方便被测评者回答，同时还可以简化计分工作和对题目的统计分析。

（2）难度测验的题目应按由易到难排列。这样可以鼓舞被测评者的士气，避免某些被测评者一开始就因较多题目回答不出而失去信心。这种安排也可以使被测评者熟悉反应程序，解除紧张情绪，避免被测评者在难题上耽搁较长时间而影响了后面的回答。

（3）对于人格测验，应尽量避免将测量同一特质的题目编排在一起，以免被测评者猜测出题目所要测查的因素。

测验编制者要对测验进行最佳编排，必须根据测验的目的与性质，考虑被测评者的作答心理和反应方式，以及测题格式的类型和测题的难度。测验一般有3种编排方式。

① 并列直进式：这种方式是按测验的性质将测题组织成为若干分测验，同一分测验中的测题，则依其难度由易到难排列，如韦克斯勒量表。

② 螺旋式：这种方式是将各类测题按照难度或年龄分成若干不同层次，再将不同性质的测题予以组合，作交叉式排列，其难度逐渐升高。采用这种编排方式，主要是让被测评者不至于在一段时间内只对同一性质测题作答，保持被测评者作答的兴趣，如比奈-西蒙智力测验。

③ 混合式：这种方式是将所有的测题按照难度排列，而不管测题的性质。一般不将同一性质的测题编排在一起，态度、人格、心理健康等量表多采用此法。

例如，某工作动机量表有78个条目，6个维度，每个维度的条目见表4-9，＊表示的是反向记分的条目，数字代表的是该条目所在的问卷位置。

表4-9　工作动机测量量表的内在结构表

题数	1	2	3	4	5	6	7	8	9	10	11	12	13	14	15	16
自我决定	18	23＊	27＊	31	38	41	45	48	53	55	62	66	71	76		
追求胜任	6	10	12	15	21	28	32	36	40＊	44	46	50	54	58	60	63
关系取向	1	3	19＊	26	33	37＊	42	47	52	56＊	61	65	69	73	78	
他人评价	2	4	5	8	11	14	16	17	20	22	25	29	35			
外在报酬	39	43	51	59	64	67	70	72	75	77						
工作愉悦	7	9＊	13	24	30＊	34＊	49	57	68	74						

（五）编制复本

在很多情况下，为了增加实际的效用，测验需要编制复本，复本越多，使用起来越方便。各份复本必须等值，所谓等值是指符合下列条件：

（1）测量的是同一种特质；

（2）具有相同的形式；

（3）题目数量相同；

（4）内容范围相同但具体题目不应重复。

只要有足够数量的题目，编制复本并不困难。先将所有适用的题目按难度排列，次序为1，2，3，4，5，…，如果要分成两份等值的试卷，可采用下面的方法。

A 本：1，4，5，8，9，…

B 本：2，3，6，7，10，…

如果要分成 3 份复本，可采用下面的方法。

A 本：1，6，7，12，13，…

B 本：2，5，8，11，14，…

C 本：3，4，9，10，15，…

采用上面的方法可使复本之间在难度上基本平衡，从而获得大体相同的分数分布。复本编好后，如果有条件应该再试测一次，以决定各测试是否真正等值。

四、编制解释体系

（一）合成测验分数

通过实施测评，并按照测评量表上的计分方法进行计分，所得到的分数是原始数据，对测评的原始数据进行合成，得到测验得分。原始数据的合成方法主要有以下 5 种，在实际应用中一般依据分析需要进行选择。

（1）加法汇总法。加法汇总法是指将被测评者在各个指标（项目）上的得分直接相加。加法汇总法是最简单的统计合成法，它要求各指标同质并且单位大致相近，否则需要考虑其他的统计方法。

（2）算数平均法。算数平均法即对各项指标（项目）的总得分进行求平均数的运算。如招聘中面试者的测评结果不一致时，可以采取算数平均法对数据进行处理。

（3）加权综合法。加权综合法即将各测评指标（项目）的原始分乘以相应的权重系数，然后相加的一种运算方法。在人才测评中，经常会遇到测评指标体系中各测评指标的相对重要性不同的情况，这时在进行数据汇总时可以采用加权综合法。

（4）加权平均法。加权平均法是指将测评指标的平均值乘以各自的权重系数后相加，再除以各权重系数加总的和而得到的平均值。

（5）连乘综合法。连乘综合法是把各个指标（项目）上的得分直接相乘得到一个总分。这种方法的灵敏度高，但容易产生晕轮效应。

（二）建立参照常模

原始分数不能直接用于理解或评价被测评者的特征，需要与常模比较，才能判断被测评者获得的分数的高低。将被测评者的分数与某个常模团体进行比较，获得被测评者在该团体内的相对位置，然后报告所取得成绩的意义。常模团体是指具有某种共同特征的人所组成的一个群体的代表性样本，也叫作标准化样组。常模团体反映了测评总体的分数分布及其特征。

常模有很多种类，一般区分为发展常模和组内常模。如果测验所测量的特质是随着年龄增长而持续稳定地变化的，则可以将不同年龄阶段的平均表现制成常模，这一常模就是发展常模。发展常模通常是以各年龄阶段或年级被测评者的平均水平为参照点，以年（月）为单位，将常模团体的原始分数转化成相应的年龄或年级水平后而得到的量表分数连续体。常见的发展常模有年龄常模、年级常模等，如智力测验往往使用的就是发展常模。组内常模表示具有同一身份的人的平均水平。其中最为常用的是百分位常模和标准分数常模，潜在类别分析是近年来出现的新型常模类型。

（1）百分位常模，包括百分等级、四分位数和十分位数解释方法。

百分等级是应用最广泛的测评分数解释方法，其概念也容易理解：把一个总体的所有分数从小到大进行排列，分为 100 个等份，每个等份所对应的百分数就是这个分数的百分等级。也就是说一个测验分数的百分等级是指在常模样本中低于这个分数的人数百分比。将所有分数分为 100 份的分数间隔叫作百分位数。

与百分位数的含义类似，四分位数和十分位数是在应用时将常模总体分数区分为四等份或十等份，常用于不需要过细区分的时候。计算分位数的方式与百分位数相似。四分位数是将常模总体分数分成四等份，相当于百分等级的 25%、50% 和 75%，用三个百分点将总体分数区分成 4 段；十分位数是将常模总体分数量表分为 10 段，即 10%、20% 等。例如，某工作动机量表的职业经理人百分位常模见表 4-10。

表 4-10 工作动机量表常模表

维度		自我决定	追求胜任	关系取向	他人评价	外在报酬	工作愉悦
有效样本量		1136	1153	1126	1218	115	1151
百分位分割点分值	10%	45.0	54.0	48.0	30.0	17.0	34.0
	20%	48.0	58.0	50.0	34.0	19.0	36.0
	30%	50.0	61.0	52.0	36.0	21.0	37.0
	40%	51.0	64.0	53.0	38.0	23.0	39.0
	50%	52.0	66.0	55.0	39.0	24.0	40.0
	60%	54.0	68.0	56.0	41.0	26.0	41.0
	70%	55.0	70.0	57.0	43.0	28.0	42.0
	80%	57.0	72.0	59.0	46.0	30.0	43.0
	90%	60.0	76.0	61.0	49.0	33.0	45.0
	100%	70.0	80.0	69.0	62.0	46.0	50.0

被测评者完成某工作动机量表后，将每个维度记总分，缺失的记 3 分。然后将每个维度与该维度的百分位数进行对比，得出该被测评者在某一测量维度上得分的高低，区分为不同等级，如表 4-11 所示。

表 4-11 职业经理人工作动机量表计分规则

等级代码	A	B	C	D	E
正向计分	1	2	3	4	5
反向计分	5	4	3	2	1

0<维度得分≤20%，表示单维度解释体系为低；

20<维度得分≤40%，表示单维度解释体系为较低；

40<维度得分≤60%，表示单维度解释体系为中；

60<维度得分≤80%，表示单维度解释体系为较高；

80<维度得分≤100%，表示单维度解释体系为高。

然后，组合出该被测评者在工作动机量表的得分概览，如高等自我决定、中等追求胜任、低等关系取向、高等他人评价、中等外在报酬与中等工作愉悦，又被简写为高中低高中中，由此反映出被测评者的工作动机特质全貌。

（2）潜在类别分析技术，也可以作为一种常模参照类型。潜在类别分析技术可以很好地应用于人格类型学的测量评价中。人格类型学方法常常将几种相似的人格特质个体分组为一种人格类型，如依据成就动机测量结果对被测评者分类，从理论上而言可以区分出成就愿望（高、低）×亲和愿望（高、低）×权力愿望（高、低）8 种类型，但是在现实活动中可能有些成就愿望的组合就不存在，如低低低组，可能就存在 4 种成就动机类型，如高低低、高低高、高高高、高高低。潜在类别分析技术揭示心理特质的真实生活现状，节省不必要的资源浪费。

（三）撰写文字评价体系

文字评价体系是与常模评价体系相对应的文字内容。一般需要对每个维度的不同等级，以及不同维度组合的类型编写文字解释。编写文字解释需要依据实证研究成果，或者是测验编制过程进行的实证研究结果，或者是前人已有的实证研究结果，总之需要有依据。

（1）撰写维度评价。首先根据每个维度的定义撰写有等级区别的维度描述。例如在职业经理人工作动机量表的文字解释体系中，首先给出维度定义，然后给出每个等级的内容解释。

例如，自我决定取向：追求自主，希望自己在工作中具有决策权、选择权，希望自己能够影响他人，喜欢依靠自己的力量去完成任务。

高：具有强烈的自主意识，渴望在工作中具有决策权、选择权，不希望上级干预自己的工作；极端自信，认为事情的成败完全取决于自己的努力程度，对成功毫不怀疑；权力欲望非常强，特别喜欢劝说他人、影响他人，喜欢拿主意，希望下属完全听从自己的指挥。

较高：具有较强的自主意识，比较喜欢拿主意、作决定，不太喜欢上级干预自己的工作；比较自信，认为能够在一定程度上控制外界环境，只要自己努力，事情一般都会成功；权力欲望较强，比较喜欢劝说他人，影响他人。

中：具有一定的自主意识，有时能够自己做主，主动承担责任，相信自己的能力，有时又对自我产生怀疑，不愿意拿主意，希望他人指导；有一定的自信，遇到问题也会悲观，感觉自己无力左右事态；权力欲望一般，有时喜欢影响他人，对他人的工作给予指导，有时又不愿意关注他人的事情。

较低：很少主动拿主意，在大多数事情上希望有他人为自己做主，工作中表现比较被动，认为自己的能力有限，自信心不强；遇到问题时比较喜欢推诿，常常要花费比较多的时间作决定；对权力的兴趣不是很强，不太喜欢影响他人，希望下属能够向上请示。

低：从不主动拿主意，凡事希望他人为自己做主，认为自己无法控制事态发展，常常怀疑自己的工作能力，毫无自信；遇到问题总是向上级请示，经常改变主意；对权力没有任何兴趣，不喜欢对他人的事情发表意见；对成功没有信心，对自己没有充分的肯定。

（2）撰写综合评价。综合评价是将每个维度的等级与其他维度的等级之间进行排列组合，然后为每种组合形式撰写文字解释。例如职业经理人工作动机量表有 6 个维度，每个维度只区分为高、低两个维度，这样就会得到 64 种排列组合，量表开发者需要给出 64 种测试结果的文字解释。

例如，在职业经理人工作动机量表中，第 1 种类型为 1 高 2 高 3 高 4 高 5 高 6 高。内容解释是：推动个体工作与活动的动力非常强。动机力量既来自外部，又来自内部。个体既追求自主，拥有很强的权力愿望，又喜欢竞争，主动争取挑战性任务，还很重视工作场所中的和谐、亲密关系的建立与维护，并追求工作本身的乐趣和意义；同时非常强烈地追求工作所获得的物质回报，追求他人的良好评价。为此可能会导致个体由于追求的目标过多，愿望太强烈，从而精力不济，过度疲劳。

第59种类型为1低2低3低4高5低6高。内容解释是：工作活动的动力比较弱。愿意承担与自己的兴趣一致和能够获得他人认同的工作，追求工作的乐趣，希望自己通过活动获得成长；也比较关注周围人对自己的评价与看法，能够与组织保持一致。但工作中不太主动，不愿意做决策，自信心不足，很少主动去承担挑战性任务，害怕失败，对报酬也不很关注，很少主动去联系他人。

在撰写文字解释时需要注意的是，第一，辩证地看待事物。每种类型的特质往往具有自身优点，也存在一些缺点，因此需要全面反映事物特征。第二，用词客观，不能带有强烈的主观色彩，避免使用极端语言。第三，文字通俗易懂。因为解释报告是给被测评者阅读的，因此要回避生僻的专业术语，采用日常生活语言，直白地解释个体的行为特点。第四，预测范围需要限定在实证数据支持的范围内。当给出预测建议时，需要基于已有的实证研究数据，不能漫无边际，随意关联。

五、编写技术手册

为了使测验能合理地实施和使用，在正式测验编写完成后，还应编制一份测验说明书（或测验手册），对下列问题做出详尽而明确的说明。

（1）测验的目的、功用和适用范围。

（2）测验的理论背景以及选择题目的根据。

（3）测验的实施方法、时限及注意事项。

（4）测验的评分方法。这部分内容一般需要给出测验题目所属维度，计分规则，基本统计学指标，如平均数、标准差、信度、效度及常模。

（5）测验的评价体系。一般需要指明维度评价的分类方法，给出每一维度不同等级的文字解释，以及综合评价的文字解释。

（6）附录。测试问卷及测试编制过程中的一些统计数据结果。

经过以上主要步骤，测验就可以交付使用了。

思政元素

▶ 通过了解心理测验的概念及原理，提升学生使用科学知识进行交流沟通的文化素养；

▶ 通过掌握心理测验的编制过程，告诫学生坚定诚信意识，培育诚实行为和人际信用；

▶ 通过熟悉心理测验的应用情境，培养学生的全局意识，从客观整体的利益出发，站在全局的角度看问题、想办法，做出决策；

▶ 通过掌握心理测验的实施步骤，培养学生事无巨细的专业态度，毋以善小而不为。

核心概念

心理测验、信度、效度、能力测验、人格测验、职业兴趣测验、问卷法、投射测验法、常模

 本章小结

本章概述了心理测验的概念及心理测验工具的评估，介绍了不同分类方式的心理测验类型以及编制心理测验的一般步骤，具体如下。

第一节心理测验概述，主要介绍了心理测验的概念、心理测验的优缺点以及4种对心理测验工具的质量评估流程。

第二节心理测验的主要类型，分别是依据被测评者特质的分类、测试材料的性质分类、测验的方法分类以及测验实施对象的分类。

第三节编制心理测验的一般步骤，介绍了5个主要步骤：确定测验对象和目的、编拟题目、形成正式测验、编制解释体系以及编写技术手册。

 复习思考题

1. 什么是心理测验？
2. 对心理测验工具进行质量评估的流程有哪些，各个流程有什么意义？
3. 常见的依据被测评者特质分类的心理测验有哪些，各自测验的内容是什么？
4. 编制心理测验的一般步骤有哪些，各个步骤有什么作用？

 真题演练

MBTI 探索练习

【测评前的忠告】

性格没有好坏之分，测试的目的是反映最真实的自己，而不是别人所期待的你。请最大程度放松下来，选择当你面临下述这些情况时不由自主的、自然的、不假思索的决定或倾向。

【开始测试】

第一维度：外倾—内倾。测试的是你的能量倾向（即能量获得途径）：你更喜欢将自己

的注意力集中于何处，你从何处获得活力？

请对照表 4-12，选择你的偏好程度（E 或 I）：_____。

表 4-12　E-I 维度

外倾（E）extroversion	内倾（I）introversion
热情洋溢	冷静，谨慎
生机勃勃，善于表达	稳重，不愿意主动表达
听、说、想同时进行	先听，后想，再说
语速快，嗓门高	语速慢，语调平稳
注意力容易分散	注意力很集中
喜欢人多的场合	喜欢独自消磨时间
关注问题的广度	关注问题的深度
能量来自与外界的互相作用	能量来自内心的思考与推理

第二维度：感觉—直觉。测试的是你接收信息的方式（即注意力的指向）：你如何获取信息？S-N 维度。

● 感觉（S）sensation：用自己的五官来获取信息。喜欢收集实实在在的、确实已出现的信息。对于周围所发生的事件观察入微，特别关注现实。

● 直觉（N）intuition：通过想象、无意识等超越感觉的方式来获取信息。喜欢看整个事件的全貌，关注事实之间的关联。想要抓住事件的模式，特别善于看到新的可能性。

请对照表 4-13，选择你的偏好程度（S 或 N）：_____。

表 4-13　S-N 维度

感觉（S）sensation	直觉（N）intuition
关注事实存在	关注事物背后的意义
谈话目标清楚，方式直接	谈话目标宏观，方式复杂
思维连贯	思维跳跃
喜欢从事实际性的工作	喜欢从事创造性的工作
留心细节、现在	关注总体、未来
对身体敏感	精力集中于自己的思想
以客观现实为依据	习惯比喻、推理与暗示

第三维度：思考—情感。测试你处理信息的方式（即决策判断方式）：你是如何做决定的？T-F 维度。

● 思考（T）thinking：通过分析某一行动或选择的逻辑后果来做决定。会将自己从情景中分离出来，对事件的正反两方面进行客观的分析。从分析和确认事件中的错误并解决问题中获得活力。目标是要找到一个能应用于所有相似情境的标准或原则。

● 情感（F）feeling：喜欢考虑对自己和他人来说什么是重要的。会在头脑中将自己放在情境所牵涉的所有人的位置上并试图理解别人的感受，然后在此基础上根据自己的价值判断做出决定、从对他人表示赞赏和支持中获得活力。目标是创造和谐的氛围，把每一个人都当作独特的个体来对待。

请对照表4-14，选择你的偏好程度（T或F）：＿＿＿＿＿＿。

表4-14　T-F维度

思考（T）thinking	情感（F）feeling
行为冷静，公事公办	行为温和，注重社交细节
关注事情的客观公平	关注个人感受与价值观
很少赞扬别人	习惯赞美别人
言语平实、生硬	言语友善、委婉
坚定、自信	犹豫、情绪化
按照客观逻辑推理	倾向主观想法与道德评判
人际关系不敏感	尽量避免争论和矛盾

第四维度：判断—知觉。测试你选择的行动方式（即采取行动方式）：你如何与外部世界打交道？J-P维度。

- 判断（J）judging：喜欢将事情管理得井井有条，过一种有计划的、井然有序的生活。喜欢做出决定，完成后继续下面的工作。生活通常会比较有规划、有秩序，喜欢把事情敲定下来。照计划和日程安排办事对他们来说很重要。从完成任务中获得能量。

- 知觉（P）perceiving：喜欢以一种灵活、自发的方式生活，更愿意去体验和理解生活而不是去控制它。详细的计划或最后决定会使他们感到被束缚，愿意对新的信息和选择保持开放，直到最后一分钟。足智多谋，善于调节自己以适合当前场合，并从中获得能量。

请对照表4-15，选择你的偏好程度（J或P）：＿＿＿＿＿＿。

表4-15　J-P维度

判断（J）judging	知觉（P）perceiving
正式，严肃	随意，自然
保守，谨慎	开放，灵活
习惯做决定，有决断	做事拖拉，不愿做决定
条理清楚，计划明确	缺乏条理，保持弹性
急于完成工作	喜欢开始一项工作
遵守制度、规则，服从组织	常常感觉到被束缚
喜欢确立目标，然后去努力实现	经常改变目标，偏好新的体验
外表整洁，环境干净	着装以舒服为标准，不在意环境

当你测试完以上4个维度，获得4个维度的代码后，可思考你可以选择的职业和职业环境。

我的MIBT职业性格测试代码：　　　　　

现在请对照你的代码，找出相应的解释，看看你的测试结果给出了什么样的建议：

16种性格类型特征

1. ISTJ 型：内向+实感+思维+判断

特征：沉静，认真，贯彻始终，得到别人的信赖而取得成功；讲求实际，注重事实和有责任感；能够合情合理地去决定应做的事情，而且坚定不移地把它完成，会因外界事物而分散精力；以做事有次序、有条理为乐（不论在工作上、家庭上还是在生活上）；重视传统和忠诚。

2. ESTJ 型：外向+实感+思维+判断

特征：讲求实际，注重现实，注重事实；果断，很快做出实际可行的决定；善于将项目和人组织起来将事情完成，并尽可能以最有效率的方法达到目的；能够注意日常例行工作的细节；有一套清晰的逻辑标准，有系统性地遵循，并希望他人也同样遵循；会以较强硬的态度去执行计划。

3. ISFT 型：内向+实感+情感+判断

特征：沉静，友善，有责任感，谨慎；能坚定不移地承担责任；做事贯彻始终、不辞劳苦、准确无误；忠诚，替人着想，细心；往往记着他所重视的人的种种微小事情，关心别人的感受；努力创造一个有秩序、和谐的工作和家居环境。

4. FSFT 型：外向+实感+情感+判断

特征：有爱心，有责任心，合作；希望周边的环境温馨而和谐，并为此果断地营造这样的环境；喜欢和他人一起精确并及时地完成任务；忠诚，即使在细微的事情上也如此；能体察到他人在日常生活中的所需并竭尽全力帮助；希望自己和自己的所为能受到他人的认可和赏识。

5. ISPP 型：内向+实感+情感+知觉

特征：沉静，友善，敏感和仁慈；喜欢有自己的空间，做事能把握自己的时间；忠于自己的价值观，忠于自己所重视的人；不喜欢争论和冲突，不会强迫别人接受自己的意见或价值观。

6. ESPP 型：外向+实感+情感+知觉

特征：外向，友善，包容；热爱生活和物质上的享受；喜欢与别人共事；在工作上讲究常识和实用性，注意现实的情况，使工作富有趣味性、富有灵活性、即兴性，自然不做作，易接受新朋友和适应新环境；与别人一起学习新技能可以达到最佳的学习效果。

7. ISTP 型：内向+实感+思维+知觉

特征：容忍，有弹性；是冷静的观察者，但当有问题出现时，便迅速行动，找出可行的解决方法；能够分析哪些东西可以使事情顺利进行，又能够从大量资料中找出实际问题的重心；很重视事件的前因后果，能够以理性的原则把事实组织起来，重视效率。

8. FSTP 型：外向+实感+思维+知觉

特征：灵活，忍耐力强，实际，注重结果；觉得理论和抽象的解释非常无趣；喜欢积极地采取行动解决问题；自然不做作，享受和他人在一起的时刻；喜欢物质享受和时尚；学习新事物最有效的方式是亲身感受和练习。

9. INFJ 型：内向+直觉+情感+判断

特征：寻求思想、关系、物质等之间的意义和联系；希望了解什么能够激励人，对人有很强的洞察力；有责任心，坚持自己的价值观；对于怎样更好地服务大众有清晰的远景；在目标的实现过程中有计划而且果断坚定。

10. ENFJ 型：外向+直觉+情感+判断

特征：温情，有同情心，反应敏捷，有责任感；非常关注别人的情绪、需要和动机；善于发现他人的潜能，并希望能帮助他们实现目标；能够成为个人或群体成长和进步的催化剂；忠诚，能做出赞美和批评；积极的回应；友善、好社交；在团体中能很好地帮助他人，并有鼓舞他人的领导能力。

11. INFJ 型：内向+直觉+思维+判断

特征：在实现自己的想法和达成自己的目标时有创新的想法和非凡的动力；能很快洞察到外界事物间的规律并形成长期的远景计划；一旦决定做一件事就会开始规划直到完成；多疑、独立，对于自己和他人的能力与表现的要求都非常高。

12. ENTJ 型：外向+直觉+思维+判断

特征：坦诚、果断，有天生的领导能力；能很快看到公司组织程序和政策中的不合理性和低效能性，发展并实施有效和全面的措施来解决问题；善于做长期的计划和目标的设定；通常见多识广，博览群书，喜欢拓宽自己的知识面并将此与他人分享；在陈述自己的想法时非常强而有力。

13. INFP 型：内向+直觉+情感+知觉

特征：理想主义者，忠于自己的价值观及自己所重视的人；外在的生活与内在的价值观配合，有好奇心，能很快看到事情可能发生与否，能够加速对理念的实践；试图了解别人、协助别人发展潜能；适应力强，有弹性；如果和他们的价值观没有抵触，往往能包容他人。

14. ENFP 型：外向+直觉+情感+知觉

特征：热情洋溢、富有想象力；认为生活充满可能性；能很快地将事情和信息联系起来，然后很自信地根据自己的判断解决问题；很需要别人的肯定，又乐于欣赏和支持别人；灵活、自然不做作，有很强的即兴发挥能力，言语流畅。

15. INTP 型：内向+直觉+思维+知觉

特征：对任何感兴趣的事物，都要探求一个合理的解释；喜欢理论和抽象的事情，喜欢理念思维多于社交活动；沉静，满足，有弹性，适应力强；在他们感兴趣的范畴内，有非凡的能力去专注而深入地解决问题；有怀疑精神，有时喜欢批判，常常善于分析。

16. ENTP 型：外向+直觉+思维+知觉

特征：反应快、睿智，有激励别人的能力，警觉性强，直言不讳；在解决新的、具有挑战性的问题时机智而有策略；善于找出理论上的可能性，然后再用战略的眼光分析；善于理解别人；不喜欢例行公事，很少会用相同的方法做相同的事情，倾向于一个接一个地发展新的爱好。

资料来源：迟云平．职业生涯规划［M］．广州：华南理工大学出版社，2019.

第五章 笔 试

学习目标

通过对本章的学习，你能够：

▶ 了解笔试的概念及作用；

▶ 掌握笔试的设计和试题编制过程；

▶ 熟悉笔试试题的分类和常见的题型；

▶ 掌握笔试的实施步骤。

案例引入

公务员录用中的笔试测评方案

长期以来，毕业生都将公务员作为自身的求职首选。事实上，公务员录用考试是竞争最为激烈、报考人数最多的考试。相关数据表明，2021 年国家公务员考试招考人数为25 726人，资格审核合格通过的有358 879人，参考人数达101.7万，平均竞争比1∶14，一些较为热门的单位，其竞争比远远高于平均竞争比。合理有效地进行公务员录用中的笔试测评，能在很大程度上提升公务员的含金量，保证公务员人才合理分流，进一步提高我国各级行政机关的工作绩效。

公务员录用笔试由考前、考中和考后三个环节组成。考前环节是考试的准备，包括大纲的制定、试题命制、组织报名、考场安排和考前宣传；考中环节是考试规范实施；考后环节是成绩的合成与解释，包括阅卷、计分、试卷评析等。其中，试题试卷是笔试的灵魂，体现主考者的指导思想和考试目的，考务管理是考试顺利举行的基本保证，考后评分是测评结果的量化过程。

公务员录用笔试实行"一轮一试"，即只考一个轮次，测试内容为公共科目。部分职位"一轮两试"，即"2+X"的考试模式，两门公共科目+专业科目。严格来讲，笔试的实施流程包括报名、命题、施测、评分四个环节。

报名是测评对象的确定环节。公务员录用考试是选拔性考试，考试报名是考生选择具体职位报考的过程，考生报名成功，就具备了参加考试的权利，考试的对象范围也得到确定。招录信息的公开，是考生考试机会公平的基本保证。现阶段，除了特殊部门特殊职位，中央与各省公务员录用考试全部采取网上报名的方式进行。公务员主管部门发布招考公告，向社会公布招录职位、招录计划、招录条件、招录程序及时限等，考生根据自身的条件选择职位报考（上海公务员录用考试报名较例外，考生先选类别报名，在笔试达到合格分数线后，再进行职位报名）。通过资格审查后，方可参加笔试。

命题是测评内容的设计环节。笔试内容突出公务员的职业特点、符合招考职位的层级特点、切合考生群体的特点、具备稳定的测试结构、遵循考试测量的科学规范是公务员录用笔试测量的基本要求。命题工作具有高度敏感性，安全、保密是其必要前提。近年来，各省办考机构一般采取全封闭方式开展公务员录用笔试命题工作，即选择具有国家保密资质的入围场所，对参与命题工作的专家、管理人员、监督人员实行全封闭管理，命制试题、资料管理、试卷印刷等环节全部在全封闭的环境中完成。

施测是测评的实施环节。包括考前宣传、考点考场的安排与布置、人员选调、试卷的保管和交接、考试实施等。公务员录用笔试是大规模的人才选拔活动，是由办考机构主导实施，教育、环保、卫生、电力等多部门共同保障的大规模资源调动活动。为确保考试的公平与科学，测评的过程必须标准化与规范化，即考场如何安排布置、每个岗位的工作人员需具备什么样的条件、每个环节如何操作都必须按规定同步实施，确保考生在考试过程中受到无差别对待。评分是测评结果的量化环节。阅卷过程的科学化、测评结果量化是评分环节的基本要求。目前公共科目《行政职业能力测验》全部为客观题，考生在机读答题卡上作答，采用光电阅读机扫描答题卡信息，由计算机自动评分。《申论》是主观性试卷，由考试机构组织符合条件的专家进行评阅。近年来，随着电子信息技术的发展，主观题阅卷也采取计算机阅卷的方式进行，即专家组制定参考答案和评分标准，并培训阅卷人员。局域网环境下，阅卷人员登录个人账户进行试题评阅，分数采取"两评出分"的规则，即每份试卷必须经过两名阅卷人员独立评阅，两次评阅的平均分为考生最终分数，若两次评阅分差较大，由第三名阅卷人员评分，按规则出分。评阅分数直接上传到阅卷服务器，可进行跟踪、分析、检测和合成等。

资料来源：国家公务员局网站 http：//www.scs.gov.cn/.

笔试测验是人才测评的重要组成部分，笔试测验的方法在中国由来已久。笔试测验具有较高的公平性及应用简便性，未来仍然是不可替代的人才测评手段。本章将在笔试概述的基础上，探讨笔试试题的编制与实施流程等问题。

第一节　笔试概述

一、笔试的概念

笔试是指测评者按照统一测评标准测验被测评者所掌握的知识数量、结构与程度的一种方法。笔试需要安排被测评者在统一时间和统一地点，按照测评者或测评组织的统一要求，通过笔试的形式完成测试题目。

测试题目一般是根据被测评者将要从事的工作性质、工作条件和岗位职责所必备的理论知识等测评要素来设计的。笔试通常用于测量被测评者的专业知识、基本知识、外语知识、文字表达能力、逻辑分析能力等素质能力的差异。由于笔试对被测评者来说是相对公平的一种测试方式，且易于组织实施，现已被很多用人单位采用。

1956年，美国教育心理学家本杰明·布鲁姆提出教育目标分类思想，将认知领域从下到上分为6个层级：知道（knowledge）、理解（comprehension）、应用（application）、分析（analysis）、综合（synthesis）和评价（evaluation）。具体内容如表5-1所示。前三个层级属于基础层次的认知，后三个层级属于高级层次的认知。该分类学作为教学实践的内在线索，是教学目标确定、教学过程设计以及教学评价的重要依据。人才测评中的笔试既要注重基础性知识考查，又要达到选拔性的结果，因此，也应该具备检验多层教育目标的功能。

本杰明·布鲁姆
（1913.02.21—1999.09.13）

表 5-1　布鲁姆认知教育目标分类表

类别	说明	示例	关键词
知道	对具体知识或抽象知识的辨认，用一种非常接近于学生当初遇到该种观念和现象时的形式，回想起这种观念或现象	对"什么是人力资源管理"的记忆、识别、列表等	回忆，记忆，识别，列表，定义，陈述，呈现
理解	对事物目的或意义的理解	你能描述发生了什么事情吗？	说明，识别，描述，解释，区别，重述，归纳，比较
应用	运用所学概念、法则或原理去解决问题、理解事物的本质	工作中如果遇到某问题，你将怎么处理	应用，论证，操作，实践，分类，举例说明，解决
分析	对知识进行分解，并理解各部分之间的联系，解释其因果关系	工作中为什么会遇到这样的问题？	分析，检查，实验，组织，对比，比较，辨别，区别
综合	以分析为基础，将各个部分或元素组合成一个整体，以便创造性地解决问题	怎么样才能避免这种问题出现？	组成，建立，设计，开发，计划，支持，系统化
评价	综合内部与外部的资料和信息，做出符合客观事实的推断	公司的规章制度能够帮助我们避免这样的问题吗？	评价，估计，评论，鉴定，辩明，辩护，证明，预测，预言，支持

二、笔试的作用

（1）有助于用人单位了解被测评者的专业知识、文字表达能力和书写态度等综合能力。由于笔试测评是通过笔试的形式进行的，被测评者的回答必须落实到笔头，这就可以对被测评者的表达能力和书写能力进行考查，测评者甚至可以运用笔迹学方面的知识在一定程度上推测被测评者的人格特质。

（2）可以避免测试过程中的不正之风，也可以作为被测评者能力的留档记录。由于被测评者在笔试过程中与测评者不会正面接触，试题的评分如果能做到在密封的情况下进行，就能在最大程度上减少考试结果徇私舞弊的可能性。

（3）测评得分比较可靠，对被测评者比较公平。笔试测评的题目可以大量采样，对知识和能力的考查信度和效度较高，评分标准较为客观，这些都是笔试测评的特点，从而保证测评的客观性和公平性。

（4）测评结果可以作为用人单位测试被测评者能力的主要依据。通常笔试主要限于一些对专业技术要求或对人员素质要求很高的单位，如事业单位、著名企业等。

三、笔试的方法

笔试的方法可从实施者与组织形式两个角度加以划分。

（一）从实施者角度而言

笔试通常是通过试卷测试法完成的，随着现代计算机技术的发展，为节省成本，很多企业采取机试的形式进行测试。

（二）从组织形式角度而言

笔试有开卷考试和闭卷考试之分。

（1）开卷考试是指被测评者可以携带参考资料参加考试。考生可自行查看资料、课本等，但是相互之间不可以商量答案。与闭卷考试相比，开卷考试的试题更具开放性和灵活性，有利于被测评者充分发表自己的见解，展现能力。

（2）闭卷考试是指被测评者只允许独立完成试题，不能看课本和参考资料。不可以与其他被测评者商量答案、传递答案等。

就被测评者而言，应对笔试的方法主要有5个。

（1）了解笔试的内容和重点，有针对性地进行复习。

（2）了解笔试的目的，灵活运用知识进行答题。

（3）适当地减轻思想负担，保证良好的睡眠，适当地参加一些文体活动，以饱满的精神状态参加考试。

（4）提前熟悉考场的环境和考试注意事项，这有利于消除应试时的紧张心理。

（5）答卷时要认真审题，合理分配答题时间，注意卷面整洁。

四、笔试考核的内容

笔试考核的内容很多，归纳起来主要有基础知识考试、专业知识考试、相关知识考试、性格测试和智商测试等。

（一）基础知识考试

基础知识考试又称为广度考试或综合考试。它的考试内容比较广泛，包括自然常识、社会常识、数理化、文艺、体育、外语等。某主要目的是了解被测评者知识掌握的广度。

（二）专业知识考试

专业知识考试主要是测评与被测评者职位有直接关系的专业知识，是对被测评者专业知识深度的测量。如被测评者的职位是室内装修方面的工程师，专业知识的考试内容可以包括室内设计AutoCAD制图、环境保护法、工程力学、光学、人体工程学、色彩配置学、基础土建工程学等方面的知识。

（三）相关知识考试

相关知识考试主要是考查被测评者对与工作内容相关的知识了解程度，如求职者的职位是人事专员，相关知识考试的内容可以包括心理学、管理学、公共关系等各方面的相关知识。

（四）性格测试和智商测试

企业经常采用笔试形式让被测评者完成性格和智商方面的试题，以考查被测评者的性格特征和智商水平。

五、笔试的优缺点

与其他测评方法比较，笔试的优点具体如表5-2所示。

表5-2 笔试的优点

客观性	1. 考卷可以密封，测评者和被测评者不必直接接触，由此增强测评的可信性 2. 被测评者回答问题的真实材料可以作为档案保存 3. 被测评者考核的试题相同，评卷标准相对较客观，被测评者的测评成绩可以进行比较
经济性	1. 试卷的设计、印刷比较迅速，降低了时间成本 2. 在同一时间、不同空间可以对大量被测评者进行测评，易于组织实施，降低管理成本 3. 根据笔试成绩实现优胜劣汰，降低了沟通成本
广泛性	笔试试题量大，形式多样，知识涉及面广，易于考核被测评者知识掌握的深度、广度及运用知识的能力，信度和效度较高
简便性	笔试一般不需要特殊的专业人才来进行测评，施测比较简便
利于发挥	参加笔试时，被测评者的心理压力相对较小，容易发挥正常水平

因笔试试题本身具有主观性，其缺点如表5-3所示。

表5-3 笔试的缺点

难以全面考查被测评者的能力	试题可能出现不够科学的现象	阅卷标准的不统一性
1. 笔试偏重机械记忆，不能反映个人的创造力和推理能力，并难以考查被测评者的实际操作能力。 2. 试卷是针对某一项或几项内容而设计的，如果进行两次考试，结果不具备可比性	试卷中有可能出现一些怪题或无意义的题目，这对于测评的准确性无疑是一个阻碍	1. 阅卷人员素质不同，会在阅卷时出现偏差。 2. 阅卷人在评阅主观性试题时，由于价值取向不同，会影响测评结果的准确性

六、笔试的适用领域

笔试适用范围非常广泛，凡是接受过初等教育的人都有过笔试经历。具体来讲，可以从"民、官、学"3个角度进行划分。

（一）企业中的笔试应用

按照企业性质来分，笔试适用于各种技术型和非技术型企业，为保证企业人力资源管理活动的效用，各种类型的企业均能够应用笔试测评的形式对人力资源进行鉴别。按照功用划分，笔试适用于企业人力资源的选拔、岗位调整、员工培训、职位晋升、绩效考核等各个方面。

（二）政府机构及类似组织管理机构中的笔试应用

笔试在政府中应用的最主要体现就是国家公务员考试、各级地方公务员考试、事业单位招考、银行录用选拔考试等，一般来说，政府在进行内部人员职位调整时，也会涉及笔试。

（三）学校教育中的笔试应用

只要提到笔试，人们头脑中的第一印象就是学校考试，包括中考、高考、研究生考试、期中考试、期末考试、日常模拟考试等。显然，笔试已经成为评价学校教育成果的重要手段。

 ## 第二节　笔试试题编制

一、笔试题型

笔试题型主要分为客观性试题和主观性试题，常用的题型有选择题、判断题、填空题、配对题、情景模拟题、论述题、案例分析题等。

（一）选择题

1. 选择题的概念

分为单项选择题和多项选择题，由题目和备选选项组成。被测评者需要根据题目的要求，从备选选项中，找到一个或几个符合题目要求的选项，并把选项前的字母填在相应的位置上。选择题示例如图 5-1 所示。

```
┌─────────────────────────────────────────────┐
│                   选择题                       │
├─────────────────────────────────────────────┤
│ 1. 赫兹伯格提出的双因素理论认为(    )不能直接起到激励的作用，但能防止人们产 │
│    生不满情绪。（单选）                          │
│    A. 保健因素   B. 激励因素   C. 成就因素   D. 效价因素 │
└─────────────────────────────────────────────┘
```

图 5-1　选择题示例

2. 设计选择题时的注意事项

（1）备选选项的数目不宜太多。在设计选项时一般采用 4~6 个答案；另外，同一测评每个选择题后的选项数目是相同的。

（2）备选选项的表述方式应力求一致，如全部进行简单表述或全部进行详细表述。

（3）备选选项之间应该独立存在，不能存在重叠现象。

（4）诱答题不要做得太过明显，应使不具备该知识的被测评者不会凭借常识找到答案。

3. 选择题的优缺点

单项选择题是笔试中最常用的一种客观性试题，其突出优点在于题量可以较大，考查的知识点较多，采样的代表性高，有利于考试结果的误差控制和考试的标准化。当然，单选题也存在缺点，如对其他迷惑选项的设计要求较高，具有一定的难度。多选题虽然能够弥补单选题的缺点，但是往往难度较高，因为漏选或错选一个选项均使整个题目错误，对应试者掌握知识的全面性要求很高。

（二）判断题

1. 判断题的概念

判断题即只为被测评者提供正确和错误两种答案，无中间答案。判断题的命题通常是一些比较重要的或有意义的概念、事实原理或结论。判断题示例如图 5-2 所示。

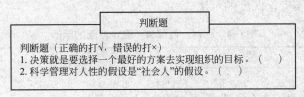

图 5-2　判断题示例

2. 设计判断题时的注意事项

（1）应避免"有时""可能""肯定""绝不""所有的"等暗示性的特殊词汇出现，如所有的男性都比女性理智。

（2）题目中应避免半对半错的现象出现，每题中应避免出现两个以上的概念。

（3）题目叙述应条理清晰，尽量避免双重否定的叙述。

（4）题目内容应以有意义的概念、知识点、原理等为基础，避免以无关紧要的细节命题。

（5）对的测试题目与错的测试题目应随机排列，数量应大致相等。

3. 判断题的优缺点

判断题的优点是命题容易，评分简单，计分客观，回答方便，因此题量可以较大，便于广泛采样，一般出题者都乐于采用。但是判断题也有一些缺点：一是题型的预测效度不高，即使你没有掌握某题的知识点，也有 50% 的概率能够回答这个问题；二是判断题只能看出应答者的思维结果，不能测出应答者的思维过程，因此无法知晓应答者的思维能力。

（三）填空题

1. 填空题的概念

填空题要求被测评者用一个正确的词或句子来填充一个未完成的句子，它的主要作用是测评被测评者的知识是否扎实，对关键知识点的掌握是否精准。填空题适用于诊断性的测评。

2. 设计填空题时的注意事项

（1）题目中所空缺的词语或句子应该是知识测评的重点，要和上下文有密切的联系。

（2）一道题目中不能设置太多空白，否则不易于被测评者理解题意。

（3）题目中的空白一般放在句子的中间或末尾，不建议放在句子的开头，因为开头一般发挥引导作用。

（4）每个空白处应有一个简短精悍的标准答案，易于测评者评分。

3. 填空题的优缺点

填空题的优点是评分客观，答案唯一，应试者的猜测因素较小；缺点是填空题往往与企业实践结合较少，更多的是考查知识点的连贯性和全面性。另外，填空题不能反映岗位所要求的综合能力。

（四）配对题

1. 配对题的概念

配对题是选择题的一种变式。配对题的题目本身包括多个反应项（匹配题）和多个刺激项（被匹配题）；被测评者在解答过程中需要对反应项和刺激项进行理解和对应。表5-4所示为一对一匹配和不完全匹配的示例。

表5-4 一对一匹配和不完全匹配的示例

分类	示例
一对一匹配	刺激项：1. 伦敦（ ）2. 中国（ ）3. 巴黎（ ）4. 华盛顿（ ）5. 塞舌尔（ ） 反应项：A. China B. Seychelles C. Washington D. London E. Paris
不完全匹配	刺激项：1. 青莲居士（ ）2. 香山居士（ ）3. 六一居士（ ）4. 易安居士（ ） 反应项：A. 李白 B. 李清照 C. 白居易 D. 欧阳修 E. 蒲松龄

2. 设计配对题时的注意事项

（1）在格式上，配对题的反应项和刺激项应排成两列或两行，易于被测评者理解。

（2）配对数目的选择要适中，在使用不完全匹配时，可以不限制每个反应项被选择的次数，以提高题目的灵活性。

（3）试卷中应对匹配方法进行规定，同时应说明反应项可以被匹配的次数。

（4）同一个匹配题应安排在同一页面上，避免反应项与刺激项分开，浪费被测评者的答题时间。

3. 匹配题的优缺点

匹配题的优点是容易编制，覆盖面广。不足之处在于：第一，匹配题只能测量简单记忆的事实材料或概念关系，并且要求编制的选项是同质的；第二，匹配题一般在知道大部分匹配关系之后，剩下的匹配难度越来越小，因此匹配题对于考查应试者对知识的掌握程度也比较弱。

（五）情景模拟题

1. 情景模拟题的概念

情景模拟题是指在试题中创造一个情境，让被测评者将其在模拟环境中的具体行为以文字的形式表达出来。在题目设计上一般有两种方法，如表5-5所示。

表5-5 情景模拟题示例

方法1	方法2
1. 在题干中假定被测评者的身份，如经理； 2. 然后用文字描述一个场景、问题或矛盾，需要被测评者亲自处理； 3. 被测评者根据题目设定的身份和情境，进行分析判断，最后编写自己的处理方法、建议等	1. 题干描述某个特定场景或是某段时间内各种人物的思想、态度和行为等； 2. 被测评者仔细阅读材料后，根据题目的要求，回答与题干提供的材料相关的问题

2. 设计情景模拟题时的注意事项

（1）情境设计应符合逻辑，便于被测评者对号入座。

（2）情境设计应符合工作岗位的要求，便于真实反映被测评者的能力水平。

（3）情境设计中的问题应该具有开放性，便于被测评者多角度、多方法地解决问题。

3. 情景模拟题的优缺点

情景模拟题是测评高层管理者能力的常用题型。其优点是题目的设置能够与企业的实践更好地结合起来，并且给予被测评者更多表达自己想法和能力的机会。其缺点主要体现在两个方面：第一，情景模拟题的编制难度较高，合适的情景模拟题必须与岗位所需的能力具有密切的相关关系；第二，对情景模拟题的评分客观性不强，主要是凭借评价者的认知能力和经验，没有指定的标准，因此计分不太容易。

（六）论述题

1. 论述题的概念

论述题要求被测评者以长篇的文章对某一问题进行分析、评价，并表明自己的观点、态度、立场和主张等，进而测验被测评者的知识、才能。例如，"你是如何看待企业文化的，它能否移植？字数范围要求 300~500 字。"

2. 设计论述题时的注意事项

（1）题目中应有明确的作答长度，应避免出现含糊性的问题。

（2）在设计题目时应该有系列答题标准或答题方向，应规定答案的可接受范围。

（3）为保证测评准确性，论述题的数量不要太多，必要时可以将一个大题目拆分成几个小题目。

3. 论述题的优缺点

论述题综合程度高，解题难度大，主要用于考查被测评者的理解能力、论述能力以及作用原理或观点分析问题的能力等。论述题的很大优点在于可以较全面、深入地考查被测评者的知识水平和能力，而题目设计比较容易，不需要花费较大成本。论述题的缺点是评分成本较高，另外，试题采样代表性差，毕竟一道论述题的分值含量比较大，这就决定了每次考试的论述题题量较少，从而难以代表科目的全部内容，被测评者的得分有一定的偶然性。如果被测评者碰巧对某个论题很熟悉，就会得到"虚假的高分"，反之会得到不真实的低分，影响考试的信度和效度。

（七）案例分析题

1. 案例分析题的概念

案例分析题也是一种主观性试题，它通过提供情景材料、图形、表格或文字资料，要求被测评者针对提出的问题，运用相关知识点，结合案例进行分析，并给出结论。

2. 设计案例分析题时的注意事项

（1）题目中应反映出一定的背景，并有清晰的问题。

（2）案例分析题在设计题目时应该有一系列评分标准。

（3）案例分析题应结合企业的实际情况，追求对日常工作模拟的似真性及与选拔职位的适应性。

3. 案例分析题的优缺点

案例分析题的优点是能够反映出被测评者批判性分析信息的能力、决策能力、对管理问题的诊断能力等，是一个能同时测评多个管理能力的方法，其主要的缺点是，案例的编制花费的时间成本较长，对编制人员的专业水准要求较高。

二、笔试试卷设计

（一）设计原则

在设计笔试题目时，应当遵循以下 5 个原则。

（1）信度高、效度大：试题应具有较高的信度和效度，以及必要的区分度和适当的难度。

（2）实用性强：必须从企业实际出发，根据企业的实际条件和招聘工作的需要来安排笔试的人力、物力、时间及费用等事宜。

（3）客观、严谨：保证试题题目及答案的准确性，试题结构形式设计的合理性，各种类型题目占比要适当。

（4）试题难度与测评目标相统一：一般情况下，招聘选拔中笔试试题的整体难度要适中。如果题目太难，只有少数被测评者会通过，这对后续招聘的筛选工作会产生不利影响。在晋升性测评中，可以使题目相对难一点儿，有利于选择优秀的人员，进行岗位调整。

（5）差异原则：笔试所编制的题目应具有差异性，能够准确地测试出被测评者在德、智、体等素质上的差异区别，合理拉开档次，体现出好、中、差不同层次等级，从而利于择优录取。差异原则要求整体难度适中，要求尽量提高难度的精密度。题目的难度越精密，区分度越高。一般情况下，编制的题目难度分布应以正态分布为最佳。

（二）笔试试卷结构设计

试卷结构，是指一份试卷所含组成成分及各种组成成分相互联系的方式，它由两维相交的两个向度构成，分别反映试卷结构的不同组成成分及其比例关系。通常情况下，一种向度上反映试卷的内容、题型、难度、分数、时限结构等组合成分；另一种向度上反映试卷目标结构及试卷结构各组成成分的比例与相互关系。这些结构要素及其比例互为条件，相互制约，其中任何一种要素设置不当、比例失调或改变排列组合方式，都会影响试卷整体测试效果。双向细目表是试卷结构的具体表现形式，它能够将测评内容、测评目标、试卷题型、试卷复杂程度进行数量化。双向细目表是用于表明测评内容、测评目标及其相对重要程度的一种表格，它可以使笔试命题工作具有计划性，避免盲目性；使命题者明确测验目标，易于把握测验知识与试题题型的比例与分量，提高命题的效率和质量，同时，它对于试题的审查效度也有重要指导意义。

（三）笔试试卷结构确定的流程

双向细目表是试卷结构确定的重要依据，示例见表5-6。

表5-6　测验编制和实施双向细目表示例

内容	初级（2.5套：单选150，多选50，案例50）						中级（2.5套：单选150，多选50，案例50）				
	命题者	章节	单选	多选	案例	命题者	章节	单选	多选	案例
	…	…	…	…	…	…	…	…	…	…
	张三	第三章 人力资源概述	8	3	2	张三	第四章 培训发展	10	3	2
	李四	第六章 招聘与录用	6	2	2	李四	第五章 工作分析	10	3	3
						王五	第七章 绩效考评	8	2	2
	…	…	…	…	…	…	…	…	…	…
总计			150	50	50			150	50	50

制定双向细目表主要遵循以下几个步骤。

1. 明确测评目的

应明确测评目的是注重选拔、晋升、诊断还是考核等，这是试题的核心或主题。

2. 确定试卷的内容结构

试卷内容结构，是指一份试卷内容的组成部分，以及不同部分所占的比重与相互关系。试卷内容结构应当根据测评的目的确定。试题应当将选择题、判断题、填空题及论述题结合使用，也可以只选择其中一种或两种；试卷的各个组成部分应当存在内在联系，能反映出需要测评内容的重点。

3. 确立题型结构

试卷题型结构，是指一份试卷所用试题的种类、各类试题在全卷题量中的比重，以及同类型试题间的内在关系，不同的题型在测量具体的能力方面具有各自的优缺点，可以根据所需测试能力的比重设计题型结构，同时需要考虑到施测时间以及被测评者的能力等因素。

4. 确立难度结构

试卷难度结构，是指试卷不同层次难度试题的数量及其比例关系，以及全卷试题的分布状态。全卷总体难度和试题难度必须与被测评者群体的现实水平相适应，过难或过于简单都会影响试题的鉴别力，有碍选拔目标的实现。全卷不同难度试题的分布应尽量符合被测评者的心理特点。

5. 确立分数结构

试卷的每种题型的分数以及每小题的分数都需要认真确定。但是每种题型内部每个小题的分数并不一定要分值相同，因为每道题所测验的题目解题难度、复杂程度均存在差异。

6. 确立时限结构

试卷时限结构是指考试施测限定的时间和各类试题的作答时间分配，以及试题作答时间在整个施测时间中的比例关系。确立试卷时限结构必须结合考试的特点、目的要求，必须符合试卷的长度、难度，必须以试题内容的呈现形式、方式、解题要求和被测评者群体的年龄特征为依据，防止因时间宽严失控而造成试题及既定难度标准的升降。

三、笔试试题的编制方法

笔试试题编制按照试题内容分为专业知识笔试试题编制、综合笔试试题编制、语言笔试试题编制，也可以按照各个测评岗位分别编制。笔试试题在编制方法上主要有选题、改题和编题3种类型。

（一）选题

一般是选用某些现成的题目作为试题，该种方法一般适用于规模较小的自测性或课堂检验。对于正规的、大型的考试，若采用此种方法，必须有一个庞大的试题库，确保试题选择的精准性和避免重复性。

（1）原则。采用选题的编制方法，首先，选择的题目要具有代表性、普遍性。其次，题目形式要完美，各种类型题目比例合适。最后，选题取材应当来源于普遍使用和具有公信力的教材。

（2）作用。通过选题编制笔试试题，测试者可以引导被测评者重视第一手资料来源，如教材或培训中教师讲授内容。

（3）注意事项。选题并不是原封不动地把题目搬过来，可以根据需要对题目进行适当改动。例如，改变题目的描述方式、改变其中的数字、改变题型等。但是，应当保持基本难度和风格不变，否则，就成为"改题"。

（4）选题后的检查。对选择的题目主要从 6 个方面进行检查，具体如图 5-3 所示。

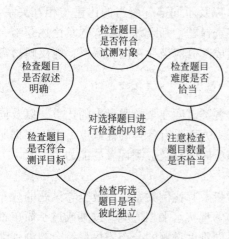

图 5-3　对选择的题目进行检查的方法

（二）改题

指以一个现成的题目为基础，经过修改，使之成为一个适用性的题目。改题的方法主要有以下 4 种。

（1）改变题目中的条件或结构。如原题目是"以下哪几个选项中所表述的内容能够增强培训效果"，可以将其变为"如果采取以下选项中哪几种措施，培训效果必然会降低"。

（2）对题目进行外包装。对题目进行外包装主要是通过语言表述的方式改变原有题目的外在表现形式。

（3）改变题型或者提问方式。改变题型是指将之前客观性的题目变为主观性题目，如变为探索性或开放型的题目。也可以由选择题变为判断题或者填空题。改变提问方式是指将直叙性的题目变为提问式的。

（4）对若干题目进行组合。如可以将各种选择题、判断题变换为案例解答题或者阅读理解题。在使用改题方法时，一定要注意改变后的题目是否仍旧符合考试目的，所涉及的知识点是否全面，难度是否恰当。

（三）编题

根据测评对象、测评目的、测评指标等编制新颖的试题，这是试题编制的主要手段。编题首先应当了解测评目的，这是编制试题的基础。然后根据目标确定题型，最后对编制好的试题进行检查。

第三节　笔试的实施流程

笔试一般由人力资源部负责组织实施，各用人部门给予协助。笔试的组织实施具体可分为 3 个过程：笔试实施前的准备、笔试正式实施阶段、阅卷与评分，又可分为 5 个步骤：组建笔试团队、编制笔试题目、试题预测试、实施笔试和审阅评估试卷。

一、组建笔试团队

笔试团队，又称笔试小组，它负责整个笔试工作的实施，包括试题的设计、编制、监考、阅卷、费用的预算等。具体可由人力资源部招聘人员、用人部门负责人和专业人员组成。小组人员的质量和数量对整个考评工作起着举足轻重的作用，合理的人员搭配和人数确定能使考评的指标体系和参照标准体系发挥预期效用，最终达到考评目的。

笔试小组组长一般由人力资源部经理担任，笔试小组成员一般需具备以下素质。

（1）坚持原则，公平公正，不偏不倚。

（2）有主见，善于独立思考。

（3）有考评方面的工作经验。

（4）具有较高的文化水平。

（5）有事业心，不怕得罪人。

（6）作风正派，办事公道。

（7）了解拟招聘岗位的情况。

如果小组成员的知识和素质参差不齐，而且各种能力素质考评的方法都具有相当的技巧和微妙性，这时就必须对小组成员进行培训。要使人员了解、熟悉并掌握各种测评方法和相关知识，必须排除个人感情因素对考评工作的干扰。

对笔试团队的培训主要包含以下 4 个方面。

（1）确定培训内容及方法。增强笔试团队成员的责任感和使命感，并就笔试题目形式、评分标准等工作实施培训。

（2）确定需参加培训人员名单。对笔试团队进行培训，参训人员一般包含团队所有成员。针对笔试团队的培训其实也是一次针对整个项目工作的动员大会。

（3）确定培训时间及地点。人力资源部是笔试团队培训的负责部门，人力资源部负责招聘的相关人员根据团队成员的时间安排，协商安排培训时间及地点。

（4）其他培训安排事项。包括在培训前、培训中及培训后需要协调或跟进的具体事务等，如培训团队成员用餐安排等。

在笔试管理工作中，笔试团队的分工和准备工作同样对笔试的顺利进行起着举足轻重的作用。合理分工，一方面可以达到人尽其用的目的；另一方面可以最大限度地提高工作效率，实现整体效益最大化。

二、编制笔试题目

编制笔试题目首先需要收集资料，为试题编制做准备，主要收集与实施笔试有关的岗位信息、胜任素质信息以及有关试题的其他内容，并根据笔试要考查的要素、企业招聘岗位的特点及企业需要，来确定试题的类型、内容、难易度、题量的多少、试题答案等内容。编制笔试题目主要包括以下 5 个方面的具体内容。

（一）题目选择

测评题目的选择主要依据题目自身的性质及其实际测评到的与计划测评的目标一致性程度，以及测评对各部分内容所要求的比例，选择适当数量的试题，并且要考虑试题的难易、重要程度以及试题的类型。

（二）题目编制

试题编排的 3 种思路：一是将题型相同的题目编排在一起；二是按题目的难度不同，按由易到难的顺序编排；三是按题目所测的内容编排，即把测评同一内容的各个题目编排在一起。在试题的实际编排过程中，通常是将上述方法组合使用。为防止相邻座位的被测评者互通信息、相互抄袭，可采用编制 A、B 卷的方式。两卷的题目不变，只是使两份试卷的试题顺序交错排列，或对选择题的正确答案变换位置，目前越来越多的笔试都采用了 A、B 卷形式，并取得了积极的效果。

一般来说，笔试测试分为业务知识与能力（含外语）测试、综合知识测试、综合能力测试 3 个方面。根据组织内部各部门之间的专长，测试题目的拟制分工也不同。

（1）业务知识与能力（含外语），其题目根据岗位任职资格要求确定，由用人部门编制。

（2）综合知识，包括公司的历史、业务、现状的通用知识，由人力资源部负责编制题目。

（3）综合能力，是指对参加竞聘者的分析能力、思维能力、领导能力等进行测试，由人力资源部负责编制题目。

外部专家负责为笔试试题的设计提供指导性意见，并提供多方面的智力支持。各测试题目拟制负责人在笔试进行之前，要确保题目拟制并测试完毕，保证笔试题目质量。

（三）编制试卷副本

有时同一测评需要在不同情况下多次使用，或者在不同时间对同一类型测试者进行测评，或者为了防止泄密以及被测评者可能出现的作弊行为，在组织试卷正本的同时，需要编制试卷复本。所谓复本，就是两套或者两套以上等值的测评试卷。

（四）试卷的检验

检验试卷主要是对整个试卷的文字、指导语、正确答案在不同选项中出现的频数、格式进行审查。检验是对试卷的题目是否能够较好地反映测评指标，复本是否等值，试卷的难度是否恰当等进行审查。要解决这些问题，可以对试卷逐项进行审查，也可做必要的预测试。

（五）编写答案及评分标准

答案的编制主要是针对客观题的标准答案和主观题的参考答案两大类。对于参考答案的编制，主要是给出试题涉及的相关关键知识点，然后为每一个知识点分配计分权重。而对于标准答案的编制，则需要确保答案的标准性、唯一性、无可争议性及对应性。

评分标准的编制主要是指确定测试的总分值以及每道试题的分值和计分标准的一个过程，要做好这一方面的工作，必须先确定测验的总分值，然后根据指标体系的权重赋分值，对每一种题型进行赋分，最后再制定得分标准。

三、试题预测试

在条件允许的情况下，试题编制好以后，首先选择一部分相关人员（如用人部门的人员、相关专家等）进行预测试，以检验试题的质量。测试的实施过程与环境条件应与将来的正式测评相似。然后根据预测试的反馈结果对试题做出进一步的完善，以提高试题的信度和效度。

试题预测试结束后，工作人员要收集测试结果及反馈信息，并对其进行分析，主要参考3个方面的信息，如表5-7所示。通过试题的进一步修改和完善，达到优化试题、提高笔试试题效度的目的。

表5-7 试题预测试的反馈

测试的反馈	内容
答题者的反馈	答题者的反馈是试题修改和完善的重要依据。试题是否很难理解，是否觉得有话可说，能否引起足够的争论，其他的一些感受，也可以发表修改意见等。这些意见从侧面反映出试题问题，可以直接应用于试题的修正

续表

测试的反馈	内容
评分者的反馈	评分者的意见可以用来完善评分表和评分要素。评分者对参与者进行观察并进行评价，他们所提出的建议应重点考虑，作为试题修改的依据
统计分析结果的反馈	统计分析决定笔试的效果，主要是分析信度、效度和区分度等。如果达到了设计的要求，就可以考虑成稿了；如果未达到设计的要求，则需要做出修改，或考虑其他笔试方法

四、实施笔试

首先，要确定笔试地点。人力资源部负责安排笔试地点，笔试地点应尽量选择在安静、整洁、采光好的房间。

其次，需要通知笔试人员。人力资源部确定笔试时间，并及时通知参加笔试的应聘人员。笔试用具准备。人力资源部准备好笔试所需的试卷、备用文具等材料。

最后，实施笔试。在前期的准备工作都已完备的情况下，人力资源部门就可以组织应试者的考试工作，包括人员组织、考场管理、试卷的保管等内容。

五、审阅评估试卷

（一）笔试的阅卷过程

笔试试卷的评阅也是整个考试流程中十分重要的环节。只有公正、客观地评阅试卷，才能保证考试的有效性和可靠性。笔试阅卷需要专业性强的人员参加，并且注重保密性。

笔试阅卷流程分为评分环节和结果处理环节。

1. 评分环节

评分环节包括试评、确定阅卷方法与正式阅卷等环节。

（1）试评。此环节完善标准答案和制定评分细则。评分之前，阅卷组应首先抽样试评，再结合试评情况仔细审核标准答案，在此基础上制定评分细则。

（2）确定阅卷方法。目前较常见的主要有两种。一种是由一个人评阅整个问卷，另一种是由多人采取流水线的方式一起评阅试卷。

（3）正式阅卷。进入正式阅卷阶段，试卷启封应在一定的保密措施下进行，阅卷也应实行严格的程序管理。

2. 结果处理环节

结果处理环节包括登分与核分、数据处理等环节。

（1）登分与核分。试卷每个小题、大题及全卷分数的登记、核分与核查是非常重要的环节，稍有不慎，就可能因人为差错而改变应试者的考试结果。为此，登分与核分必须实行分段隔离管理。即分别由不同的人员在不同时段进行，确保数据的准确性。

（2）数据处理。对全体及每个应试者的笔试成绩，包括各科目的笔试成绩及其不同测评要素的得分情况予以统计和分析。

（二）计分

1. 客观题计分

客观题的答案具有唯一性，阅卷计分只与答案有关而与阅卷者无关，如填空题、选择题、判断题、匹配题等都属于客观性试题。可采取机器阅卷来进行计分。机器阅卷可以避免人为阅卷造成的误差。同时，机器阅卷方法的经济成本也较低。

2. 主观题计分

主观题能够有效地考查应试者的实际能力和水平，其主要缺点是评分不够客观，计分过程中经常受阅卷者的情感、态度等影响。扎实、有效的岗前培训是确保阅卷工作平稳顺利进行的根本保证，应从源头抓起，切实做好阅卷员的 4 项培训。

（1）上岗培训。主要包括思想政治教育、保密条例教育、工作责任感教育、荣誉感教育、阅卷纪律教育、业务知识培训等。

（2）试评培训。主要包括评分细则的讨论和制定、阅卷系统的操作、试评卷和测试卷的评阅等。

（3）质量控制培训。主要包括试卷复评、抽查、退回、修改、问题卷处理等。

（4）心理压力和情绪调节培训。主要包括放松训练、腹式呼吸训练、肌肉放松训练、渐进式放松训练等。

（三）笔试阅卷的质量控制

笔试阅卷质量控制包括确立实施方案、组建阅卷队伍、准备各种工具、创设特定环境等内容。这些既是笔试阅卷质量控制的方法手段，又是笔试阅卷质量控制的条件和保证。

客观公正是笔试阅卷的基本原则。为确保笔试结果公正有效，笔试阅卷质量控制可采取以下措施。

1. 建立监督制度

从试评开始，试卷的领取、评阅、保管等环节都必须处于严密监控之下。试卷袋的分发要随机、限时；试卷领取不仅要签名，还要注明领取时间；试卷回收要检查，确认无数量差错，无破损、拆封现象；试卷及各大题和小题的评分、登分、核分、统计应由不同的人员担任，严防串通舞弊。阅卷期间，除监督人员在场，任何无关人员不得进入阅卷地点，阅卷人员不得与外界发生任何方式的接触联系。

2. 正式阅卷前进行试评

阅卷前，应组织专家随机抽取一定样本的考卷进行试评，根据试评情况对原命题人员拟订的试题答案和评分标准进行修订。

3. 采用复评办法

复评办法包含两种阅卷方式：一是以第一位阅卷人员的评分结果为依据，第二位阅卷人员对其结果进行复评，主要目的是核查核实。二是对于主观性试题和分值比较大的试题，采取二评或三评的方式进行评分，以减少、降低不同阅卷人员对试题的评阅误差。

4. 加强阅卷过程的监控

在阅卷过程中，可以给阅卷人员反馈各种质量监控指标，如均分、分数分布情况、标准差、评分误差等。必要的时候，可以将专家给定分数的标杆发给阅卷人员，考查其对阅卷标准的把握是否准确；还可以将阅卷人员自己阅过的试卷再返给他，看其两次阅卷间的分差有多大。随着网络阅卷的发展，阅卷过程的监控已经非常容易实现。

思政元素

▶ 通过了解笔试的实施流程，引导学生提升诚信道德水平，牢固树立社会主义核心价值观；

▶ 通过学习笔试的考核内容，引导学生不断夯实基础知识，提高自身专业能力，坚定学习目标，提升自主学习的意识；

▶ 通过深入分析实践案例，引导学生学思结合和勇于创新。

核心概念

知道、领会、应用、分析、综合、评价

本章小结

本章主要介绍了笔试的相关概念、试题编制以及实施流程，主要包括笔试的作用、方法、考核内容、优缺点、适用领域；明确笔试题型以及笔试试题的编制方法，进行试卷设计；实施笔试的具体流程。

首先，笔试是指测评者按统一测评标准测验被测评者所掌握的知识数量、知识结构与知识程度的一种方法，有助于用人单位了解被测评者的专业知识、文字表达能力和书写态度等综合能力。对被测评者来说，笔试也是相对公平的一种测试方式，且易于组织实施。其次，了解笔试试题的各种题型及其各自的优缺点，笔试试卷设计的原则、结构设计以及试卷结构的确定流程；掌握笔试试题的编制方法，包括如何选题、改题和编题。最后，明确了组织实施笔试的 3 个过程和 9 个步骤，便于未来用人单位根据招聘岗位需要的知识和能力拟制题目并安排应聘者进行测试。

复习思考题

1. 笔试测评的优缺点是什么？
2. 笔试的方法有哪些？
3. 笔试试题的编制方法是什么？
4. 笔试中的题型有哪些？
5. 笔试实施的流程是什么？
6. 阅卷者培训的内容是什么？

案例分析

四川广播电视台使用华为 WeLink 实现线上招聘笔试

2020 年 4 月，四川广播电视台举办了年度春季招聘线上笔试，报名人数众多，9 场笔试近 3 000 人，其中记者一职有近 1 200 名报名，当时正值疫情期间，为使笔试工作顺利进行，达到预期招聘目的，四川广播电视台采用华为 WeLink 视频会议系统进行此次招聘工作。

一、前期准备

四川广播电视台春季招聘笔试的主会场在台主楼 2015 会议室，为满足上百名应聘者同时在线考试需求，主会场准备了 2 台华为视频终端，分别是华为 TE50 终端和华为 MAX HUB 终端。Soundcraft LIVE4.2 调音台负责制作主会场的音频信号及现场扩声，4 SHURE MX418D/C 鹅颈话筒供台人力资源部监考人员在考前宣读考试须知和考试中途回答考生相关问题。1 台 60 英寸索尼电视机监看华为 TE50 终端考生情况，1 台索尼 PWM-EX280 摄像机拍摄主会场画面供考生监看，2 台笔记本电脑分别进行华为 TE50 终端和华为 MAX HUB 终端的会议控制工作。

二、系统设计

视频会议的设计核心是安全稳定地运行招聘笔试，所以在近千人的考试场次中对人员进行了分流，一部分考生进入华为 MAX HUB 终端的考试房间，同场次剩余考生进入华为 TE50 终端的考试房间。2 台笔记本电脑分别对华为 MAX HUB 终端和华为 TE50 终端进行会议控制，并且创建考试房间的账号和设定进入考场的密码，发放给符合考试资格的考生。四川广播电视台人力资源部的监考人员利用会议室扩声系统讲解考试须知和对各软件终端考生提出的问题依次解答，模拟现实考场的情景对华为 WeLink 视频会议系统提出了具体要求。例如：监考人员在考前讲解考场须知和纪律时，每一个考生必须能够听到；考生在考试中途遇到问题时要先"举手"（此举手不是现实中的举手，而是华为 WeLink 视频会议系统中考生单击屏幕的发言按钮），监考人员在华为 WeLink 视频会议系统中看到有"举手"提示后，再决定是否对提出举手要求的考生进行回复。对于考生提出的疑问，如具有一定的代表性，监考人员可以选择让其他考生听到。如果考生需要一个安静的考场环境，他可以对考场进行静音，安静作答不被打扰。对考场秩序和纪律的维护，是对华为 WeLink 视频会议系统最基本的要求。

华为 MAX HUB 终端具有前置摄像头，它可以为考生提供主会场画面，让考生更有临场感。但华为 TE50 终端不具备摄像头功能，所以组织者在华为 TE50 终端旁边增加了 1 台索尼 PWM-EX280 摄像机，为考生提供主会场画面，摄像机信号通过数字分量串行接（serial digital interface，SDI）接入华为 TE50 终端系统。四川广播电视台后勤部门为本次线上招聘分配了 100 Mbps 的网络带宽，通过无线路由器的 2 个局域网（Local Area Network，LAN）口分别连接华为 MAX HUB 和华为 TE50 这 2 个终端以及进行会议控制的 2 台笔记本电脑。这样设计是出于安全考虑，让两个会议控制可以相互备份，即使一台会议控制的电脑出现问题，另一台会议控制电脑也可以登录主持人密码，进入会议控制接管会议。

考试全程需要录制，会议控制里有录制功能，但需要注意的是，会议控制中只能对监控画面和共享文件进行录制，不能对各软件终端进行录制。录制完成后，需要重启会议控制软件后对录制文件进行查看。

三、操作实践

春季招聘线上笔试根据不同岗位共分为 9 场，同时在前期建立了 9 个相对应的 QQ 群。在 QQ 群里监考人员要求考生在考前提前下载好华为 WeLink 软件，临考前在 QQ 群里公布所考场次的房间账号及密码，并告知考生按时入会。在考前 5 分钟，监考人员使用华为 WeLink 视频会议系统的共享功能让考生对考试须知进行认真阅读，然后主考官发布口令要求考生在屏幕前展示有效证件，此过程在会议控制系统中进行录制，方便事后察看。

在整个考试的监控中，华为 MAX HUB 终端可以进行多画面设置，一屏可以分为 25 个小屏，能随时对考生的情况进行监看，如果看到某个考生情况异常，可以及时用主会场麦克风对其喊话，会议控制也可以对考生解除静音让其与监考人员进行交流。华为 TE50 终端的多画面设置需要在会议控制上进行操作，在会议控制界面中单击多画面设置，可以选择不同的呈现方式及填充类型，设置完成后还可以选择轮流显示的时间，华为 TE50 终端会根据设定的时间，轮流显示考试房间内的所有考生，全场考生都会在屏幕里被依次显示，主会场监考人员可以对考生一个不漏地进行巡查。只要不对软件终端进行广播，考场里的每一位考生都只是观看主会场的视频信号，不会因为屏幕的频繁闪动而影响答题。

每场考试结束后监考人员都会随机询问考生对这种创新的考试形式的看法，考生认为这种考试形式很新颖，人员不聚集，考试安全又放心，华为 WeLink 视频会议系统操作很方便，交流无障碍，感觉良好。同时也询问四川广播电视台人力资源部的同事对操控视频会议系统进行考试的感受，他们认为操控感觉良好，与考生交流及时顺畅，观看画面基本无卡顿，能清晰听到考生发言，声音质量良好。这种办公新模式的尝试，完全满足了考场各方面的需求，达到了预期目的。

思考分析：

1. 结合笔试的实施流程，试分析四川广播电视台实现线上招聘笔试的流程。

2. 与传统的笔试相比，线上招聘笔试有哪些优劣势？

资料来源：于惟璇，叶海. 四川广播电视台使用华为 WeLink 实现线上招聘笔试与高校使用钉钉网络直播授课实践心得及应用对比 [J]. 西部广播电视，2021，42（18）：210-212.

第六章 面　　试

学习目标

通过对本章的学习，你能够：

▶　了解面试的概念和特点；

▶　熟悉面试试题的分类和常见的题型；

▶　掌握面试的操作过程；

▶　熟悉面试测评技术的技巧及常见误差。

案例引入

深耕 AI，智联招聘布局视频面试新场景

　　根据智联招聘 2020 第一季度《中国就业市场景气报告》，物流行业招聘职位数同比提高 11%，外卖经济也逆势上扬。这些用工需求较大的基础型岗位成为许多人的失业避风港，而教育/培训/院校行业招聘需求人数同比增长 1.27%，CIER（中国就业市场景气指数）较 2019 年同期的 4.45 上升至 4.76，人才市场部分热门岗位的招聘需求一时间活跃度高涨。

　　面对众多岗位的集中招聘需求，提高人才选拔效率成为人力资源工作者的首要任务，这对产品出品方提出了更高要求——不仅需要有丰富的行业与用户洞察积累，还要深入了解各行业多种招聘的应用场景，以及大数据积累和大数据的处理应用能力。

　　不少知名企业已经开始在招聘场景中采用 AI 技术辅助面试，例如，智联招聘作为国内人才生态的领导者，自主推出了"4D 看人"人才评估模型，从能力、性格、动机、胜任力等方面全方位再现人才的价值，开启了探索人岗匹配的道路。近年来，智联招聘将重点放在提高信息技术力上，建立了智联技术研发中心，专注于利用大数据和 AI 技术提高招聘效率，基于平台海量的用户画像数据、行为数据，陆续构建了庞大的数据标签体系，并通过"知识图谱+机器学习技术"，让条件偏好、互相匹配的对象快速相遇。

　　在疫情防控期间，依托长期的技术研发与市场需求研判，智联招聘迅速将前期内部创新的视频面试产品启动，在全国全面推广，同时基于不同的使用场景，分别推出了适用于一对一、一对多、多对一等多种场景的不同视频面试产品，满足文字、音频、视频等多功能需

求，为可视化解决方案积累了广泛的使用经验，也为智联以视频为媒介进行 AI 分析奠定了基础。

当下，智联招聘即将推出全新的 AI 视频面试产品"AI 易面"，该产品由智联招聘旗下领先的人才评估与发展平台"智联人才发展中心"研发推出。作为一款 AI 智能选拔工具，"AI 易面"专注于人才测评与 AI 面试的深度结合，解决有大规模用工需求的岗位，可应用在各类招聘的面试前选拔阶段。此外，"AI 易面"在视频面试的过程中通过语义分析、视频分析、结构化面试题等技术，辅以经典性格和智力测评，构建全方位的候选人画像，智能完成人岗匹配。

在 5G 技术全面普及的背景下，高速率网络将带来视频媒介的大发展。AI+HR 无疑是未来人力资源工作的大趋势，而以视频为媒介进行的 AI 分析更是其中的重要一步。智联招聘重磅布局 AI 人才选拔，以科技为助力，相信未来会为人力资源行业带来更多可能。

资料来源：智联招聘推"AI 易面"功能，布局人力资本生态. https：//www. tmtpost. com/ nictation/4400826. html.

在人力资源管理实践中，面试是人才测评中很重要的方法，本章将对面试的基本内容、面试试题的编制、面试流程、面试测评的问题、误区及技巧进行重点介绍。

 # 第一节 面试概述

一、面试的概念

面试是考官与被测评者进行双向信息交流的过程，是考查被测评者是否达到职位所要求的素质标准的一种测试手段。面试技术是人才测评技术中比较关键的技术方法。

目前，理论界对面试存在两种不同的认识。广义的观点认为，面试包含一切可以当面演练的形式，其中包括情景模拟测试的方法，如无领导小组讨论、角色扮演等。狭义的理论则认为面试就是面对面口试，是你问我答的过程。考官在面试过程中对被测评者的语言与行为表现进行客观评价，依此来确定被测评者与特定素质标准的匹配程度。

为了保证能够系统地阐述人才测评的各种技术形式，本书中的面试特指狭义的面试。

据统计，全世界约有 80%的组织将面试技术应用于人才选拔过程中。在我国，同样有众多的组织将面试技术作为选拔人才的主要方法。面试因其具有形式简单、成本低廉、高效率等种种优点，而被大家广泛采用。

二、面试的分类

人们根据面试技术的结构化程度、题目类型等因素，将面试技术从不同的角度划分成不同的分类。其中，比较常见的有结构化面试、半结构化面试、行为面试、情境面试与压力面试。

（一）结构化面试
结构化面试是指面试前就面试所涉及的题目、维度、评分标准等进行系统的结构化设计的一种面试方式。对申请相同职位的被试者，使用相同的面试题目与评分标准。考官根据被测评者的应答表现，对其表现出的能力素质做出客观评价。

结构化面试的特点是评价标准统一、具有共同特点的被测评者使用相同的题目、面试维度统一。结构化面试的不足在于，如果考官要充分发现被测评者之间的素质差异，就要在被测评者回答问题的基础上进行深入的追问。有些面试片面追求结构化，不允许考官进行深入追问，这就影响了最终面试评价的准确性。

（二）半结构化面试

半结构化面试只对面试的部分因素进行统一规定，如规定统一的程序和评价标准，面试题目可以根据被测评者的不同而灵活变化，或根据被测评者回答的问题进行不同程度的追问。半结构化面试是在企业选拔过程中经常采用的一种面试方式。考官首先明确面试维度与评分标准，再确定面试题目的题干，最后根据不同被测评者对问题的回答进行有针对性的追问。

（三）行为面试

在人才测评中有一个基本假设，即"被测评者过去的行为是对其未来表现最好的预测"。行为面试正是基于这一假设应运而生的一种面试形式。行为面试的显著特点是，考官提出的所有问题都要求被测评者回答出具体的行为。由于行为面试的题目要求考官提出的问题必须让被测评者能够以阐述具体行为或措施的形式来回答，所以对面试题目的要求比较高。在面试实践中可以明显地感觉到，如果被测评者接受过面试技巧的培训，往往能够对行为性的面试题目进行很好的回答，这会严重影响面试的质量。

（四）情景面试

情景面试是受情景模拟测验的启发而产生的一种面试形式。所谓情景面试，就是考官提出的问题全部是假设一个具体的情景，考官在情景描述中明确被测评者在该情景中的身份与要求被测评者完成的任务。通过被测评者对问题的回答，确定被测评者的素质水平。在面试实践中，情景式题目多被用来考查被测评者的应变能力或对某项工作的具体经验。情景模拟技术中模拟面谈的测评方法，就属于情景面试的范畴。

（五）压力面试

压力面试就是考官给被测评者提出比较紧迫或完成起来比较困难的任务，要求被测评者作答。压力面试主要用来考查被测评者的情绪稳定性或压力应对能力。

三、面试的形式

在人才测评活动中，面试的形式可谓多种多样。从考官构成、面试的顺序、面试的空间特点来划分，面试可以简单地分为 4 种形式。

（一）一对一面试

一个考官对一个被测评者进行面试，称为一对一面试。一对一面试的成本相对比较低，但就面试效果而言，任何面试考官都存在受其经验、水平以及个人主观意识影响的问题。单个考官对被测评者的评价可能更多地依赖于个人的主观臆断。

（二）小组面试

小组面试是指多名考官共同对一个被测评者进行面试的形式。采用小组面试的考官会进行明确的分工，由主考官提出主要的面试问题，副考官对主考官提出的问题进行补充。小组面试的工作效率比较低，但由于它是由不同背景的多位考官对被测评者进行共同评价，所以效果要明显优于一对一面试。小组面试的考官一般会由不同专业背景、工作背景的人士承担，考官之间能够进行必要的互补。

（三）多轮面试

在组织结构相对复杂的机构中，或者是针对比较关键的岗位，一般会采取两轮以上的面试才能进行最后的决策，这就是多轮面试。前面的面试由人力资源部完成，后面的面试由管理层或者两者共同完成。前面的面试是筛选合格者的过程，后面的面试是择优的过程。多轮面试一般会遵循相同的评价标准，这样每次面试的结果才有可比性。在实践中，很多企业都采用多轮面试方式，但由于后面的面试考官往往缺乏必要的面试技巧培训，所以面试质量有待提升。

（四）远程面试

随着人才竞争的加剧，各种类型的企业在吸引人才的过程中都把自己的眼光逐渐放宽，这就导致被测评者面试成本的增加。为了有效地解决这个问题，很多企业在初筛的基础上对异地的申请者首先进行网络面试，以此来降低面试的成本。被测评者只要具备连通互联网的条件，就能够与考官进行远程互动。远程面试突破了传统面试的局限性，不受时间与空间限制，极大地降低了异地交通的成本，为企业人力资源管理实践提供了新的创新空间。

四、面试的特点

面试具有以下几个特点。

（1）以谈话与观察为主要手段。

（2）具有直接互动性。被测评者和考官在面试过程中是直接、双向互动沟通的。

（3）信息具有复合性。面试过程中获得的信息丰富、深入、完整，通过面试可以综合考查被测评者的知识、能力、工作经验及其他素质特征。

（4）形式灵活。面试过程中，考官能够根据测评需要，进行深入追问，问题可多可少、可深可浅。

（5）评价具有主观性。面试过程中，被测评者的表现容易受考官态度和行为的影响，并且面试成绩由考官来进行评价，这样面试不可避免地带有考官的主观性。

五、面试的内容

一般来说，面试考查的内容主要包括以下 10 个部分。

（一）仪容、仪表、仪态

主要指被测评者的着装、外表装饰、举止、礼仪及精神状态等，如酒店职员、保安、公关人员、演员等职位对仪容、仪表、仪态的要求都是非常高的。

（二）知识的广度与深度

在面试中会涉及所掌握的专业技能，所接受的专业培训以及通过课外学习到的相关知识等以考查被测评者知识的广度与深度。

（三）实践经验

测评者会根据被测评者的简历或职位申请表的结果提出问题，查询被测评者的教育背景、工作经历、工作成果等，以考查其主动性、思维力、岗位胜任力、口头表达力等。

（四）工作态度与求职动机

通过了解工作态度可以了解被测评者是否热爱工作、是否具有求知欲，并考查其对现在岗位的求职欲望。

（五）反应能力与应变能力

通过被测评者回答问题的准确性、迅速性来考查被测评者对问题的反应是否敏捷、回答是否得当，可以测试出被测评者对于突发事件的处理能力。

（六）分析判断能力、综合概括能力和综合运用能力

通过面试测评被测评者是否能抓住问题的本质，分析是否全面；对众多概念、论点等的概括是否全面、得体；分析被测评者是否具备运用综合知识解决问题的能力。

（七）人际沟通能力和团队合作能力

通过"工作中，遇到的最难相处的人是怎么样的？您是如何和他（她）相处的？"这些问题，了解被测评者的适应能力和沟通能力；还可以通过情景问题来测评被测评者的团队合作能力。

（八）自我管理能力、自我控制能力与情绪稳定性

通过压力面试、情景面试等，从被测评者的工作经历、生活经历、背景询问中了解其自我管理能力、自我控制能力及情绪稳定性。

（九）口头表达能力

通过被测评者回答问题时的语言、体态以及分析问题的答案，可以了解其逻辑思维能力、表达感染力、表达准确性等方面的内容。

（十）个人兴趣和爱好

通过了解被测评者阅读的课外书籍，喜欢的体育项目、娱乐项目等，了解被测评者的生活方式及兴趣爱好。面试中更重要的是了解被测评者与工作有关的问题，并介绍企业的概况、空缺岗位，讨论岗位薪酬福利等问题，同时对被测评者的疑问进行解答。

 ## 第二节 面试试题编制

一、面试题目的特点

在编制面试题目时，应该根据测评目标及不同形式面试题目的特点，灵活地选择面试题目的类型，从而准确考查被测评者的素质，有效避免高分低能者被录用。

（一）针对性原则

面试试题应根据面试目的，围绕岗位需求、被测评者的状况及面试本身的特点来设计。面试是针对岗位进行的，所以试题设计要紧密围绕岗位胜任素质，应充分体现不同部门、不同岗位工作要求的特点，突出岗位需求的经常性、稳定性、经典性的内容。面试还要考虑被测评者群体的状况，包括被测评者群体的教育经历、专业背景、工作经历等，以达到有针对性选拔的目的。与笔试相比，在面试中一般不会设计太多纯知识性的问题，更侧重考查拟招聘职位所需的能力、潜力、个性特征等。

（二）鉴别性原则

面试试题应在某一方面具有一定代表性，在面试中题目既要有一定的难度，又要有一定的鉴别力，能够将同一测评要素上处于不同水平的被测评者划分开，以达到准确测试某一特定素质的目的。

（三）思想性原则

面试题目的选取应是现实生活中富有意义的热点话题或社会问题，应具有一定的思想性。如在公务员考试中会根据时事选题。

（四）延伸性原则

面试题目的形式及内容应具有一定的灵活性，面试题目应给被测评者留有创新的空间，调动其积极性，也要形成面试所需要的融洽氛围，各面试题目之间要相互联系、相互印证，形成面试的有机整体。

二、面试题目的编制流程

面试题目的编制流程分为 3 个步骤：准备、编制和试测。

（一）准备

确定面试的目的、对被测评者的素质要求、面试题目的类型和来源，并组织面试的人员安排与场地协调。

（二）编制

首先根据素质要求来设计或搜集题目，题目要能够测评被测评者的胜任特征。还要设计题目的评分要点，以便考官在评价被测评者时有所依据、有的放矢。除了题目本身，还要对现场可能出现的回答对追问问题进行设计，根据题干进行外延，并尽可能考虑到多种可能出现的回答。最后，按照一定的顺序安排题目，由易到难，由浅入深，便于被测评者更好地发挥。

（三）试测

面试官可以通过对在职者进行试测评，收集优秀者的回答供制定评分细则参考。在试测时，要选取两组被测群体进行对比测试，其中一组为高绩效员工，另一组为绩效一般（低绩效）员工，如果两组试测得分相近，则说明该面试题目并不能够区分出更加胜任此岗位的人才，效度不高，不能够在招聘面试中使用；反之则可以使用。

三、面试题目的类型

（一）按照面试题目的答案分类

按照问题的答案，面试题目可以分为开放式问题和封闭式问题。

开放式问题的答案不是一两个词就可以清楚回答的，它需要进行解释和说明后才能使对方了解自己的想法。开放式问题可以给被测评者留有很大的发挥空间。

封闭式问题有事先设计好的备选答案，被测评者的回答被限制在备选答案中，如"是否"类的问题，但这类问题不能准确测评被测评者的素质水平，所以在面试中所占的比例较小。

（二）按照面试题目的内容分类

按照面试题目的内容，面试题目可以分为以下几类。

1. 背景性题目

背景性题目通常用于了解被测评者的学习、工作、培训等方面的基本背景。这种类型的题目通常在面试开始后的 2~3 分钟完成。背景性题目具备 3 个方面的作用：一是让被测评者放松、自然地进入面试情景，使面试现场形成融洽的气氛；二是印证简历或招聘申请表上的相关个人信息；三是有利于为后续的提问提供引导。

示例：

（1）请用 3 分钟时间简单介绍一下您自己。

（2）请简述一下您的职业规划。

2. 知识性题目

主要考查被测评者对拟招聘岗位所必需的一般知识和专业知识的掌握情况，主要涉及基础性知识和专业性知识。基础性知识是指从事该职类的人都应具备的一些常识，如人事经理应了解劳动法的法律法规。专业知识是指从事该职类的人应具备的专业领域内的专门知识，如人事经理应具备薪酬设计和绩效考核方面的知识等。

示例：

（1）什么是人力资源管理？

（2）你怎么看待公司使命与公司目标？

注意：要保证提出的知识性题目与测评内容相关，具有代表性；点到即止，不要占用过多的面试时间，以免影响后面基本素质考查。

3. 智能性题目

智能性题目主要考查被测评者对一些现象（如社会热点、时事政治等）的理解能力和分析判断能力，以考查被测评者的逻辑思维能力、综合分析能力、知识运用能力等。

示例：

（1）"公安部打四黑除四害"官方微博成为全国首个超千万"粉丝"的政务微博，据此，中共中央政治局委员、中央政法委书记孟建柱强调政法各部门要把握新媒体的规律特点，加强新兴传播工具建设，打造一批有影响的政法微博品牌。请谈谈你的看法？

（2）铅笔制造商对铅笔说，你一定要经得住疼痛，才能成为一支合格的铅笔，请谈谈这句话对你的启示。

注意：智能性题目的考查针对个人的分析能力而不是实践能力，要着重关注被测评者能否对问题进行深入探讨而不是泛泛而谈。

4. 意愿性题目

意愿性题目一般考查被测评者的求职动机与拟任职位的匹配性，还会涉及被测评者的价值取向和生活态度等内容。

示例：

（1）在大学期间，你将时间都用在了哪些方面，为什么？

（2）您为何离开原来的公司而选择来我公司求职？

注意：如果想要了解被测评者的真实想法则需要对意愿性问题进行一定的编排组合。

5. 情景性题目

情景性题目是在面试现场假设一种情景，考查被测评者在特定情景中的行为、态度、个性特征、应变能力等方面的素质特征。

示例：

（1）假设这样一个情况，本来你的工作负担已经很重了，可上级又给你安排了另一项任务。你觉得已没有精力再去承担更多的工作，但又不想与领导发生冲突，你会怎样处理这个问题？

（2）公司新录用了一批管培生，假如领导要你组织他们去某个子公司参观，你准备如何做好这项工作？

注意：收集与面试职位相关的仿真情景相对比较费时；被测评者的回答可能更理论化或理想化，在实际行为中还会受到个人影响；情景性题目对于有经验的被测评者更容易，而对素质考查则较弱。

6. 行为性题目

行为性题目是通过关注被测评者过去的行为来预测其未来某一时间段内的工作态度、工作效果、人际交往能力、团队协作能力、解决实际问题的能力等。例如，在前一份工作中，您接收到的最有挑战性的工作任务是什么？您采取了什么解决措施应对？任务的最终结果是什么？

示例：

（1）说说在以往的工作中，你所组织的一次最成功的活动，有什么体会？

（2）请讲一个在工作中遇到的棘手问题，你是怎么解决的？

注意：行为性问题一般伴随有追问，因此面试官需要有一定的准备；被测评者可能会隐瞒或编造经历，需要对其回答加以判断。

7. 压力性题目

在面试中考官往往对被测评者施加一定的压力，观察其在压力情境下的状态，以考查被测评者的情绪稳定性、应变能力等。此类问题可能会触及应试者的"痛处"。

示例：

（1）由你的简历来看，你在两年的时间内换了三份工作，怎么证明你能在我们企业好好干呢？

（2）你的简历经过包装吗？

注意：题目要因人而异，不可太过死板，避免提出过于常见的压力性题目；更注重应试者的反应、情绪等，而不是完全关注其回答的内容。

真题演练

2022年广东省公务员考试面试真题

【背景材料】

某省A市连续降雨并发生了洪涝灾害和多处地质灾害，造成70万人受灾和24亿元的经济损失。为此，A市设立专项灾后重建资金，在道路修建等基础设施修复后，还有以下工作：

1. 排查房屋受灾情况，房屋倒塌次生灾害。
2. 组建党员先锋队，深入灾区带头复产和群众自救。

3. 鼓励社会力量参与灾后重建。

4. 给予企业减免税款、缓缴社保等政策支持，助力企业复工复产。

5. 农民受灾，农业生产停滞，庄稼破坏。帮助受灾农田进行保险理赔。

6. 灾区做好消杀、消毒工作，防止病毒传播和疾病发生。

7. 给予受灾群众专项资金扶持兜底保障防返贫。

8. 舆论引导正向作用，避免不实消息传播。

【任务】

任务一：从以上 8 个选项中选择 3 个，按重要性进行排序。

任务二：小组讨论，就任务一达成一致意见。

【程序要求】

1. 阅读材料和思考问题 10 分钟；

2. 请根据任务一进行个人陈述，每人时间为 3 分钟；

3. 请小组成员就任务二进行讨论，达成一致意见，讨论时间 6 人以下 30 分钟，6~9 人 40 分钟；

4. 考生按照考号从大到小依次进行总结陈词，每人时间为 2 分钟。

资料来源：http：//www.gjgwy.org/202207/479355.html.

四、面试试题的获取

（一）通过网络搜索

网络上拥有大量经典而可靠的面试题目。通过搜索的方式可以减少编制题目的成本，而且网络上题目种类繁多，可以满足不同企业不同岗位的需求。另外，网络搜索的问题质量参差不齐，需要经过仔细筛选。此外，题目的信度和效度也有待验证。

（二）购买专业测评公司的题目

人才测评的需求在不断增加，市场也随之出现了许多专业的测评公司。他们对不同行业与岗位开发了专门的题库，出售给有需求的企业。这类题目一般经过了时间验证，质量过关，内容完善。但题目一般较贵，适合具有一定实力的企业。企业只有买到适合自己的试题才能完全发挥试题作用，因此也要花费一定时间进行挑选。

（三）自主开发

企业可以根据自身组织的实际情况，结合招聘需求，通过自己或邀请咨询公司来开发适合企业特点的面试题库。自主开发的题目能够从企业出发，更好地反映组织的用人需求，但这种办法费时费力，成本较高。

 ## 第三节　面试流程

科学的面试与传统面试的关键区别在于，科学的面试有着严谨的面试流程。面试流程中的各个环节环环相扣，组织严密。

一、面试实施前的准备

做好面试前的准备工作，能够帮助考官更好地对被测评者做出判断；同时能够帮助被测评者形成对公司的良好印象。面试的准备主要包括以下9个方面的内容。

（一）明确面试的目的

测评人员应该明确面试的目的是什么，最终要达到什么效果，只有明确这些问题后，测评人员才能对被测评者的测评要素做出客观公正的评估。面试目的的确定可以通过回顾职位说明书来完成。在回顾职位说明的时候，要侧重了解的信息是职位的主要职责，对被测评者在知识、能力、经验、个性特点、职业兴趣取向等方面的要求，工作中的汇报关系、环境因素、晋升和发展机会、薪酬福利等。

（二）电话筛选应聘者

电话访谈的目的是确认应聘者的应聘材料和简历中的信息，初步了解应聘者职业兴趣是否与应聘的职位相符。在电话访谈中，可以侧重了解以下问题：应聘者是从什么渠道了解到公司的？又是如何得知职位空缺信息的？应聘原因是什么？应聘者现在从事的主要是什么工作？应聘者之前经历过什么？

（三）面试通知的发放

面试通知看似简单，但是如何操作才能体现招聘组织管理的规范性，树立组织良好形象，体现招聘人员的职业素养，提高面试人员的到岗率，这些都是人力资源从业者尤其是招聘负责人员需要仔细考虑、不断探索的。

1. 面试通知的发放方式

面试通知可采用电话通知、电子邮件、公告栏、手机短信、信函等方式发放，根据组织招聘岗位的性质不同可选择不同的方式。面试通知的发放方式如表6-1所示。

表6-1　面试通知的发放方式

通知方式	通知范围	优点	缺点
电话通知	社会应聘者	较常用，实现了与应聘者的双向沟通，信息反馈及时，同时也是一次简单的电话面试	会占用招聘人员较多的时间
电子邮件	1. 电话通知不到的情况下或是非重要岗位的面试； 2. 需在短时间内通知大量应聘者	快速、省力	单向沟通，招聘人员不能及时收到反馈信息，且不能保证及时通知应聘者。通知的成功率不高
公告栏（电子版或纸质版）	多用于招聘大量在校毕业生	快速、省时、省力。借发布面试信息，可再次实现宣传企业的目的	招聘人员不能及时收到反馈信息，且不能保证及时通知应聘者。通知的成功率不高
手机短信	招聘量大，通知工作量大	快速、省时、省力	单向沟通，应聘者可能会将其与垃圾信息混淆，影响企业形象

续表

通知方式	通知范围	优点	缺点
信函	招聘量很小，重要岗位	正式、严谨	单向沟通，信息传递慢，反馈不及时

2. 面试通知的发放模板

以电子邮件的方式通知应聘者的面试邀请函如表6-2所示。

表6-2　面试邀请函

面试邀请函

××先生、女士：

您好！

首先感谢您对我们工作的关注与支持！

经过初步挑选，我们认为您具备经理助理一职的能力和要求，因此，很荣幸地通知您，请按照以下要求到我公司参加面试。

面试时间：××××年××月××日（上/下）午××时××分

面试地点：

乘车路线：

注意事项：

1. 请携带个人身份证、学历证书、相关职业资格证书原件

2. 个人免冠一英寸照片两张

3. 若对以上问题有疑问，请电话联系：×××××××××××

祝您一切顺利！

×××公司
××××年××月××日

3. 面试顺序的排序技巧

从考官的顺序安排来看，面试应该由人力资源部先进行，合格的候选人进入下一环节，再由用人部门人员面试。这样安排可以提高用人部门面试的成功率，节省用人部门时间。

从应聘者的角度来看，在安排多个人员面试时，应尽量将学历、经历、背景等相当的候选人安排在一起，应避免安排在一起的候选人落差太大。因为考官对应聘者的评价容易受到其前后应聘者的影响，因此前后相差太大的面试者，更容易使这种影响扩大化。

（四）制定面试实施方案

面试方案包括面试时间和面试地点的安排、确定面试的方法、面试的测评指标、面试问题的设计和面试小组的组建等。

（五）面试时间和地点的安排

面试时间应合理安排，让面试双方都留有充分的准备时间。

面试地点应选择宽敞明亮、安静且室内温度合适的环境，并且，据考官和应聘者的人数合理安排位置，如图6-1所示。

A为一种圆桌会议的形式，多个考官面对一个应聘者，B是一对一的形式，考官与应聘者成一定的角度而坐。C是一对一的形式，考官与应聘者相对而坐。D是一对一的形式，考

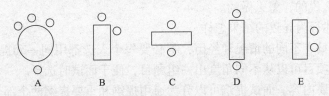

图6-1 面试位置的安排

官与应聘者相对而坐。E 是一对一的形式，考官与应聘者坐在桌子的同一侧。

（1）采用形式 A，排列成圆桌形，使应聘者不会觉得心理压力太大，同时气氛较为严肃，形式也较为庄重。

（2）采用形式 B，考官与应聘者成一定的角度而坐，避免目光过于直视，可以缓和心理紧张，避免心理冲突，同时也有利于对应聘者进行观察。

（3）采用形式 C，即考官与应聘者面对面而坐，双方距离较近，目光直视，容易给对方造成心理压力，使其紧张不安，以致无法发挥出正常水平。当然若想特意考查应聘者的压力承受能力时可采用此种形式。

（4）形式 D，由于双方距离太远，不利于进行沟通和交流，同时，空间距离过远也增加了人们的心理距离，可能会产生隔阂，不利于双方更好地进行合作。

（5）如果采用形式 E，考官与应聘者坐在桌子的同一侧，心理距离较近，也不易造成心理压力，但这样不够庄重，也不利于考官对应聘者的表情、姿势进行观察。

因此在通常情况下最好采用 A、B 两种位置排列来进行面试。

（六）面试相关资料的准备

（1）被测评者资料。包括个人简历求职申请表等。

（2）企业资料。包括公司宣传资料、人员招聘申请表、面试成绩评定表、面试准备的问题等。

（七）面试小组的组建

根据面试考官人数的多少，面试可以分为个人面试和集体面试两种。面试考官一般包括人力资源部招聘负责人员、用人部门负责人或指定人员、相关专家等。面试考官根据拟招聘岗位的实际需要，由人力资源部负责组建。在进行面试前需要对面试考官进行培训或召开沟通会议，对应聘者感兴趣和关心的问题要做好准备，必要时形成文字资料，保证所有考官在回答问题时口径一致。

（八）面试提纲的编写

编制面试提纲需要结合阅读简历时发现的疑点，设计提问的问题，并确定拟招聘岗位需要考核哪些维度，围绕这些维度编制提纲，如"上进心""沟通协作""责任感"等。

（1）提纲题目的编写。提纲中的题目应具体、明确，一般整个面试过程应该控制在 30 分钟以内。

面试题目要针对前面确定的维度制定，为保证应聘者叙述事例的完整性，需要根据 STAR 方式来提出问题。

Situation——工作情景或具体任务。

Target——上述情况下想达到的目的、任务。

Action——怎么说的，怎么做的。

Result——上述行为导致的结果怎样。

同时，应聘者具有不同的情况和经历，不必要每个人选都用同一套提纲依序一问到底。因此，每一个面试项目可以从不同角度出一组题目，便于面试时选择。

（2）提纲的主要内容。面试提纲可以分为通用提纲和重要提纲两个部分。通用提纲涉及问题较多，适合提问各类应聘者；重要提纲则是针对应聘者的特点提出的，以便对职位要求中有代表性的东西有所了解。

另外，不要问一些让应聘者很难回答的问题。有些招聘人员面谈时，喜欢向其他同事证明他有高明的面谈技巧，因此会问一些极难回答的问题，令面试气氛向负面方向发展，对于一些应聘人员因某些方面能力欠缺而回答不上来的问题，不要一再追问，可换个问题，因为这不是知识竞赛或论文答辩，你只需要了解他的适岗程度就够了。还有一些招聘人员自以为是，态度很不友善，无形中为面谈加压。

（九）面试小组人员（测评人员）的准备工作

（1）测评人员要回顾岗位说明书或工作分析表，了解拟招聘岗位的任职资格条件。

（2）阅读被测评者的个人简历及相关资料，这样有助于测评人员对被测评者有初步了解，方便面试时沟通。

二、面试实施阶段

面试是一个循序渐进的过程，在面试阶段，测评者应把握好面试进度，有条不紊地实施面试。面试的步骤可以分为开始阶段、导入阶段、核心阶段、被测评者提问阶段和结束阶段，其具体内容如表6-3所示。

表6-3　面试实施阶段

开始阶段	测评者与被测评者第一次接触，为了消除被测评者的紧张情绪，为面试创造友好轻松的氛围，测评人员可问一些轻松的、与面试不相关的问题。如"来的时候堵车吗""今天天气不错，希望大家在面试中能发挥正常水平"
导入阶段	在这一阶段测评人员应提问一些比较通用的、被测评者比较熟悉并且可能有所准备的问题。如"请您用1分钟时间简单介绍一下自己""请简单谈一下您的教育经历""目前为止，对您影响最大的人是谁"
核心阶段	进入核心阶段，即对被测评者进行岗位胜任能力的测评，可提问一些行为性问题、情景模拟性问题等，并根据被测评者的回答对其各项岗位胜任能力做出评价。如"您在哪些方面有优势，可以胜任××职位"
被测评者提问阶段	在结束面试之前应给予被测评者提问的机会。如"请问您还有什么要补充的吗""对我们公司或您的求职岗位，您还有什么需要了解的吗"
结束阶段	在结束面试时，不管录用与否，测评人员均应礼貌地感谢被测评者前来参加面试，并将下一步的面试程序告知被测评者，如"非常感谢您今天来参加我们公司的面试""面试结果将在一周内公布，我们会以邮件的方式通知您"

第四节　面试中的问题、误区及技巧

一、面试中存在的问题

（一）面试维度不明确

很多考官在面试前没有考虑要对被测评者提出哪些问题，更没有考虑要了解被测评者的哪些素质，对被测评者的评价完全是凭自己大脑中模糊的、缺乏条理性与客观性的标准。这种面试形式就是所谓的非结构化面试。非结构化面试存在的最大问题就是面试维度不明确。而在实践中，只有解决了面试维度的问题，才能有明确的评价标准，考官才能根据面试维度有针对性地提出问题。

（二）面试问题随意

在企业的面试活动中，由于很多作为面试考官的领导者缺乏面试方法的培训，因此在面试过程中更多地依据个人的理解对被测评者提出问题，致使面试问题比较随意。即使人力资源部门准备了相关题目，这类考官往往也不会按照规则"出牌"。考官随意提出的问题缺乏逻辑性、严谨性，很难与面试维度及评价标准有效对接，对面试质量产生直接的负面影响。当然，也不能排除资深的管理者具备丰富的面试经验，"随意"提出一些问题就能够对被测评者的素质进行深入的考查。

（三）社会称许性信息的影响

社会称许性是在心理测验中经常出现的一个概念，主要指被测评者不是按照自己的真实想法作答题目，而是受社会或周围人群普遍认可价值观的影响，考虑大家应该怎样回答，从而做出自己的回答。在传统面试中，社会称许性对被测评者的影响比较大。在面试过程中要想规避社会称许性信息的影响，有效办法是在设计题目的时候，以情境性题目或行为性题目作为主要的问题形式。如果要考查被测评者的动机与岗位的匹配性，最好用意愿性的题目，因为意愿性题目能够"投射"被测评者的真实想法。

（四）缺乏面试记录

在面试实践中经常会发现很多企业的面试考官不太习惯对被测评者表现的关键语言与典型行为进行记录，更习惯于写出对被测评者的直接评价，而这种评价往往来源于考官对被测评者的第一印象和被测评者某句话或某一典型行为的直接评价。这种评价更多地体现了考官的主观臆断，缺乏对被测评者的完整评价信息进行评价。这种问题对于面试开始时比较紧张的被测评者是不公平的，因为考官可能只评价了他们表现不佳的行为。同样反对"尽可能全面地记录"被测评者行为表现的观点，因为如果考官将全部精力用于记录，无疑会忽略被测评者在面试过程中表现的其他信息，这样也会造成被测评者与考官双向交流的效果降低。

（五）面试评价的主观臆断

主观臆断顾名思义就是凭考官个人的感觉做出主观判断，忽略客观的事实表现。不可否认，很多高层管理者对人的直觉判断往往都比较准确。前微软副总裁李开复先生在他写给中国大学生的一本书《做最好的自己》中曾谈到，他担任微软中国研究院院长期间与时任副院长的张亚勤博士共同面试职位申请者，他们在见到一个人以后马上在纸条上写出对这个人的评价，两个人的意见基本一致。在人力资源管理界也有"3秒钟面试"的说法，即见到这个人3秒钟以后就知道这个人行不行，后面的时间不过是在验证自己的判断。对此，只能表明具备这种本领的人一定是阅人无数的高层管理者，对人的判断有独到的经验。但从面试技术的角度而言，不提倡考官过早地下结论，因为没有深入地观察与了解就草率定论的话，决策的风险比较大。这里再次强调，人才测评中的面试技术，应当注重在充分观察被测评者的基础上，根据被测评者的关键语言和典型行为表现进行评价。缺乏面试标准的评价、缺乏必要行为与语言依据的评价，都是考官的主观臆断。

二、面试偏差

只有了解面试活动中的知觉偏差，才能有效回避这些偏差所带来的错误决策。

（一）首因效应

首因效应是指被测评者给考官的第一印象影响考官对被试者后续评价的现象。有资料显示，至少有85%的考官在见到被测评者之后、在面试正式开始之前这一时间段中，就已经对被测评者形成了最初印象，即为第一印象。大部分考官会依靠这种最初的印象对被测评者的总体表现进行评价。如果考官对被测评者的第一印象比较好，就可能给出较高评价；反之，如果第一印象是负面的，被测评者即使付出再大的努力，也很难改变考官的印象，结果得到比实际表现要低的评价。

首因效应会从两个层面对面试质量产生影响：第一，正确的评价应该建立在对被测评者进行系统观察的基础上，单凭考官对被试者的第一印象做出评价，会破坏面试技术本身的科学性与客观性；第二，仅凭第一印象对被测评者进行评价，尤其是对于那些给予考官第一印象不佳的被测评者而言，破坏了面试应该遵循的公平、公正原则。

（二）近因效应

近因效应是指考官可能会对前边面试对象中比较突出的人留下深刻印象，因此在后续评价过程中将印象深刻的对象与当前被测评者进行比较，而不是将被测评者与面试维度的要求及评价标准进行比较，导致评价标准不统一，结果破坏面试的公平、公正原则。

（三）偏见效应

由于主观意识中存在的各种偏见影响到考官对被测评者进行客观评价的现象称为偏见效应。比如：有的考官不喜欢个性强硬的女性被测评者，有的考官不喜欢花枝招展的被测评者，有的考官不喜欢语调缓慢的被测评者。即使这些因素与客观的评价标准无关，即使被测评者某些方面表现很优秀，考官仍然会对被测评者进行较低的评价。

（四）晕轮效应

晕轮效应也称为光环效应，是指考官将其对被测评者某方面的优点或突出的能力特点认知，扩展到其他方面，从而认为被测评者其他方面也很好的情况；同样，如果考官认为被测评者某个方面很差，这种信息也会被放大，结果导致考官认为被测评者各个方面都很差的情况也属于晕轮效应。晕轮效应增强各个维度之间评价结果的关联性，为此，在面试评分过程中一定要强调按照面试维度进行分别评价。在面试之前看过被测评者简历的考官与没有看过简历的考官相比，更容易出现评价中的晕轮效应。因此，无履历面试的方式受到了很多企业的追捧。

（五）相似效应

相似效应是指考官不是将被测评者的素质条件与客观的评价标准进行比较，而是将被测评者的条件或经历与自己进行比较的情况。当考官认为被测评者与自己更相似时，对被测评者的评价会更高些。

三、面试技巧

面试技巧是体现面试考官是否合格的关键指标。对于考官而言，至少应该具备五项面试技巧。

（一）创造融洽的沟通氛围

面试是考官与被测评者之间的一个双向沟通过程，是考官与被测评者通过语言形式完成信息交流的过程。因此，沟通与交流的氛围成为面试能否达到预期目标的关键。考官必须从观念上认识到面试沟通应该是平等的，只有平等的沟通才能够达到双方坦诚相见的效果。在选拔人才中应用面试技术，也是让被测评者了解、选择企业的过程，面试考官代表的是企业的形象。缺乏平等的沟通，会不同程度地损坏被测评者对企业的印象。另外，不融洽的沟通氛围也会对被测评者的水平发挥产生直接影响。面试的目的是探求被测评者真正具备的素质特点，处于考官沟通压力下的被测评者显然难以真实地进行自我表现。因此，优秀的考官应该善于创造融洽的沟通氛围。

（二）让被测评者能够理解问题

面试题目的设计应该做到清晰、简洁、明了，让被测评者容易理解。特别是情境性题目的设计更应如此，有的情境性题目比较复杂，篇幅较长，考官口述问题时会因为信息量过大而让被测评者难以理解。此外，如果考官在面试之前对面试题目没有透彻理解，在提出问题时可能出现不恰当的断句，这也会影响被测评者的理解。所以，让被测评者理解应该成为面试题目的设计原则。

（三）让被测评者多讲，考官"少少益善"

面试的目的是通过考官提出的问题，来推断被测评者实际具有的素质特点。面试考官的职责是向被测评者提出问题，通过被测评者提供的信息来判断被测评者与评价标准之间的差距，判定被测评者对岗位的胜任程度。没有经过专业化训练的考官，往往更愿意与被测评者讨论问题，甚至考官发言的频次比被测评者还要多。这实际上违背了面试的根本要求。出现这种错误的考官多数都是企业领导者或者是直线部门的主管，解决这个问题的根本途径则是由人力资源部门加大对内部考官的培训力度，对内部考官进行有关面试知识与技巧的培训。

（四）控制面试的进程

面试的进程，也就是考官提出问题、被测评者回答问题的过程。在面试实践中，被测评者大体上可以分为以下4种。

（1）不善言谈、表现自然的被测评者。这类被测评者不仅在面试时惜字如金，即使在其他场合也同样如此。这类被测评者不是由于紧张才少言寡语的，而是由其自身的人格特点决定的。对于这种被测评者，考官要鼓励他们围绕问题多谈些看法。

（2）不善言谈、表现紧张的被测评者。这类被测评者不善言谈，另外对面试高度紧张。遇到此类被测评者，考官要多提供机会，当被测评者回答过于简单的时候要进行适当的引导，同时调节面试过程的气氛，降低被测评者的紧张程度。

（3）表露性高、表现自然的被测评者。这类被测评者善于跟别人进行沟通，对面试没有心理压力，也不会紧张，这会给考官留下很好的第一印象。这类被测评者对考官提出的问题往往都是滔滔不绝，考官提出一个问题，他可能回答三个问题，以便让自己的特点尽可能地发挥出来。对于此类被测评者，考官要适当抑制，如直接打断他的发言或提出新的问题。

（4）表露性高、表现紧张的被测评者。这类被测评者的特点是语言表达能力较强，但由于心理压力较大，造成表现过于紧张。面对此类被测评者，考官可以先不提出具体问题，而是跟被测评者聊一些与面试无关的话题，调节面试气氛，转移被测评者的注意力。如果很难将被测评者从紧张的情绪中引导出来，考官可以对被测评者回答的问题进行适当引导，尽可能地让被测评者将自己的真实水平发挥出来。

在面试过程中，考官要根据被测评者的不同特点采取不同的应对策略。但考官要注意，如果语言表达能力不是这个岗位所要求的核心素质，就不应该让被测评者的表露性与情绪表现成为自己评分的依据。

（五）考官使用统一的评价标准，达成一致性意见

在小组面试中，习惯性的做法是在被测评者回答完所有问题以后，由所有考官对被测评者的表现进行评分，然后由成绩统计人员对考官的分数进行处理。实际上，这种传统的做法存在很多问题：考官对同一个被测评者的评价意见是否统一？如果考官之间存在意见分歧，分歧的焦点是什么？传统的做法显然无法解释这两个问题。面试结束后，考官最好进行一些讨论，先对被测评者每个维度的表现进行定性评价（好、中、差等），然后再进行定量评价（给出具体的分数）。如果考官对被测评者每个维度的定性评价出现不同意见，考官应当利用面试记录进行互相举证，最终形成一致性意见。

思政元素

▶ 通过掌握实践案例，增强对我国科技发展成就的认同感和自豪感。

▶ 通过学习面试内容，促进学生积极融入社会、适应社会，做好就业创业的准备，增强政治责任感和使命感。

▶ 通过掌握面试流程，引导学生坚守实事求是的品质和价值观，不弄虚作假，向用人单位展示真实自我。

核心概念

结构化面试、半结构化面试、社会称许性

本章小结

本章主要介绍了面试的相关概念、面试内容、面试流程以及面试中的问题、误区和技

巧；主要包括面试的分类、形式、特点和内容；明确面试题目的特点、类型以及编制流程；掌握实施面试的具体流程，以及面试中存在的问题、误区和技巧。

首先，面试是人才测评技术中一项极为重要的技术，读者务必全面了解有关面试技术的基础知识，对面试的各个环节都应当非常熟悉，对可能出现的情况和应当注意的事项都要做到心中有数。其次，面试也是需要积累经验的技术，在掌握了理论基础知识之后，要将理论应用于实践。通过现场操作来进一步体会所学的理论知识。而且在真正的现场操作过程当中，很多环节都会出现情况，需要参与者能够灵活应用所学的知识来解决问题。每次实践操作之后应当对整个过程进行反思和总结，思考哪些环节仍然存在疏漏或处理不当，并提出改进提高的办法。再次，对于遇到新的问题、新的情况，可以进一步来促进自己学习理论知识。最后，还要不断地关注本技术的最新发展和应用趋势。

复习思考题

1. 面试的形式有哪些？
2. 简述面试的流程。
3. 面试有哪几种类型？
4. 面试试题的结构包含哪几个部分？要点分别是什么？
5. 面试过程中考官应当避免哪些面试误区？

问题讨论

"晕轮效应"对考录公务员面试考官的影响

随着各地公务员录用和选拔工作的不断展开，考录公务员面试考官作为公务员能力的测评裁决者，在面试过程中扮演着举足轻重的角色。在考录公务员面试过程中，考官和考生个体的认识水平、文化修养和个性特点，会在彼此交互作用下，通过双方的言谈举止自然而然地流露出来，从而对面试结果产生正面或负面的影响。

在公务员选拔过程中不可避免地会出现很多评价偏见，"晕轮效应"就是一个不可忽视又无处不在的评价偏见。它贯穿面试的全过程。面试考官如果不能在全面了解面试对象的基础上做出判断，就会造成选人失误，影响公务员面试的效果。这就使得面试的科学性和有效性不能得到有效保证。在公务员考录制度越来越完善的今天，对此问题的研究也越来越受到政府部门和学术界的重视，因此应该积极探讨"晕轮效应"的形成原因和表现形式，并采取合理的调控措施，使偏差对面试结果的影响降到最小，使面试工作更具科学性、有效性。

从"晕轮效应"产生根源的角度分析，其对面试考官的影响主要集中在以下3个方面。

1. 总体印象

即考官的总体印象对各个独立评价维度的共同影响。"晕轮效应"是一种强烈的趋势，考官总体上认为一个人比较好或者不好，会根据这种总体印象去评价被测评者其他独立的特质，这种总体的印象导致或者迫使对其他独立评价维度的评价和总体印象相一致，甚至当我们有足够的信息去评价那些独立的维度时也是如此。在面试过程中，面试考官经常是通过对被测评者的总体印象的评价进行评分。在填写面试成绩时，75%的考官会先写出对被测评者答题的总体评分，然后根据印象，对测评要素逐一评分。如果时间仓促，有的考官为了使测评要素得分之和与总分相等而简单地凑数，并不认真考虑某个要素的得分。如某一考官将被测评者综合成绩评定为80分，在六个测评要素中均按照80%的比例得出相应的分数，可以明显看出是为了凑齐总分。

2. 显著维度

即对被测评者一个维度的评价影响了对该人其他维度的评价。若被测评者一个维度非常突出，就会影响对其他相关的和不相关的维度的评价。公务员面试是考评被测评者的综合能力，但在面试过程中，若被测评者的某个要素特别突出，会对面试结果产生较大影响。如被测评者的语言表达能力很强，又能够归纳成点进行答题，显得其逻辑性强和很有能力，因而掩盖和影响了其他测评要素，使考官对其印象分较高。在笔者走访的20位面试考官中，因为被测评者的语言表达能力强而得高分的占80%，也显现了面试"重说不重做"的弊端。其他测评要素，如"举止仪表和情绪稳定性"，若被测评者的仪表比较突出，或者比较庄重，符合考官的审美，则会在考官心中留下好印象，从而使整体分数较高。从评分表中可以看出，这一个测评要素得分较高的被测评者，综合分数也较高。

3. 维度区分不足

即考官不能对被测评者行为明显独立的维度做出区分。于考官关于评分维度间相关的不明确的假定而产生"晕轮效应"，而不是对被测评者的总体印象引起的，因而评分维度概念上的相似程度越大，"晕轮效应"就越大。面试中要考评的要素较多，如《2011年江苏省考试录用公务员面试评分表》中就从综合分析能力、沟通能力、服务意识与技巧、策划与创新能力、语言表达能力、举止仪表和情绪稳定性六个要素来进行面试考评，每一个面试题侧重于考评一至两个要素，整个面试过程就存在测评要素的交叉与重合问题。而且语言表达能力、举止仪表和情绪稳定性是贯穿整个面试过程中的，需要通过被测评者的整个答题过程来进行评分。这样，考官对每个要素的评分就会感到困难，对每个要素的把握会出现偏差。从评分表来看，同一被测评者在相同的测评要素上的得分差距较大，如"沟通能力""服务意识与技巧"这两个要素，同一被测评者高分能得到18分，低分只能得到7~8分，说明考官对这两个要素的理解不够、区分不足。

请通过小组讨论形式提出在招聘活动中"晕轮效应"的解决对策。

资料来源：徐敏. "晕轮效应"对考录公务员面试考官的影响与应对［J］. 行政与法，2012（2）：10–14.

第七章　评价中心及其他

学习目标

通过对本章的学习，你能够：

▶ 了解评价中心技术的概念及原理；
▶ 掌握评价中心技术的操作过程；
▶ 了解其他测评技术的类型；
▶ 掌握其他测评技术的实施步骤。

案例引入

党政领导干部考选中应用评价中心技术的原理分析

公选的核心特点是"阳光民主"。从报名、资格审查到笔试、面试，整个流程都是公开、透明的，而且在人才评价过程中还会邀请群众担任监督角色，扩大了群众的知情权和参与权，进一步促进政治民主。随着公选的发展，评价中心技术在其中发挥的服务效用持续增加，在不断完善自身的同时也会促进公选制度和考选制度更加完善。

评价中心技术按其自身的性质可以分为投射测验、面谈、情景模拟和能力测试，在我国党政领导干部的考选中主要运用到的是面谈和情景模拟。面谈主要是指结构化面试，这种测评形式在我国干部考选的使用中已经日趋成熟和完善；情景模拟是由公文筐测验、案例分析、无领导小组讨论、角色扮演和管理者游戏等一系列测评方法组合在一起使用的测评方法。评价中心技术的原理主要体现在以下3方面。

一、情景模拟

评价中心技术的科学性主要体现在使用过程中的情景模拟，一般是根据拟任岗位的特征模拟真实的工作场景，引导被测评者展现自己的能力素质，从而有效地识别和辨别人才。例如，为测评者提供一批该岗位经常处理的文件，在测试前先进行背景介绍，把被测评者带入特定职位的模拟环境中，要求被测评者在一定时间和规定情况下处理完毕，这就是评价中心技术的常用形式之———公文筐测验。公文筐测验的整个情景设计理念都是围绕某一职位所应具备的能力要素和岗位的具体内容展开的。

二、行为识别

评价中心技术是通过较为复杂和全面地观察对被测评者行为反映出的身心素质进行评价，从而鉴别被测评者是否符合目标岗位要求的方法与技术。个体的行为分为言语行为与非言语行为，人的内心活动无法通过观察的方式直接获得，只有通过言语行为和非言语行为才能被破解，从而把握人内心的真实想法。例如，在面试中，考官除了观察被测评者的语言表达能力、逻辑思维能力以及岗位所需要的其他能力素质外，还要结合被测评者的表情、举止和仪态等非言语行为进行综合评判。有的被测评者在测评过程中神情紧张，抓耳挠腮，语言表达不够流畅，眼神飘忽不定等，这些举止都反映出了被测评者心理素质差、不够自信、抗压能力弱等特点；反之，有的被测评者举止大方，谈吐得体，能够与面试官进行眼神交流，这些反映出被测评者具有良好的心理素质。

三、多维度

评价中心技术是无领导小组讨论、公文筐测验、案例分析、角色扮演等测评方法的组合，每一种测评方法对应多种测评维度。例如，我国党政领导干部公选的目的是从德、能、勤、绩、廉等方面综合评价，选拔出优秀的人才担任领导角色，这对测评技术提出了更高的要求。不同岗位的领导者所需的能力素质不同，测评技术对应的测评维度也各不相同，一般来讲，可以将测评要素划分为人际沟通、综合分析、组织协调、创新、应变和决策6方面的能力。其中人际沟通能力又可以分为影响力、倾向力和语言表达能力等测评要素；综合分析能力可以分为发现问题的能力、分析问题的深度、综合概括的深刻性、论述的条理性、论证的充分性等测评要素；组织协调能力可以分为资源利用性、合法性等测评要素；创新能力可以分为敏感性、新颖性、变通性等测评要素；应变能力的测评要素可分为控制性和灵活性；决策能力的测评要素可分为果断性、计划性和合理性。

评价中心技术是由一系列现代测评方法组成的，每一种测评方法都有其特有的功能，组合在一起使用使测评效能大大增加，提升人才测评的准确度。如果没有评价中心技术等现代测评技术的存在，公开选拔领导干部的运行只能是无木之源和无水之舟。

资料来源：杜楠.党政领导干部考选中应用评价中心技术的学理性分析［J］.辽宁科技学院学报，2013，15（4）：44-45.

评价中心由于综合运用测验、面试和情景模拟等多种测评技术，使测评效果比原来更加可靠有效，因而成为当今流行的选拔管理人才的测评方法。在对比评价中心技术与其他测评方法的23个连续研究中，有22个表明评价中心技术的信度、效度及应用的实际效果是最佳的。还有研究结果表明，用评价中心技术选出来的经理，工作出色的人数比用一般标准选拔出来的经理中的出色者多出50%。尤其在针对中高层管理人员及技术人员的选拔与评价中，评价中心技术具有其他考评方法不可比拟的优势。

 # 第一节 评价中心技术

一、评价中心技术概述

评价中心技术是一种集合了多种测试方法，由多位考官对被测评者在测试过程中的行为表现进行共同评价，以情景模拟技术为主体的综合性测评方法。随着胜任特征理论的发展，人们逐渐认识到驱动个体绩效的更核心因素是人的个性心理特征，包括价值观、动机、态度、人格特点等。而对于这些胜任特征要素，采用传统的测量手段很难准确评价，需要采用情景模拟技术才能够加以揭示。

（一）早期的评价中心

1929 年，德国心理学家建立了一套挑选军官的多项人才测量程序，这是评价中心技术最早的起源。这套测量程序的建立原则为"整体性和自然性"：整体性是指对被测评者的整体素质特点进行评价，而不是对单项能力进行评价；自然性强调的是在自然的环境中进行观察与评价，同时强调将几个考官的评价观点进行汇总，以保证评价结论的客观性与有效性。这些观点成为今天评价中心技术普遍遵循的核心技术原则。第二次世界大战期间，英国军队为了提高军官选拔的准确率，建立了陆军部评选委员会。该委员会的评价方案包括面谈、智力测验与情景模拟，有将近 14 万人接受评价，效果显著。英国专家在德国测评技术的基础上有所创新，其所选用的各种评价方法都是将被测评者置身于更现实的情境中。美国中央战略情报局（OSS）在 20 世纪 40 年代中期也开展了评价中心的探索，他们主要针对不同工作职位建立评价程序，强调对候选人工作绩效的预测，评价结果主要是通过让被测评者模拟工作环境中的行为表现来确定。OSS 开展的评价活动特别强调情景模拟测验以及面试、履历分析、能力测验等方法的相互印证。

1945 年，英国文职人员委员会将评价中心技术应用于选拔中高级文职官员，使得评价中心开始应用于非军事领域。第二次世界大战结束以后，评价中心技术被引入企业的人员测评活动中。今天广泛采用的评价中心模式就起源于道格拉斯·布雷于 20 世纪 50 年代在美国电报电话公司进行的研究。道格拉斯·布雷当时就职于美国电报电话公司，负责管理发展研究项目，他对评价个体成就的各种方法进行了研究，包括面谈、公文筐测验、商业游戏、无领导小组讨论、投射测验、自我描述等，以及一些笔试项目，包括能力测验、批判性思维测验、爱德华个性偏好测验、生活态度调查表、个人历史调查表等。此后，美国许多知名企业，如通用电气公司、国际商业机器公司、福特汽车公司、柯达公司等，都将评价中心技术引入企业管理活动中。

1975 年，在加拿大魁北克召开的第三届国际评价中心技术大会上，专家们共同制定了"关于评价中心的技术标准和道德准则"，这标志着评价中心技术已经成熟与完善。

（二）评价中心技术进入中国

20 世纪 80 年代，我国开始改革开放，外资企业进入，评价中心技术也被带入了中国。诺基亚、西门子、汉高等公司，借用公司总部的评价中心技术，或委托国际咨询机构，测评他们在华投资企业的员工。国内的专家学者在这一时期也开始陆续接触并引用该测评技术与方法。上海国际金融学院院长陆红军教授在 20 世纪 80 年代末至 90 年代初曾先后十多次应用评价中心技术为政府和企业选拔人才，对国内测评事业的发展做出极大贡献。20 世纪 90 年代末，我国政府加大公开选拔领导干部的力度，将评价中心技术作为关键的人才选拔技术加以应用，随之引起各类企业对评价中心技术的关注。21 世纪以来评价中心技术得到中国企业界与学术界的广泛接受与认可，众多企业将其测评结果作为人力资源管理决策的重要依据。

二、评价中心技术的特点

评价中心技术是对被测评者综合素质特点进行测试的最理想的方法之一，这主要取决于其独特优点。

（一）评价中心技术的优点

1. 综合性

评价中心技术是一种将多种测评技术有机结合进行综合性测评的技术。任何测试方法由于受其测试原理与形式的影响，都会存在一定的局限性，方法之间的结合则能够有效地规避自身的局限性，使测试成为一个全面而完整的过程。评价中心技术强调根据不同的测试目的、不同的测试维度对测评技术进行有机的组合，而不是简单的堆砌。评价中心技术一般涵盖心理测验、面试与情景模拟三大类技术：心理测验通常包括个性、能力、动机、价值观、兴趣等测验种类；面试则包括情景面试、压力面试、行为面试等种类；情景模拟经常采用的形式是无领导小组讨论、公文筐测验、角色扮演、案例分析等。一种测评技术能够整合如此多的测评工具，这显然是其他测评手段难以达到的。

2. 全面性

评价中心技术的全面性是针对测试维度而言的。传统的测评技术只能单独对被测评者某个方面的素质进行测试，比如人格测验只能对被测评者的性格特点进行测试，面试只能对被测评者的部分能力进行测试。而评价中心技术整合了包括传统测评技术在内的各种方法，因此能够测试的维度相对而言比较全面。而且评价中心能够测试的维度与胜任特征理论所强调的内容不谋而合，胜任特征理论包括知识、能力与技能、价值观、动机与兴趣以及个性特点，这些构成因素在评价中心中都能够找到答案。

3. 针对性

评价中心技术强调以工作分析为基础，通过对岗位的目标、任务以及任职资格的了解，来确定测试维度；然后根据测试维度选择测试技术，并开展题目设计工作。因此，测试维度能够充分代表岗位的素质标准，情景模拟题目的设计素材也来源于岗位任职者实际的工作过程，同样反映出具有针对性的特点。

4. 动态性

与传统的测评技术相比，评价中心以情景模拟技术为主体，被测评者被纳入一个动态的情景中去完成特定的任务。情景模拟技术的特点就是在动态的过程中对被测评者的行为进行观察，这种对实际行动的观察往往比被测评者的自陈报告更为准确。在无领导小组讨论和管理游戏的测试过程中，考官能够清晰地观察到被测评者之间的相互作用，被测评者的胜任特征也能得到更加充分的体现，这比面试过程中考官与被测评者相互沟通所得到的信息更有价值。评价中心的动态性特点有利于考官对被测评者进行客观的评价。

5. 预测性

特定的行为表征特定的素质，通过被测评者在测试过程中表现出的行为，能够预测被测评者未来的绩效水平。评价中心技术中的情景模拟与被测评者实际工作的情景高度相关，被测评者在情景模拟测试的过程中基本能够真实地表现出其在实际工作过程中的能力；并且将被测评者置于复杂的情景刺激之下，他们很难进行伪装。考官通过对被测评者在全部测试过程中所表现出的一致性行为进行系统的分析，就能够准确地判断其素质特点；而这些素质特点成为为考官预测被测评者在实际或未来工作过程中绩效水平的重要信息。

6. 效度高

评价中心采用多种测评技术，定性评价与定量评价相结合，减少了测评中的误差，各种形式的测评结果得到相互补充和验证，具有高的效度。由于采用情景模拟性测评，测评的内容与真实的工作情境十分相似，因此测评人员能够直接观察和测评被测评者解决问题的实际能力。

此外，评价中心技术要求由多位考官对被测评者在每个测验中表现出的行为进行共同评价。考官先单独对被测评者行为进行评价，然后由所有考官集体讨论，形成一致性的评价意见。如果考官之间的评价意见出现分歧，则由考官根据在测试过程中的行为记录进行举证，直至形成统一的评价意见。这种多方评价方法的准确度相当高。

评价中心高效度的特点，得到社会广泛认可，表 7-1 显示了多个学者对评价中心预测效度的研究结论。

表 7-1　测评结果（OAR）预测效度的研究总结

研究者	时间	结论
Byharn	1970 年	OAR 能够找出那些步步高升的管理者。从测评结果来看，成功管理者的得分高于不成功的管理者。OAR 与业绩的相关系数范围为 0.27～0.64
Cohen 等	1974 年	OAR 与业绩的相关系数为 0.33，与潜能的相关系数为 0.63，与职业晋升的相关系数为 0.40
Thornton 和 Byharn	1982 年	OAR 能够预测职业晋升情况、业绩水平等
Hunter 和 Hunter	1984 年	统计分析的结果表明 OAR 与工作业绩的相关系数为 0.43
Schmitt 等	1984 年	统计分析的结果表明 OAR 与一系列才能指标的相关系数为 0.41
Gaugler 等	1987 年	统计分析的结果表明 OAR 与晋升、工作业绩评价等的相关系数为 0.37

（二）评价中心技术的缺点

1. 时间长

由于评价中心技术是多种测试方法的集合，所以从时间的角度计算，比传统的测评技术或某一项测评技术测试的时间要长得多。而且，不同目的的评价中心需要的时间也不相同。基于选拔的评价中心需要的时间大概是一天；基于培训的评价中心需要一天半到两天的时间；以技能开发为目的的评价中心同样需要一天半到两天的时间。另外，在被测评者结束测试以后，考官还要花大量的时间对被测评者的行为表现进行定量与定性评价。考官既需要对被测评者每个测试项目的表现进行评价，也需要对被测评者所有项目的表现进行综合评价。因此，评价中心技术的测试时间比较长，考官评价的时间相应也比较长。

2. 成本高

评价中心技术是以情景模拟技术为主体的一种测试方法。测试中所需要的每项情景模拟试题，都需要考官进行个性化的设计开发，题目开发的工作量非常大。例如公文筐测验，其设计工作相当繁重：考官需要深入企业进行系统的访谈，需要与企业高层管理者、行业专家进行大量的沟通，在题目开发完毕后还需进行试测，总计需要三周左右的时间才能完成。所以，评价中心技术的开发成本比较高。另外，评价中心测试要想取得预期的效果，还必须由精通评价中心技术的专家全程参与。由于我国测评技术起步比较晚、专业人才匮乏，因此评价中心的人工成本也比较高。

3. 组织过程复杂

评价中心技术的施测过程往往比较复杂：整个过程既有笔试，也有面试、情景测试；既有单独测试，也有部分群体测试，还有全体被测评者共同测试的项目。这就需要测评的组织者根据考官、场地等资源条件的限制，来设计测评方案。测评方案需要体现资源的优化配置原则，对各种条件进行有效的利用。由于测试过程中需要引导员、评价员（考官）、统计员等众多人员参与其中，因此需要对各种角色的职责进行清晰的界定。长期实践告诉我们，要保证评价准确且顺利实施，必须有优秀的测试项目协调人，对测试过程进行统筹设计，对测试项目之间的衔接进行有效的控制。

三、评价中心技术的操作

评价中心技术的核心在于情景模拟。情景模拟测试有三个构成要素：考官设计的特定情景、需要被测评者完成的任务、考官对被测评者的观察与评估。

（一）情景模拟测试的特点

情景模拟测试与其他测验形式相比，具有仿真性、动态性、直观性三大突出的特点，这三个特点使其成为对其他测试形式的有效补充，同时也是受到众多知名企业追捧的原因。

1. 仿真性

情景模拟测验需要基于岗位的不同类型来开发，应用情景一般与被测评者现在或未来工作的情景高度相似，因而具有很好的预测效度。利用情境中的任务对人才进行评价，使人才评估的手段更具可操作性与灵活性，这是情景模拟测试最突出的特点。仿真性使得情景模拟测试还得以应用于人员培训活动中。

2. 动态性

与面试和心理测验等其他测试形式相比，情景模拟测试具有动态性的特点。被测评者在完成考官规定任务的过程中需要根据情景做出动态性应对，考官对被测评者的观察也是在被测评者完成任务的过程中动态完成的。因此能够降低面试过程中首因效应等偏差对考官产生的负面影响。情景模拟测试的动态性，使考官对人才的评价更具有客观性与全面性。

3. 直观性

情景模拟使得测试维度定义中的典型行为表现更加突出。考官能够直接观察到被测评者完成任务的具体过程，得以直观地获取被测评者在测试过程中表现出的典型行为，从而将其与评价标准进行对比时，使得评价的依据更加充分。情景模拟测试的直观性特点，更容易引起组织内部非专业性考官参与人才评价活动的兴趣。

（二）情景模拟测试的方法

常用的情景模拟测试方法包括无领导小组讨论、公文筐测验、角色扮演与模拟面谈、管理游戏、案例分析等。

1. 无领导小组讨论

无领导小组讨论是情景模拟的重要形式之一，即将一定数量的被测评者（5～7人）集中起来，在不指定领导者、被测评者地位平等的情况下，让他们就某一问题进行自由讨论。无领导小组讨论是一种集体面试的方法，测评人员不参与到讨论过程中，他们根据被测评者在讨论中扮演的角色、言语内容以及非言语行为等，对被测评者进行评价。

此方法主要用于测评被测评者的语言表达能力、沟通能力、分析能力、计划决策能力、说服能力、团队领导能力、组织协调能力等。

无领导小组讨论方法具有以下优点：①提供给被测评者充分展示个体才能与人格特征的舞台；②提供给被测评者一个平等的相互作用的机会。在相互作用过程中，被测评者的特点会得到更加充分的表现，同时也为评价者提供了在与其他被测评者对照比较的背景下对某个被测评者进行评价的机会。③同时考查若干名被测评者，应用领域比较广泛，操作起来比较灵活。

无领导小组讨论方法具有以下缺点：①虽然基于同一背景材料，但不同小组的讨论气氛和基调可能完全不同，被测评者的表现会过多地依赖同一小组中的其他被测评者的表现，由此导致绝对评价标准与相对标准的混淆。②讨论题目的好坏直接影响到对被测评者评价的全面性和准确性，因此对讨论题目的要求很高。并且，评价标准相对不易掌握，因此对评价者的要求也很高。③评价者的观察有可能导致社会助长或社会抑制效应，因此，被测评者有可能做戏、表演或伪装。

根据不同的测评目的及标准可将无领导小组区分为不同的类型。

1）有情景和无情景的无领导小组讨论

这是一种根据有无假设情景的类型区分。有情景的无领导小组讨论，是指将被测评者置于某种假设的特定情境中，要求被测评者从该情境中的角色角度去理解和思考某个问题。情景信息通常包括组织的简单介绍、目前面临的困难问题以及需要完成的任务等。

无情景的无领导小组讨论没有特定情景限制，通常是要求被测评者就某一开放性问题或两难问题进行讨论。一般多选择近期社会热点问题，要求被测评者自由阐述自己的观点，并积极争取小组其他成员接受自己的意见，利用自身的影响力说服不同意见者，或协调小组中的不同意见者。无情景的无领导小组讨论，一般要求在规定时间内达成一致性结论。

实践链接

无领导小组讨论练习

新迪公司是一家生产电子仪器仪表的小公司，由于经营状况不佳，现在面临着一个棘手的问题：裁减职员。这是一件比较困难的事情，因为新迪公司从未解雇过员工，公司向来以善待员工著称。但现在由于形势所迫，总经理不得不找来几条生产线的工长，讨论并排出以下 7 名员工的裁员顺序，如表 7-2 所示。

表 7-2　7 名员工的裁员顺序

工作情况	个人排序	小组排序
A：男，34 岁，已婚，两个孩子。已在公司任职 7 年，工作表现良好，在员工中威信较高，但在过去一年中常有缺勤和迟到现象		

工作情况	个人排序	小组排序
B：男，35 岁，已婚，一个孩子。在该公司任职将满 2 年，头脑灵活，能吃苦，爱钻研，技术掌握很快，有一定的专业水平		
C：男，30 岁，被认为是该生产线的尖子技术工人。偏内向，喜欢独处，不善交际，同事关系不佳		
D：男，24 岁，未婚。已在该公司工作 3 年，表现良好，与同事关系不错，正被公司考虑送出去培训以提高技术，作为将来的技术骨干力量		
E：男，33 岁，已婚，两个孩子。妻子前不久失业。已在该公司工作 5 年，工作表现良好而又稳定，曾经被公司选送出去接受培训。但最近常常公开表示对公司的不满		
F：男，49 岁，已婚，三个孩子。自该公司成立 15 年来，一直在公司工作，曾为公司做出不少贡献。近年来对公司有些抱怨，并有酗酒现象，因此影响了工作。清醒时，工作还不错		
G：女，30 岁，离婚，养育两个孩子。在该公司工作 5 年，工作完成得较好，因生活比较困难，情绪不太稳定，因待遇问题曾与主管发生过争执		

现在假定你们就是各条生产线上的工长，请按照裁减的顺序排序。

请大家首先熟悉这些员工的材料，排出自己确定的裁员顺序，同时写出自己排序的简单理由。然后进行小组讨论。

2）定角色和不定角色的无领导小组讨论

这是从是否给被测评者分配角色的角度进行的类型区分。指定角色的无领导小组讨论是指几个被测评者在规定的时间里，在特定的背景中分别担任不同的角色，依据明确的规则，共同去完成一个问题讨论或其他任务。在这个过程中，需要被测评者以被分配的身份发挥作用，考官则对被测评者完成任务的行为表现进行观察，判定被测评者的素质特点情况。

不定角色的无领导小组讨论，是指在讨论过程中不给被测评者分配固定的角色，被测评者完全是从自己的意愿角度出发阐述观点，其角色与组内其他人没有任何差别。

3）竞争型、合作型、竞争合作型的无领导小组讨论

根据参与者之间在完成任务过程中的相互关系，对无领导小组类型进行区分。在有些无领导小组讨论的情景中，每个小组成员代表各自的利益或其从属群体的利益，小组成员之间的目标是相互冲突的，并且往往存在对某些机会或资源的争夺，这样的无领导小组讨论就是竞争性的。

而在有些无领导小组讨论的情景中，要求小组成员之间相互配合来共同完成某一项任务，每一个小组成员的成绩依赖于合作完成这项任务的结果，同时也取决于他们在合作完成这项任务的过程中所做出的贡献。这样的无领导小组讨论就是合作型的。

而在竞争合作型无领导小组讨论中，既要求所有的被测评者相互合作、相互配合，同时也存在个体之间的竞争。各位被测评者的成绩都与该项任务的总体完成情况相关，同时也取

决于各位被测评者自己在完成该项任务中所做出的独立贡献。

2. 公文筐测验

公文筐测验又称"公文处理模拟测验",是针对管理人员潜在能力测评的重要形式,具有相当高的预测效度和实证效度。公文筐测验是评价中心技术中应用得最多的一种情景模拟测试手段。据国外学者研究发现,95%的评价中心都会采用公文筐测验。

在公文筐测验中常常要求被测评者扮演某一管理者角色,处理一系列信函或文稿,包括通知、报告、电话记录、办公室的备忘录等。这些材料通常都放在办公桌的文件筐内,文件筐(公文筐)测验因此而得名。材料的具体内容因被测评者拟任职位的要求不同而不同。数量一般不少于10份,不多于30份,同时要设置一定的时间限制,以使被测评者产生一定的心理压力。如果必须在赶飞机以前或参加一个重要的会议前完成任务,通常要在1~3小时把这些文件处理完毕(美国电话电报公司要求3小时内处理25件公文)。公文筐测验的所有题目都来自管理工作实战,通过考查被测评者在处理具体业务中的表现,评估其关键能力。

公文筐测验的优点表现为以下几个方面。①测评情景具有很高的仿真性。被测评者并非角色扮演,而是表演自己的实际工作情况。因此,被测评者在文件筐作业中会非常投入,好像他们已经在相应的岗位上工作一样。②考查的内容范围广。任何背景知识、业务知识、操作经验以及能力要素都可以包含于文件之中。文件的内容和种类可以多种多样。③开放性。在文件筐作业中,被测评者作答的自由度很高,主动发挥的空间很大。④操作实施比较简便。不涉及人与人之间复杂的互动行为。⑤具有较高的效度。研究发现工作实绩与文件筐测验之间的相关度高达0.42;还有研究发现文件筐测验的成绩与日后三年内晋升的相关度为0.32。

公文筐测验也存在一些缺点。①缺乏被测评者之间的互动与交流,难以测评被测评者的口头沟通、人际协调等方面的实际能力。②测验编制困难,通常要花一个月以上的时间,编制费用也比较高。③评价很难。需要在专家指导下对测评结果进行评价。

3. 角色扮演与模拟面谈

角色扮演主要是用以测评人际关系处理能力的一种情景模拟活动。在这种活动中,往往向被测评者描述一种假想的人际情境,要求被测评者想象真实情景,然后按要求做出行为反应。考官则对被测评者的言语和非言语行为及行为效果进行评定。

模拟面谈是传统面试技术和情景模拟测试方法的一种结合,也可理解为是一种在面试技术中引入情景模拟测试的技术,主要测试被测评者以人际关系处理能力为主体的能力。模拟面谈要求被测评者根据特定情境,担任某个角色,去处理冲突或矛盾。考官通过观察被测评者处理问题的过程,对被测评者的素质能力进行评估。在实践操作过程中,这两种测试方法经常结合使用。

4. 管理游戏

管理游戏是评价中心中最为复杂的一种测评方法。它是一种以完成某项或某些实际工作任务为基础的情景模拟活动,需要考官对被测评者的模拟活动过程进行观察来测评其实际管理能力。在这种活动中,小组成员会被分派给一定的任务,而这些任务必须通过合作才能很好地完成。比如,让他们共同讨论有关购买、供应、装配或搬运等问题。有时候也会引入一些竞争因素,例如让三四个小组同时进行销售市场的占领,以便评价人员来进行人才的筛选。

1）测评人员在管理游戏中的主要任务

测评人员在管理游戏中的主要任务包括 4 项：第一，在游戏开始之前向被测评者进行简单的介绍说明，以便让所有被测评者都能清楚地了解整个游戏规则；第二，给参与游戏的被测评者分配角色；第三，在游戏的整个过程中，时刻保持警觉状态，注意观察现场状况，处理各种意外情况；第四，对被测评者的各种行为进行系统观察和评价。

2）管理游戏的形式

经常采用的管理游戏有 3 种形式，见表 7-3。

表 7-3　管理游戏的 3 种形式

最简单的形式	将所有的被测评者分成三人一个小组，要他们共同讨论有关生产、市场、销售以及财务等方面的问题。通过这种活动，可以评价被测评者的组织能力、理财能力、思维敏锐力、紧张情境下的效率、适应能力以及领导力等
比较复杂的形式	将游戏分为三个单元，每个单元的任务与要求都不相同，让一组被测评者（通常是 5 个人）按照不同的分工模式来完成任务。将每个单元被测评者的表现及其任务结果与另外的单元进行对比分析，以便发现每个被测评者的特点。这种方式主要用于被测评者进行自我评估
最复杂的形式	评价者给所有的被测评者分配不同的角色，并且根据任务配备道具，被测评者根据评价者设定的游戏规则完成三个阶段的任务，通过被测评者之间的协同工作，最终完成全部任务。评价者对游戏的全过程进行观察，对每个被测评者的言语及非言语行为进行观察与评价。这类管理游戏多用于团队配置与团队诊断的项目

3 种形式中，最简单的形式与无领导小组讨论有点相似，但二者存在差异，无领导小组讨论提出的问题往往更具体，而且形式比较固定，一般采用圆桌会议方式，而管理游戏的问题更抽象，灵活性更大，尤其强调在"模拟情景"下解决现实问题的能力。

3）管理游戏的特点

管理游戏具有以下优点。

（1）真实感强，能够突破实际工作情境的时空限制。管理游戏能够很好地再现组织中的真实情况，得以在短时间内全面地评估被测评者各方面的能力；管理游戏还能够帮助被测评者对组织内部各单位之间的错综复杂关系具有更加深刻的了解，提高被测评者的协作能力。

（2）目标明确而单一，针对性强。每一个管理游戏都是为了解决某种具体问题或达到一个具体目的而设计的，因此它们更多地着眼于实际、细节，而非泛泛的、空洞的问题。游戏的具体性使得被测评者的多种能力素质在解决问题的过程中得以集中反映。比如在键盘销售游戏中，六个小组扮演小型企业的高管团队，他们需要对给定的具有不同利润的键盘做出投资、购买、股票控制及销售等问题做出决策。考官通过对各位被测评者的行为表现进行观察，关注小组谈论中自然形成的领导人以及其他成员的表现，对被测评者的组织能力、财务敏锐力、思维的敏捷性及压力条件下的工作情况等方面进行评价。

（3）激发被测评者的潜在能力和创新精神。管理游戏的特色就是将复杂的测评内容与有趣的游戏结合起来，为游戏的参与者提供一个全新的情景。在面临具体问题的情况下，更容易激发出被测评者的潜在能力以及创造性地解决问题的办法。

（4）趣味性。管理游戏的真实感强，可以让被测评者产生身临其境的感觉；同时它还富有挑战性，要完成特定任务，需要与其他人合作，因此更具趣味性。在游戏过程中被测评者可以及时获得自己的任务完成表现信息，考官也可以在游戏中人为地设置一些问题或困难，调动被测评者主动地去解决矛盾，这样就激发了被测评者的浓厚兴趣。

但是管理游戏也存在一些缺点：①对被测评者的观察较困难。在管理游戏评价过程中，被测评者需要来回走动，这为观察带来了一定的困难；若评价者需要观察几个被测评者的行为，问题会更为复杂。几个被测评者的活动任务不同，可能处于不同的测评地方，评价者很难同时观察到这几个被测评者的活动。②耗时较长。与其他测评形式相比，管理游戏需要花费很长的时间准备和实施。在准备阶段，评价者需要配备相应人员和设施，寻找合适的测评地点等；在实施阶段，完成整个管理游戏，通常要花费五到六个小时，这些都使得管理游戏的应用受到限制。

5. 案例分析

案例分析是一项综合性的情景模拟测试项目。考官提供给被测评者一些在管理实践中遇到的现实问题，要求被测评者进行书面分析并在小组讨论会上口头报告。考官根据被测评者在分析过程中表现出来的分析能力、逻辑思维能力、独创性、说服能力等项指标进行评估，以此来判断被测评者对岗位的胜任程度。

（三）情景模拟测试的维度

情景模拟测验适宜测试的维度范围相当广泛，既包括"对事的能力"，也包括"对人的能力"。由于情景模拟测验方式是评价中心技术的主体，进行题目开发与施测成本比较高，所以绝大部分企业都将情景模拟测验应用于管理者的选拔、培训、诊断等人力资源管理活动中。美国学者尤克尔曾提出适用于情景模拟测试的管理行为综合分类模式和管理者的心理素质列表，见表7-4。

表7-4 管理行为综合分类模式

管理关系行为	1. 人际网络
	2. 支持下属
	3. 团队建设与冲突管理
影响他人行为	4. 激励
	5. 表扬与奖赏
决策行为	6. 计划与组织
	7. 问题解决
	8. 咨询与授权
供给与寻求资讯行为	9. 监控
	10. 告知
	11. 澄清角色与目标

1. 管理关系行为

（1）人际网络：指经由人际互动的方式（如拜访、电话、社交活动等）和一些拥有资讯与支持及具有影响力的人建立与维持一种非正式的人际关系。

（2）支持下属：待人亲切友善，体恤部属，当下属或他人情绪不佳时能理解与支持，愿意倾听部属的抱怨与解决问题的过程，协助部属发掘自身兴趣，并且提供具体而富有建设性的建议，进而帮助部属开发职业生涯。

（3）团队建设与冲突管理：管理与帮助员工采取建设性的方式来解决冲突，增进相互合作与团队精神，建立组织与团队的认同。

2. 影响他人行为

（1）激励：以身作则，树立良好典范，并且运用影响技巧，如诉诸情绪、价值观、逻辑或说服等，增进部属努力达成工作目标的承诺与热诚；或促使部属主动寻求支援、合作、授权等，成功完成任务。

（2）表扬与奖赏：对于部属的特殊贡献、重大责任、优良业绩给予奖励、奖赏与表扬，表达对其成就的肯定、佩服与感激。

3. 决策行为

（1）计划与组织：制定长期目标，以适应外在环境因素的变迁。在执行计划前会事先进行规划，订出必需的行动步骤，根据各项活动的重要性与先后顺序分配资源，研究各项改进措施，以增进组织的工作效率、生产数量及与其他部门之间的协调与合作。

（2）问题解决：指能发觉与工作有关的问题，并能及时且有系统地分析问题的原因，能寻求适当的解决问题的方法，进而能有效地加以执行，妥善处理所面对的危机。

（3）咨询与授权：在做某些改变之前会和相关人员进行沟通，鼓励成员提出改进意见，邀请成员参与决策，且在进行决策时参考员工的建议，允许下属在一定原则下自由地处理所面对的问题与工作。

4. 供给与寻求资讯行为

（1）监控：收集与工作进度、质量、成效相关的信息，考评员工个人的工作表现，了解外部客户和使用者的需求，掌握环境，洞悉组织可能面临的威胁，进而寻求企业生存与发展的契机。

（2）告知：传达相关的工作信息给部属，提供书面文件，回答专业问题，告诉人们有关企业的光荣历史，以提升组织名声与形象。

（3）澄清角色与目标：分派工作，下达如何完成工作的方向与指示，并且进行充分沟通，以便让下属清楚了解自己的工作角色、职责、工作目标、完成事项、工作预期等。

（四）情景模拟测试的评价

情景模拟测试中考官需要依据特定的评价体系对被测评者的表现进行考查。因此对评价过程及标准的设计是评价中心技术的重要内容。

1. 情景模拟测试的计分方式

（1）各考官对每个被测评者的每一个测评要素打分。

（2）不同的考官对不同被测评者的某几个测评要素打分。

（3）不同的考官对不同被测评者的每一个测评要素打分。

2. 情景模拟测试的计分内容

计分内容一般包括：言语方面、非言语方面及个性特点等。

需要对计分内容加以操作定义，如：

（1）言语表达能力：能否清晰地表达自己的观点和思想，声音是否洪亮，用词是否准确，语言是否流畅；

（2）倾听：是否专心聆听他人的发言，能否明白他人的意思，在讨论中是否随便打断他人的发言，非言语行为是否恰当（如表情、点头等）。

（3）组织协调能力：在讨论中是否善于寻求大家观点的共同点和分歧之处，为达到小组目标主动平息小组的纷争，推动小组形成统一意见。

（4）综合分析能力：分析问题思路是否清晰，条理性如何，是否善于抓住问题的要害，提出的问题解决办法是否具有可行性。

（5）合作意识：是否善于察言观色，与他人沟通的态度和方式是否得体，能否主动与他人达成一致的观点。

（6）感染力：语言表述是否自信、有力，是否根据他人的反应来调整自己的行为，个人观点能否得到小组其他成员的认可。

3．对总体结果加以评定

为了便于考官把握评分尺度，通常对每个要素的结果评定采用10分制的形式，在给出具体分数前可以先根据被测评者的表现进行等级评定，如优、中、差。

（1）优（8~10分）：发言和行为表现很突出，基本没有失误，在大部分观察点上表现优异，或与大部分观察点一致性程度很高。

（2）中（4~7分）：发言和行为表现一般，没有太多的失误，在部分观察点上表现较好，部分观察点上无突出表现，或与部分观察点符合程度不高。

（3）差（1~3分）：发言和行为表现差，在大部分观察点上表现很不理想，或与大部分观察点描述的行为很不一致。

无领导小组讨论评分标准参照表示例见表7-5。

表7-5　无领导小组讨论评分标准参照表

要素名称	分值分布	高分者特征	低分者特征
发言主动性	5	发言积极主动，发言次数在4次以上；每次发言均有新意，不重复（4~5分）	发言不够积极主动，发言次数在3次以下；每次发言重复内容多（1~3分）
组织、领导能力	4	善于总结和利用他人的观点为己所用；并能够协调其他考生之间的冲突（3~4分）	协调能力较差，不善于利用他人的观点；在讨论中显得孤立无援（1~2分）
综合分析能力	12分	综合分析能力强，善于系统、全面地分析问题；论点鲜明、论据充分、逻辑性强；语言说服力、感召力强（7~12分）	综合分析能力较弱，看问题缺少全面性、系统性；论点不鲜明，易受他人观点影响从而左右摇摆不定；论据没有层次，不清晰；语言平淡，说服力、感召力不强（1~6分）
论点准确性	9	确定出准确答案，选中一点给3分，满分9分	漏一点扣3分

四、评价中心技术的应用

评价中心只是人才测评中的一种技术手段。不同的测试目的决定了评价中心的种类不同、测试指标不同、测试观察点不同、测验结构不同、对被测评者反馈的要求也不同。表7-6对各种目的的评价中心进行了比较。

表 7-6　各种目的的评价中心比较一览表

	基于选拔的评价中心	基于培训的评价中心		基于绩效管理的评价中心	基于能力判断的评价中心
		需求诊断	能力训练		
测试维度	5~7个	10个	4~6个	10个	10个
工具数量	4个	5~7个	5~6个	5~7个	6~10个
复杂程度	一般	一般	复杂	复杂	较复杂
考官要求	一般	一般	较高	一般	较高
报告结构	简单	简单	复杂	复杂	复杂
报告方式	书面或口头	书面	口头	书面	书面
反馈要求	一般	一般	较高	较高	较高

表 7-7 列举了各测试指标对应的测试方法。

表 7-7　测试指标与测试方法对应表

测试指标	测试方法
战略管理能力	面试、小组讨论
知人善任	面试、小组讨论
创新与变革能力	面试、公文筐测验
建立伙伴关系	面试、公文筐测验
分析与决策能力	面试、小组讨论、公文筐测验
授权与控制能力	小组讨论、公文筐测验
团队与组织能力	公文筐测验、面试
沟通能力	小组讨论、公文筐测验
个性特征	人格测验、面试
价值观、动机等	职业取向测验、动机测验

表 7-8 列举了各测试项目对应的测试时间与测试方法。

表 7-8　测试项目、测试时间及测试方法列表

测试项目	测试时间	测试方法
个性测验	45 分钟	全体
职业取向、动机测验	40 分钟	全体
半结构化面试	60 分钟	单独
无领导小组讨论	70 分钟	小组（5~7 人）
公文筐测验	120 分钟	全体
演讲	30 分钟	单独

　　一般来说，评价中心操作流程主要包括 7 个步骤，分别是明确测评目的，确定测评维度，选择测评方法并开发题目，培训并协调测评相关人员，设计与实施测评方案，测评结果统计与撰写报告，反馈测评结果。企业可以根据实际情况加强或弱化其中的某些环节。

第二节 其他测评技术

除了评价中心经常使用的测评技术之外，还有三种其他的人才测评方法，分别是履历分析技术、笔迹分析技术和工作样本测试。这几种测评技术的共同特点是灵活性大，不易操作和标准化，因此应用都不是很广泛。但正是由于它们拥有这些特点，往往可以测量出在某些标准化测评中测量不到的内容，如笔迹分析技术运用心理学中的投射原理来分析被测评者的性格及行为特点。因此，这些其他测评技术在人事测评当中具有很大的应用价值。而且随着测评技术的发展，国内外的不少人事测评中心都对这些技术进行了一定的改良，使他们能够更好地发挥作用。

一、履历分析技术

(一) 履历分析技术概述

履历分析和筛选是人才甄选的第一步，在履历筛选时要把握最重要的指标对人才进行初步评选。一般而言，个体过去的行为表现是预测其未来成功的最佳指标，因此对个体过去经历的剖析是十分有价值的测评手段。

履历分析又称资历评价技术，是通过对测评者的个人背景、工作与生活经历进行分析，来判断其对未来岗位适应性的一种人才评估方法。履历分析技术的雏形是个人经历分析，它诞生于第二次世界大战期间，著名心理学家吉尔福特及其同事在开发军队征兵用的阿尔法测验的同时，根据个人经历来预测军事训练的成功率，结果这一方法取得了相当的成功。第二次世界大战后，经历调查的方法被应用到民用部门，在大量研究和应用的基础上，逐步发展成为人事测评和预测的一项重要方法技术。

(二) 履历分析技术的基本原理

履历，又称作简历，代表的是一个人的学习和工作的经历，一般来说，包括个人的基本信息、学习培训经历、工作任职经历、项目经历、个性特征等。履历分析的原理同样是基于岗位的胜任特征模型，通过分析岗位的要求，选择一些与职位胜任最密切的素质能力，建立岗位胜任特征模型，再将这些素质能力量化到履历分析表中，设置若干选项，由被测评者填写；根据事先设计的计算方法和被测评者填写的内容及选择的选项，对这些内容进行量化统计，由测评人员来决定被测评者每项测评要素的得分，再根据不同能力要素的不同权重进行汇总，最终根据常模转化为履历分析测评的总分，以此来评估被测评者与空缺职位的适宜性或匹配度。

(三) 履历分析技术的特点和适用范围

1. 履历分析技术的特点

履历分析技术作为一种评价手段，与传统的知识测验、能力测验和人格测验等人事选拔方法不同，具有以下特色。

(1) 真实性强。履历分析技术的测评依据是被测评者过去的经历，这种经历通常是可以核实的，在必要的情况下可以通过与被测评者以往的朋友或同事进行沟通，来确认一些相关信息。因此，面对一个设计科学、合理的履历分析表，被测评者说谎的可能性相对较低。

(2) 适用面广。科学的履历分析测评是基于岗位胜任特征模型的，因此，履历分析的结果与测评者日后的工作行为表现之间往往有较高的相关性，如工作绩效、出勤率等。履历分析表涉及面很广，凡是与职位相关的因素都可以纳入，因而可以对被测评者进行多角度的评估和预测。就此而言，履历分析的方法较心理测验适用面更广。

（3）准确性高。履历分析技术基于岗位胜任特征模型，通过测评者过去的工作经历、工作表现来预测其未来的表现，这种思路与评价中心技术的核心思想是异曲同工的。尤其在现阶段，大部分评价者都是非专业人士，履历分析技术由于科学地量化了岗位要求，避免了评价者主观偏见的影响，使测评结果更加公正和准确。

2. 履历分析技术的适用范围

履历分析技术的适用范围很广，毫不夸张地说，履历分析技术是简历筛选的最佳替代品。只要使用简历进行人才筛选的环节，都能采用履历分析技术；简历筛选能做到的，履历分析技术则做得更好。履历分析技术尤其适用于一些高级经营管理人员、营销人员或从事实践性较强工作的人员。考查这些人员是否胜任岗位，知识考查是远远不够的。有些营销人员学历不高，甚至没有学过专业的营销常识，但是他们仍然能够做出很好的业绩。对于这些人，更重要的是衡量他们的工作经历和工作能力。在这方面，履历分析技术无疑是一种很好的工具。

（四）履历分析技术的操作

履历分析测评技术已在欧美发达国家得到了广泛应用，很多大公司开发了适合自己特点的履历分析测评系统，并应用到网络系统中。应用较广的主要有加权申请表（weighed appl-cation blank，WAB）和传记式申请表（biographical information blank，BIB）两种形式。这两种申请表的主要差异在于收集信息的多少和信息的类型，加权履历表一般包含 10~20 个信息，主要是一些能够确定和证实的信息，即客观性信息；传记履历表可以包括 50~200 个问题，这些问题，有些是主观性信息，如态度、观念等方面的问题，是不能确定或不能被证实的问题。但二者的原理和计算方法基本上是一致的。

国际上通用的履历分析表一般是以选择题的形式要求被测评者填写。典型代表是美国人事总署研究开发的经历调查表（IAR，又称个人成就信息表）。该量表自 1983 年起沿用至今。它包括学习经历、工作经历、工作能力和人际关系等方面的 148 道选择题，每个选择题有五个选项。目前该经历调查表已经成为美国公务员选拔的一种重要手段。我国辽宁等省也开始将这种方法引入领导干部公开选拔考试中，并获得了一定经验。

1. 履历分析的设计过程

（1）工作分析。履历分析技术是以岗位胜任特征为基础的，因此，在实施履历分析技术时，首先应进行工作分析，即对待聘岗位进行工作分析，结合岗位胜任特征模型找出最重要、最关键的能力素质维度。

（2）履历分析项目的选用。履历分析表的项目设计直接关系到最后的分数汇总，所以绝不能马虎对待。一般而言，把简历分析表的项目划分为几个维度，判定每个维度的重要性，赋予一定的权重，最终汇总每部分的得分，得出对个体的评判。

通常把履历分析表的项目分为以下四个维度。

① 个人基本情况。包括姓名、性别、出生年月、民族、婚姻状况等，这是履历表中最基本的信息，在履历表分数汇总中的贡献最小，但是当被测评者的能力情况相同时，这些信息往往会成为次级的优先录用标准。

② 个人学识。这部分内容包括学位、专业、论文、研究成果、职业培训情况等，这一

类主要反映被测评者在知识层面上的个人能力水平。

③ 工作能力。这部分主要针对岗位胜任特征进行安排，里面包括项目承担经历、领导团队能力、协调解决矛盾能力、社会关系等，是履历分析的核心所在，也是履历分析区别于普通简历分析的差别所在。

④ 个人品质。这类信息主要从过去的工作表现、出勤率、奖惩情况等来进行判断。此外还有一些其他项目，如在政府人员选拔中，通常会对个人的政治背景进行调查。

上述内容有些是能够核实的，如学位、专业、奖项情况等，有些是不太容易核实的，如研究成果、职业培训情况、项目经历等，这些信息就必须通过询问被测评者的同事或亲属来进行核实。简历分析表的有效性很大程度依赖于填写结果的真实性，然而被测评者往往都有夸大自己的倾向，因此，信息核实是很必要的，这是结果真实性的重要保障。此外，在分析表中，还可以适当地设置一些测谎题来考查被测评者的诚信度。

（3）选项确定以及分值设定。履历分析表还需要确定每一个要素的选项及选项的数量。如最高学历可以分为高中以下、大专、在职本科、全日制本科、在职硕士研究生、全日制硕士研究生、博士研究生等选项。这些选项的划分应根据岗位的需求和特点来确定，如招聘生产岗位的员工时，应聘者大多学历较低，就可以适当缩减一些选项；在招聘研究岗位的员工时，这类人群的学历相对较高，需要根据实际情况增添更多选项。

在设定选项后，就必须给每个选项赋予一定分数，一般根据岗位的需求来设定这些分数。例如，通过调查发现，大专生中 20% 的人工作表现优秀，本科生中 80% 的人工作表现优秀，研究生中只有 50% 的人工作表现优秀，这说明学历对该岗位工作存在明显影响。在实际操作中，应该对本科生选项赋予更高的分值，其次是研究生，最后是大专生。这种方法实际是采用了构建胜任特征模型的思路，找出业绩优秀者与业绩一般者的关键因素差异，再把这些素质量化到履历分析表中。由此而言，科学的履历分析应当以岗位胜任为终极标准。国外也有机构采用大样本调研，然后根据统计结果确定选项的加权系数，这种方法类似心理测验，用常模来对个体进行判定。

（4）履历分析项目维度的权重设定。通常，履历分析由几个维度或类别组成，在设定选项的分值后，就需要对每个维度乃至每个题目进行权重设定。在实际操作中，权重确定的依据是项目内容与未来岗位要求及工作绩效的相关程度，相关程度越高，对该项目赋予的权重越大，反之则越小。例如，在生产岗位的选拔中，工作技能类的项目获得的权重就比学识类项目高，而在研究型岗位的选拔中，学识类项目将获得更大的权重加成。因此，权重设定并不是一成不变的，每个岗位都有不同的胜任特征模型，要素的权重也就不同。

（5）履历分析表的分数汇总。首先要对每一个类别里的不同项目进行汇总，以个人学识为例，研究型岗位对学位、论文、研究成果赋予的权重相对较大，而市场型岗位在职业培训上赋予的权重相对较大，把每个类别的分数按百分制进行统计汇总；然后，对不同类别的分数进行汇总。例如，个人基本情况的权重相对较低，而工作能力上的权重通常相对较高，再根据不同权重统计出不同类别的最后得分，根据一定的公式计算被测评者的最终得分。

上述的履历分析表主要针对客观性的履历分析，在实际操作中，还有另外一种形式的履历分析表，即主观性的履历分析。这种分析表的问题更加开放，脱离了单纯选择题的模式，包括一些项目经历、自我评价等开放性问题。其设计的依据和方法与前文所述大同小异，不过这种题目的结果较客观题更难控制，只能人为地进行判断打分，但这种形式的履历分析表能够反映出更深层次的信息。

作为一种初筛手段，履历分析是非常有效的，有的心理学家发现履历分析预测人事变动率的效度系数在 0.77～0.79。另一些研究也表明，履历分析对于出勤率、生产效率、节约成本等结果变量具有较好的预测能力。虽然在最初设计履历分析表时需要花一定的时间，但此后，它的实际施行则既简单又省时。

2. 履历分析技术的注意事项

履历分析技术具有很好的推广前景，但现阶段企事业单位采用的往往都是简历分析技术，对应聘者的简历筛选没有任何科学依据，有时仅凭个人喜好、学历专业来挑选，这些都需要改进。企业在运用履历分析技术时需要注意以下几点。

（1）规范使用资格。对履历分析工作，应该自上而下进行规范管理。对进行履历分析的工作人员，应当进行资格认证和制度管理。目前，许多地区和部门在缺乏专业人员指导的情况下采用履历分析技术，结果导致其信度和效度较低，达不到选拔人才的目的。

（2）规范程序。应建立严格、规范的履历分析程序，对不符合程序的选拔结果予以否决。

（3）规范数据资料。对履历分析的数据及资料进行强化管理，确保数据资料符合履历分析信度和效度的分析要求，这是不断提高履历分析选拔质量的基础性工作。

（4）档案管理。有关履历分析的各类文件、资料、数据，均需以纸张文档和电子文档两种方式保留。各级分析的数据档案管理权限与时限，由上级部门制定。

二、笔迹分析技术

（一）笔迹分析技术的定义

笔迹分析属于实用心理学的范畴，是以书法学的内容和方法研究人的心理、生理和行为的边缘学科，又称为书法心理学。笔迹分析技术是人才测评技术中的一种投射技术，它依据心理投射的原理，充分运用心理学的研究成果，通过分析笔迹中的压力、速度等因素，还原出书写者的气质、性格、个性和行为方式等特征，从而为个人和组织的发展提供帮助和建议。

笔迹分析技术的研究对象是人书写的笔迹，是通过对字的点线书写的特点即力度、速度、方向、角度、顺逆、藏露、曲直、长短、粗细、浓淡、湿枯、多少、笔序、笔势、形态、神态等不同，与字体的特点，即大小、方圆、长扁、斜正等状貌，以及通篇布局的特点，即字在方格或横格中的位置，字距、行距的疏密，连笔、避让、呼应、曲直、错落、倾向、上下变化等内容进行研究，体察并鉴别出书写者的年龄、性别、体质、疾患、寿命、性格、智力、思维方式、学识、职业、感情、品德、机遇等情况。基于此，又可以确切地说：笔迹分析的研究对象是人，而笔迹只不过是赖以通向人的特定信息的符号而已，这才是笔迹分析的真谛。

（二）笔迹分析技术的应用

笔迹分析具有简捷、方便、准确性高、个性化强以及书写动力定型的特点，尽管书写者可能由于心情等原因在笔迹上略有变化，但是，正如英国著名的笔迹鉴定专家戴维斯所说："一个书写者能变化字体的斜度、大小、轻重和速度，但是他一生中的书写习惯如同指纹一样，即使涂抹或者雕琢，也是改变不掉的。"因此，笔迹分析可以避免被测评者不愿合作而带来的掩饰、歪曲、伪装、随机作答等局限，能够更客观地了解被测评者的心理。正是基于这样的特点，笔迹分析的准确率一般为65%，在实践中受到测评专家的重视。

测评专家常常通过笔迹分析来测查被测评者的智力、社交、性格以及心理健康等情况。

1. 笔迹与智力

（1）观察能力。优者的笔画依笔顺而写，照顾到字的四面八方，完整无遗漏，并追求字形的完美；笔画幼细，其收笔处尖锐，字的中隙较窄，字体向左倾斜；从章法上看，空白边逐渐增阔，不论左右。

（2）注意能力。优者的字上部笔画长大利索而又护住下部，说明书写者注意力集中。这种人接受能力强，能聚精会神地听取他人谈话，专注于研究、工作和学习，效率颇高，容易出成绩。

（3）记忆能力。优者的字结构严谨而匀称，字体大小统一而略有变化，点画左顾右盼、首尾呼应，线条劲道而内含弹性，笔画衔接适度，结构严谨，通篇符合布局之法。

（4）反应能力。优者的字体右倾，运笔坚定有力，字距较紧，字行逐渐上偏；横竖画有力而长大；如在稿纸上写，几乎把字都写在格子的右半部；签名时朝右上偏，收尾的笔画呈流转的长曲线。

（5）理解能力。优者的笔画搭配匀称而丰润，书写速度较快，笔画流畅优美，墨色匀称，通篇布局合于规范，气脉灵动、通畅。

（6）分析能力。优者的字体较小，笔画幼细；墨色匀称，字的上隙较窄；字形较圆，字距、行距清晰，结构符合章法，字迹工整清楚，写字速度快且易辨认。书写者的形象思维和逻辑思维均为上乘，有冷静而清醒的头脑，能将所获得的全部信息加以综合处理，通过归纳演绎等严密的逻辑推理找出事物的内在联系和规律性，从而恰如其分地解决问题。

（7）判断能力。优者的笔画刚健，结构方正，或字形左右倾侧一致，字距、行距分隔清楚，说明此人判断能力强，知书达理，看问题透彻、清晰，不被表面现象所迷惑，办事稳妥、可靠。

（8）运筹能力。优者的字迹严谨周正，各部分搭配体现出主从顾盼，又合于法度，字的相邻笔画牵丝缠绕，又多出现环状之形；笔画简约，字体中正严谨，四面八方舒展，善于谋篇，巧于布局。这样的书写者遇事有主张，胸有成竹，办事公道，合乎情理。

（9）想象能力。优者的字体饱满，墨色滋润，撇舒捺展，笔势贯通，主笔突出，外围笔画长大优美而又常出现游丝连贯，用笔放纵。

实践链接

笔迹案例分析

分析：

总体来说，上述书写者综合素质较高，智商属于中上等水平，尤其观察能力、记忆能力、反应能力、分析能力较强，在逻辑思维上属优者。但书写者的运筹能力和想象能力略逊一筹，做事缺乏灵活性和发散性。这种人依据社会规范和经验的办事能力较好，能够正确处理事物之间的联系。有自信心，处事胸有成竹，有一定的组织领导才能，办事认真负责，但创新意识不足，因此适于做事务性工作。

资料来源：郑日昌. 笔迹心理学：通过笔迹透视他人心理 [M]. 北京：北京师范大学出版社，2014.

2. 笔迹与社交

（1）激动型。激动型的人行笔如风，会旋转扭曲出大小、长扁、方圆等各种各样的字形；通篇文字似惊蛇乱舞，掀起层层骇浪惊涛，聚散撞击。另外，速度有快有慢，力度有重有轻，字位高低不平，字形大小不一，左摇右摆，缺乏稳定性，同一个字会有几种不同的写法，通篇笔迹相当不协调。

（2）动情型。动情型的人字体向右倾斜，横写的字行会逐渐朝上爬，左边空白处会越来越宽，笔画的连接处呈弯曲状，字的外形很美，犹如花环。写信的时候，往往把问候语写的很大，借以表达深厚的情谊。动情型的人感情丰富而细腻，从他们的仪表或谈吐便知道，这种人感情外露，在为人处世方面容易走极端，说话过头，掌握不好分寸，喜欢使用感情色彩浓烈、出人意料的词汇，我行我素，跟着感觉走，对亲朋好友有着强烈的情感需要，喜欢结社交友，害怕孤单；工作顺利或成功时，兴高采烈，举杯相庆，而遇到困难或受挫时，灰心丧气。

（3）社交型。社交型的人分为两种，一种是利他型，另一种是利己型。利他型的人开篇会空出两三行，留出较宽的天头空间。主笔长大，长短分明。通篇文字均按一定的倾斜度向左或向右微倾，有的相邻两字的下部笔画无意中相触，且左右字顾盼生情。这种人需要与他人、社会和团体建立联系，将自己置于群体之中。他们善于辞令，待人接物开诚布公，热情好客，乐善好施。

利己型的人字体呈环状，字形较小，笔画左环右绕。在空白纸上书写时，左边的空白边过分狭窄，右边的空白边被文字占据，不留余地。开篇第一行起笔，不留天地空间。这种人虽具备社交型性格的一般特征，但喜欢把自己融于群体之中，有很强的活动能力，但他们的付出是讲代价的，决不做无用功，一定要获得名利，心中才坦然。

（4）反应型。反应型的人写字时如流星闪电，字距较密，字迹潦草，难以辨认。他们习惯把字的最后一笔拖得很长，或把最后一笔向右拉长甩开，签名时，喜欢有"之"形的曲折。这种人具有本能的即刻反应能力，性子急躁缺乏耐心，想和做几乎同步，快节奏，重效率。

（5）黏稠型。黏稠型的人笔画紧凑凝重，不落点画，力度很重，给人以遒劲、朴拙、繁茂之感。快写时常出现拖笔，整篇字微微右倾，左低右高。这种人性子慢，处世冷静，坚定刚毅，情绪不表露于外，容易自制，不善言辞，不喜交际。

（6）意志型。意志型的人写字紧张有力，字形呈浓缩状，字与字之间摩肩接踵，顾盼生情，快写时字行容易相叠相接。这种人心理素质较好，善思索，有主见，处变不惊，自控力强，不会随波逐流。

（7）理智智慧型。理智智慧型的人写字规范，匀称，清楚，绝无媚态、做作、胡抹之习。他们的阿拉伯数字写得漂亮，签名时也和正文风格一致。具有良好的综合思维能力，形象思维和逻辑思维都很发达，遇事喜欢逻辑推理，胸有谋略，极少出错，有使人豁然开朗的能力。

3. 笔迹与性格

一个人的字迹还可以反映出其性格特征。测评者可以从字的笔画轻重、匀称性，字迹的棱角或圆润，写字速度的快慢，字的间架结构，字体的形状、长短、大小，字的模仿性或创造性，字行的高低、倾斜度等特点，综合起来评价人的心理特征。

美国著名的心理疗法专家威廉·希契科克对笔迹学研究已达 20 多年，他藏有 4 万份笔迹档案，得出以下结论。

（1）笔画轻重反映出被测评者的意志品质。性格刚强的人笔画都显得干净利落、方正坚硬；性情软弱的人，字体相对无力，柔弱得多。笔画轻重均匀适中的被测评者，往往有自制力、稳重，对自己喜欢的工作能竭尽全力去完成；笔画不均匀的书写者多半脾气暴躁、喜欢破坏和妒忌心强；笔画过重的人敏感；笔画过轻的人往往缺乏自信。

（2）字行高低反映出被测评者的变化性。字迹有棱有角说明书写者是个意志坚定、观点鲜明、不会改变立场的人，但这种人一般来说会与观点不同者辩论得面红耳赤；反之，字迹圆滑者则是性格随和、办事老练，能一唱百和，善于搞公关工作的人。

（3）字体的结构平衡与否显示出被测评者的变通特征。凡是字体丰润、笔画搭配匀称、书写速度又较快者是理解能力强、忠于职守的人；而字的结构方面严谨、方正以及点画都能体现力度者是记忆力强、办事认真的人；字体方圆、长短、大小错落有致者，其适应性及变通能力强，适宜做交际及公关工作。

（4）字体大小反映被测评者的严谨性。字写得过大的人是举止随便、过于自信和做事比较草率的人；字写得过小则是有观察力和会精打细算的人，字迹过于紧凑则具有吝啬和善于盘算的性格。

4. 笔迹与心理健康

通过分析笔迹的力度与斜度、字体与结构、空格与空白、签名风格等，能够准确地判断出书写者是否存在心理方面的问题。笔迹学家雅曼把笔迹学研究的成果分为以下七大类。

（1）书写的压力反映了人精神和肉体的能量。

（2）笔画结构方式代表了书写人面对外部世界的态度。

（3）字体的大小是自我意识的反映。

（4）连笔程度反映了思维与行为的协调性。

（5）字和字行的方向是人自主性及社会关系的反映。

（6）书写速度与人理解力的快慢有关。

（7）整篇文字的布局反映书写人面对外部世界的态度与占有方式。

目前在西方，笔迹分析已渗透到各行各业，在招聘、升学、择业、司法鉴定等方面均可见其踪迹。但值得注意的是，笔迹分析作为一项技术，需要综合考虑，必须通过专业人士各方面的综合分析、高度概括，才能得出比较符合应聘人实际的鉴定。笔迹分析技术是一门还很年轻的学问，也是一项有趣而充满活力的事业。相信在不远的将来，能为我们带来更多的新信息。

三、工作样本测试

（一）工作样本测试的定义

"过去的行为是将来行为的最好预测"，工作样本技术就是据此理念设计的，是用来预测被测评者实际执行某项工作技能的测试技术。

工作样本测试（working sample test）实际上是对一个被测评者未来可能面临的实际工作场景、工作内容进行抽样和模拟，然后观察和评价其在这种与实际工作背景非常相似的情况下所表现出来的工作绩效的测评方法。它可以直接衡量工作绩效，因此所得到的结果对于被测评者未来的工作绩效的预测效度往往较高。

工作样本是指一种具有明确目的及可操作性的活动。活动的内容可模拟一个或一组真实工作里的工具使用、材料加工以及作业步骤等。其目的是要评估被测评者的职业性向、个人特质、工作习惯与行为以及被测评者学习模式、了解指令（口头或书面）的能力与职业兴趣。工作样本分为单一特质和多重特质。单一特质只测量一种工作特质，如手指灵巧度；而多重特质则测量一组工作特质，如力量、耐力、关节活动度、速度与灵巧度等。

（二）工作样本测试的实施

在工作样本测试中，测评者通常向被测评者布置一项工作任务，要求被测评者在一定时间内完成，测评者对被测评者完成任务的行为过程和行为结果进行观察和评估。例如，在招聘打字员时，测评者通常让被测评者现场录入一篇文章或打印一封口授信函，对被测评者的打字速度、错误率进行评估。在招收演员时也常常采用工作样本测试的方法。

1. 工作样本测试的具体实施步骤

（1）选择几项对拟招聘职位十分关键的工作任务，或者基本的工作任务作为测试样本。在选择任务时需要注意任务的代表性，即用于测试的任务能够真正地代表真实的工作情境，否则很难说被测评者能否胜任应聘职位。

（2）让被测评者执行这些任务，由专人观察，将其工作情况记录在测试清单上，并打分。此过程对观察者的要求较高。观察者不但要有敏锐的观察力以便全面评估被测评者的表现，还要有专业的客观态度和科学的编码知识。为了使观察尽可能客观，此过程最好启用若干个观察者。

（3）求出各项工作任务完成情况的加权分值。简单的计分方式就可以。计分方式的有效性不在其复杂性，而在其是否适合测试内容。

（4）确定工作样本测试的评估结果与实际工作表现之间的相关关系，以此决定是否选取这个测试作为员工选拔的工具。这又回归到选择的工作样本是否有足够的代表性上。如果样本的代表性强，工作样本的评估结果与实际工作表现之间的相关就能较好地达到。

2. 工作样本的测试工具

目前使用较普遍的商业化多重特质工作样本测试工具为杰考氏职前技能评估（jacobs prevocational skills assessment）中的 VALPAR 系列。其开发初衷是希望能借由一套标准化的工具，广泛性地评量劳动者的特质，以预测个体的能力是否符合就业市场的相关工作能力要求。VALPAR 系列有 23 套工作样本，如小型机械工具图、尺寸大小辨识组、独立问题解决测验组、多重标准分类图、全身活动度测量组、手眼脚同步测验组、职前能力评量组、动态体能评量组、视觉空间测试组等，再加上一套新研发的灵巧度工作样本系列。

以 VCWS-7 为例的 VALPAR 工作样本系列介绍如下。

（1）工具的目的及其发展过程。1969 年，Charles J. Rastatter、Donald R. Ross 和 Mr. Thomas L. Brandon 共同设计出这套评估工具。这套工具包含很多子项目，皆可独立施测，也可把各子项目所测得的数据加以统整。使用这套评估工具可测得被测评者是否符合职业要求的大部分特质，其优点是可用来做职业评估及弥补当时一些标准化评估工具所不能评估到的地方。

（2）工具内容。VCWS-7 是一个分开的盒子，由分类板和蓝色塑胶的薄板组成。最上端工作平面是倾斜的、可转移的，工作平面上有八列及已经标明的狭孔，最下端的狭孔是练习的部分。在测验中，被测评者要把塑胶块分类。其中，这些小塑胶板又分为颜色、颜色和字母、颜色和数字、有颜色、字母和数字等几类。如图 7-1 所示。

图 7-1　VCWS-7

（3）环境需求。保证施测现场具有良好的光线、整齐的环境、没有噪声和视觉的干扰，让被测评者可以专心地完成测试。所需的设备包括桌子和舒服的椅子。

（4）适用对象。适用的范围很广，不论有无工作经验，还是有无障碍的人，都适合施测。

（5）测量方式。依据指导语让被测评者完成测验。整个施测过程可分为两个部分：一开始是练习部分，可以用来确定被测评者是否完全了解施测的内容。被测评者不再有问题后，开始正式施测，直到被测评者全部完成为止。

有学者认为，这套评估工具非常符合临床需求，且易于操作和评分，比一般传统采用的笔试多了以下优点。

第一，因为这套工具是模拟实际工作所需的能力来评估的，所以它所得到的结果都暗示着被测评者在真实工作情境中的大概表现。

第二，这套工具附有一份工作特质表，是根据美国 1.2 万份不同性质的工作分析所得到的常模，可以作为被测评者的对照标准。

第三，从这套评估工具，还可间接获得被测评者的兴趣、挫折忍受度等方面信息，能够全方位掌握被测评者的能力范围特征。

第四，这套工具以操作为主，可减少文化差异造成的误差，也可减少口语使用能力所造成的差异。

第五，可用它来监控被测评者与工作无关的行为表现。例如，有一位被测评者可能因为性格或生理上的缺陷，完全和工作样本不合适，因此在操作过程中就会显得无聊或疲劳，由此判断这种工作不适合当前被测评者。这是一般笔试所不具有的优点。

第六，可用来强化工作情境，同时也可协助职业调整训练、强化肌力耐力，或作为渐进性工作评估工具。

思政元素

▶ 通过掌握各种测评技术，引导学生正确看待自己，合理看待理想和现实的关系，自我调适，从挫折中得到锻炼和成长。

▶ 通过了解评价中心技术的基本原理，引导学生在生涯规划中立足长远，将职业理想融入国家发展的时代浪潮中。

▶ 通过学习评价中心技术，引导学生培养正确的职业素养理念。

核心概念

评价中心技术、情景模拟测试、无领导小组讨论、公文筐测验、角色扮演、模拟面谈、案例分析、履历分析、笔迹分析、工作样本、管理游戏

本章小结

本章第一节介绍了评价中心技术的特点、操作及应用。这一技术是人才测评的核心和灵魂，也是最难掌握的一项技术。通过评价中心技术，可以科学地对人员进行测量评价，发现个体的优劣势。通过认真学习本章，读者可以对各项评价中心技术有一个完整的认识。

本章第二节主要介绍了履历分析技术、笔迹分析技术、工作样本测试三种人才测评工具的定义、特点、实施过程、注意问题及其应用。在学习本章时，要了解这些技术的特点，掌握其实施的过程、注意问题，能够在现实中加以应用。

复习思考题

1. 什么是评价中心技术？
2. 评价中心技术有哪些优缺点？
3. 简述情景模拟测试的方法。
4. 无领导小组讨论有哪几种类型？
5. 公文筐测试有哪些优点和缺点？

6. 评价中心技术的操作流程有哪些？

7. 除了评价中心技术，还有哪些测评技术？

 ## 真题演练

银行面试中的角色扮演

银行面试最常见的形式有无领导小组讨论和半结构化访谈，但也不排除其他形式，如即兴演讲、角色扮演等。

● 工商银行真题

请用"飞机、手表、银行、灭火器"这几个词语，编一个积极向上的故事并表演出来，角色要求要有主持人、妈妈、计时员、群众若干，包含但不拘泥于这几个词。

【要求】

1. 思考2分钟后小组成员共同讨论，用给出的词编一个故事并表演内容，讨论时间为25分钟；

2. 表演展示，人物角色自行分配，时间不超过5分钟。

● 农业银行面试真题

一日，某银行网点的中央空调正在维修，营业大厅内有等待办理业务的孕妇甲，有前来咨询ATM机出现假钞的客户乙，还有某公司前来兑换零钱的客户丙，营业网点只有两名柜员和一名大堂经理。请发挥想象空间，通过小组讨论后，将这个即将发生的工作情景表演出来。

【要求】

(1) 小组讨论，时间为10分钟；

(2) 情景模拟表演，时间为20分钟。

资料来源：https://zhuanlan.zhihu.com/p/273512401.

第八章 人才测评结果报告与应用

学习目标

通过对本章的学习，你能够：

▶ 了解人才测评结果的分析方法；

▶ 掌握人才测评报告的撰写方法；

▶ 熟悉人才测评在招聘、内部晋升、培训、绩效考核中的应用；

▶ 了解人才测评的前景。

案例引入

某饮料公司人力资源助理岗位的招聘

C 公司是大型民营饮料公司之一，拥有 10 多种饮料品牌，公司每年都要在国内高校巡回宣讲，希望招收到最优秀的毕业生进入公司。2020 年 C 公司准备招聘 2 名人力资源助理，经过系列测评，有 5 位候选人脱颖而出。下面是其中一位候选人的测评报告。

人力资源助理测评报告

姓名：张某 性别：女 年龄：22 测评日期：2020 年 4 月 25 日

测评项目：MBTI 人格测验、无领导小组讨论 职位：人力资源助理

张某 MBTI 人格测验结果如表 8-1 所示。

表 8-1 张某 MBTI 人格测验结果

类型	人群指数范围	人群百分比	人群中百分位
外倾（E）–内倾（I）	100%~1%	44%~56%	82
感觉（S）–直觉（N）	100%~1%	46%~54%	78
思考（T）–情感（F）	100%~1%	54%~46%	31
判断（J）–认知（P）	100%~1%	48%~51%	56

MBTI 测验结果为：ESFJ 型，即外倾、感觉、情感、判断。

这种类型的人非常重视人际关系，易察觉他人的需要并善于给他人实际关怀，待人

友好、善解人意并有很强的责任心。看到周围的人舒适和快乐，也会感到快乐和满足，健谈，因此非常受欢迎。

热情，有活力，乐于合作，有同情心，机敏圆滑，希望得到别人的赞同和鼓励，需要和睦的人际关系，对于批评和漠视非常敏感，对竞争和冲突会感觉到不愉快，因此尽力避免发生这样的事情。

做事有条理，对细节和事实有出色的记忆力并且希望别人也如此。着眼于眼前，基于经验和事实做出决策，将事情安排得非常妥当，喜欢成为活跃而有用的人物。能很好地适应常规工作和活动，不喜欢做需要掌握抽象观点或客观分析的工作。

喜欢组织众人和控制形势，喜欢安全和稳定的环境，支持现有制度，注重并很好地遵守社会约定规范。忠于自己的职责并愿意超出自己的责任范围而做一些对别人有帮助或有益处的事情，在遇到困难和取得成功时，都很积极活跃，希望付出能得到回报或赞扬。

无领导小组讨论测试结果如下。

(1) 沟通能力：言语表达准确，能积极提出自己的观点，发言主动。但缺乏说服技巧。有效发言比率不高。

(2) 合作意识：认真倾听别人意见，理性处理讨论中的分歧，言语有一定的亲和力。能为了顾全大局而放弃自己的观点。

(3) 组织协调能力：主动协调各方意见，较好地控制时间。在讨论中能积极引导其他讨论者关注讨论的目的，对目标实现起到关键作用。但自主意识过强。

(4) 分析问题能力：分析问题比较清晰，能够提出切实的解决办法。但缺乏相关经验，对问题的分析不够深刻。

结论及建议：从测评结果可见，被测评者性格开朗、外向，有一定的合作意识，沟通与组织能力较强，具备人事管理工作的素质与能力。建议从事行政管理、人力资源管理等管理性工作。

资料来源：许明月. 招聘与人才测评［M］. 天津：天津大学出版社，2017.

人才测评结束后，进入测评结果的处理和分析阶段。这个阶段主要任务是对测评收集到的数据进行处理，对这些数据进行汇总、分析、解释和评价，并以适当的方式将测评结果呈现出来，为人力资源决策提供参考。

测评结果报告是人才测评的最终产品，所有严谨周密的指标体系设计、测评工具选择、测评实施，都是为最后报告的准确性和有效性服务的。做好一份全面与简洁、详细与明确兼备的优秀报告，是人才测评的点睛之笔。那么测评报告究竟应该包括哪些方面的内容呢？我们应从一份测评报告上获取哪些信息呢？应如何正确应用测评报告呢？本章将就以上问题做具体的介绍。

第一节　测评结果分析和呈现

从信息论的观点来看，人才测评实际上是一个信息搜集、处理、输出或反馈的过程。作为人才测评信息的输出或反馈，测评结果的报告是人才测评过程中的一个重要环节。

一、测评数据的处理

测评结束后，测评人员需要对测评结果进行统计和分析。测评结果的统计与分析需要测评人员运用统计学、数学、测量学的知识进行处理。虽然现在可以借助计算机系统直接给出测评结果，但其中的分析逻辑过程与人工处理是一样的。因此说计算机只是工具，代替不了人脑，人才测评的思想逻辑才是基础与核心。测评数据的处理即是把分散的测评指标数据综合为一个总分数的做法。常用的测评数据的处理方法有以下几种。

（一）累加法

累加法也叫加法汇总法，是将测评对象在各个测评指标上的得分直接累加，从而获得其综合素质总分的方法。其计算公式如下：

$$S = \sum_{i=1}^{n} x_i = x_1 + x_2 + x_3 + \cdots + x_n$$

式中：S——总得分；

x_i——第 i 个测评指标的得分。

例如，某人的品德素质得分为 30 分，智能素质得分为 35，体质得分为 20，则采取累加法得其总分是 $S = x_1 + x_2 + x_3 = 30 + 35 + 20 = 85$。

累加法要求各指标的计算单位应该大致相同，否则要考虑采取加权综合法。

（二）平均综合法

平均综合法也叫算术平均法，把各项测评指标得分作算术平均数运算而求出一个总得分。当有多位专家参与测评时，对这些专家的测评结果进行汇总，最基本的方法就是求均值。其计算公式如下：

$$S = \frac{1}{n} \sum_{i=1}^{n} x_i = \frac{1}{n}(x_1 + x_2 + x_3 + \cdots + x_n)$$

式中：S——总得分；

n——测评指标的总数；

x_i——第 i 个测评指标的得分。

（三）加权综合法

加权综合法也叫加权求和法，是根据各个指标间的差异，对每个指标得分适当扩大或大幅度缩小后再累加的一种方法。加权有两种依据，其一是按照个别指标在这个测评指标体系中的重要性来确定权重，即重要性越高，权重越大；其二是按照测评目的不同来确定权重，即依据测评是选拔、奖惩、培训还是晋升。加权综合法的计算公式如下：

$$S = \sum_{i=1}^{n} w_i x_i = w_1 x_1 + w_2 x_2 + w_3 x_3 + \cdots + w_n x_n$$

式中：S——总得分；

w_i——第 i 个测评指标的权重；

x_i——第 i 个测评指标的得分。

（四）连乘综合法

连乘综合法即把各指标得分直接相乘得到一个总得分。其计算公式如下：

$$S = \prod_{i=1}^{n} x_i = x_1 \cdot x_2 \cdot \cdots \cdot x_n$$

式中：S——总得分；

x_i——第 i 个测评指标的得分。

这种综合方法的优点是便于拉开档次，"灵敏度"非常高，但容易产生晕轮效应，当一个指标上得分很小或为零时，整个测评的总分会因此变得非常小或为零。

（五）指数连乘法

指数连乘法不但考虑了各指标上的得分，还考虑了指标的相对重要性。其计算公式如下：

$$S = \prod_{i=1}^{n} (x_i)^{wi} = (x_1)^{w1} \cdot (x_2)^{w2} \cdot \cdots \cdot (x_n)^{wn}$$

若两边取对数则有 $S' = \sum_{i=1}^{n} w_i x_i$

需要注意的是，指数连乘法有利于拉开距离，区分测评对象的档次。

二、测评数据的解释

测评数据的解释是参照测评的常模和标准，对被测评者的得分情况进行解释，测评数据解释参照的标准通常有两种形式：常模参照和标准参照。

（一）常模参照

常模参照是以某个常模团体的分数分布作为解释分数的参照标准，把被测评者的成绩与常模团体作比较，根据被测评者在该团体内的相对位置来报告其成绩。常模团体是指具有某种共同特征的人所组成的一个群体的代表性样本，也叫标准化样组。常模团体的分数分布叫作常模，通常用一个标准的、规范的分数表示，为测验分数提供比较的标准，从而对测验分数做出解释。例如，实施逻辑推理能力测验后，如果将被测评者的成绩与其他人的成绩相比较，可以知道被测评者在人群中的位置，这就是常模参照分数解释。常模是针对一个总体的某个具体特征而言的，不同的总体有不同的常模，同一总体具有不同特征的也有不同的常模。例如，中学生常模、大学生常模，常模的解释只能限定在构成此常模的总体范围内，也只能局限在具体的测验属性之内，如不能用中学生人格常模解释大学生人格，不能用智力常模去解释人格。

建立测验的常模，应在标准化的条件下，采用随机抽样或随机分层抽样选取有代表性的大规模样组施行测验，测验组的平均成绩可以作为常模，为分数解释提供参考。根据常模，结合该测验的信度和效度资料，就能对测验所得的分数做出比较合理的解释。常模的表示形式主要有 2 种：转化表和剖析图。

1. 转化表

转化表又称常模表，是一种最简单、最基本的呈现常模资料的方法。转换表由原始分数表、相对应的标准分数和对常模团体的具体描述三个要素组成。复杂的形式通常包括几个分测验或几种常模的原始分数与标准分数的对应关系。测验的使用者可利用转换表将原始分数转换成标准分数，也可根据给出的导出分数找出相应的原始分数。转化表主要由原始分数、与每个原始分数对应的导出分数（或量表分）、有关常模团体的具体描述 3 部分组成。中国成人（男）16 种人格因素常模表见表 8-2。

表 8-2　中国成人（男）16 种人格因素常模表

因素	1	2	3	4	5	6	7	8	9	10	平均分	标准差
A	0~2	3	4~5	6~7	8~10	11~12	13	14~15	16~17	18~20	10.0	3.27
B	0~3	4	5~6	7	8	9	10	11	12	13	8.65	2.61
C	0~6	7~8	9~10	11~12	13~15	16~17	18~19	20~21	22~23	24~26	15.0	3.95
E	0~5	6	7~8	9~10	11~12	13~14	15~16	17~18	19~20	24~26	12.77	3.60
F	0~3	4~5	6~7	8~9	10~12	13~14	15~17	18~19	20~21	22~26	12.39	4.40
G	0~5	6	7~8	9~10	11~12	13~14	15~16	17	18~19	20	12.63	3.31
H	0~1	2~3	4~6	7~8	9~10	11~13	14~15	16~18	19~20	21~26	11.07	4.43
I	0~3	4~5	6	7	8~9	10~11	12	13~14	15	16~20	9.65	2.95
L	0~4	5	6~7	8~9	10~11	12	13~14	15	16~17	18~20	10.95	3.06
M	0~3	4	5~6	7~8	9~10	11~13	14	15~16	17~18	19~26	10.89	3.51
N	0~3	4	5~6	7	8~9	10~11	12	13~14	15	16~20	9.66	2.75
O	0~1	2	3~4	5~6	7~8	9~10	11~12	13~14	15~16	17~26	8.53	3.64
Q1	0~4	5~6	7	8~9	10~11	12~13	14	15~16	17	18~20	11.50	2.91
Q2	0~5	6~7	8~9	10	11~12	13~15	16	17~18	19	20	12.95	3.34
Q3	0~4	5~6	7~8	9~10	11~12	13~14	15~16	17	18~19	20	12.16	3.58
Q4	0~2	3~4	5~6	7~8	9~10	11~13	14~15	16~17	18~19	20~26	10.78	4.01

　　根据转化表进行解释时，需要注意常模转化表总是特定的，即一个转化表总是来自特定的常模样本，这种转化表只能表示被测评者在常模样本内的相对等级，若要一次做出某种结论或预测，需要进一步获得信度和效度的依据。

　　2. 剖析图

　　剖析图是将一个测验的几个分测验分数在一张图上呈现出来，以便更直观地比较测评对象在几个分测验上的表现，并对其在整个测验上的表现得出一个整体的印象。使用剖析图作分析，要求各个分测验所使用的常模样本必须相同，否则各个分测验分数之间无法比较。需要注意的是，使用剖析图容易夸大各个分测验间分数的差异，为避免这个问题，有些剖析图注明了多少距离代表两分数间差异显著，使用者可以据此很快地确定某对分数间是否存在差异。还可以将被测评者分数用一段范围表示，假如范围不重叠，表明分数间有显著差异存在。

　　（二）标准参照

　　常模参照只能说明被测评者在某一团体中的相对位置和与常模团体相比较而言的被测评者的素质特征，不能反映出被测评者的实际能力和水平。当需要直接对被测评者的素质做出解释而不是参照他人的素质特征时，可以采用标准参照的方法来解释测验结果。所谓标准参照就是将测验结果与某种标准进行比较。标准参照的分数解释分为内容参照分数解释与结果参照分数解释。

1. 内容参照分数解释

内容参照分数解释是依据被测评者对某个范围中的内容或技能掌握和熟悉的程度来表示和解释的，在内容参照分数解释中，比较的对象不是其他人，而是测验所包括的内容。内容参照分数主要用于能确定可接受的最低标准的资格测验，如职业资格测验。这类测验能够反映出被测评者所掌握的知识或技能的水平，指出被测评者知道什么和能做什么，因此，在多数情况下，这比知道一个人在团体中的相对位置更有价值。

2. 结果参照分数解释

结果参照分数解释适用于进行预测的情况，它是将标准材料直接结合到测验结果的解释过程中而进行评价的分数，可以表示获得某个分数的被测评者达到某种标准水平的可能性。要得到结果参照分数必须有两个先决条件：首先，测验分数必须与一个重要的标准高度相关，也就是要有效度证据；其次，要有一个能把测验分数和标准成绩结合起来的方法，也就是要有转换分数的图表。

进行结果解释的常用表示方法是期望表，这种方法是通过一种简单图表，显示出获得特定测验分数的人得到每一种效标分数的百分比，即将测验分数用产生各种不同结果的概率进行描述，如获得 60~90 分的被测评者有 95% 的可能性达到绩效 C。

三、测评结果的分析

测评结果的分析是根据被测评者的得分，分析其在测评指标当中的具体表现，如优势在哪里，不足在哪里，等等。测评结果分析是对测评对象整体状况进行分析，从而了解被测评者的素质水平。测评结果的分析主要包括三种形式：整体分布分析、总体水平分析与差异性分析。

（一）整体分布分析

整体分布分析是通过图表的形式来分析素质测评结果的一种方法。常见的有频数分布表分析和频数分布图分析。借助这些手段可以了解数据的最大值、最小值、全距等信息，还可以通过作图来进一步了解分布的偏态和峰态，从而更加直观地反映被测评者的整体分布情况。

1. 频数分布表分析

频数分布表也称次数分布表，常见的频数分布表有简单频数分布表、累积频数分布表、累积百分比分布表等不同形式，利用频数分布表可以使整个测评结果一目了然。简单频数分布表的步骤如下。

（1）求全距。全距=最大值-最小值。

（2）决定组数与组距。一般分为 10~15 组。组数确定之后，组距=全距/组数，组数一般以奇数为好，也可以先确定组距，再确定组数。

（3）决定组限。组限就是每一组的起止范围，每一组以表中的最低数据为下限，最高数据为上限，组中值为上下限的平均值。

（4）登记频数。分组完毕之后，就可将每个数据归入相应的组内，并以符号Ⅰ、Ⅱ、Ⅲ或"正"字逐个登记，然后求出每组内的总和，总和称为频数或次数，详见表8-3。

表8-3　简单频数分布表

素质测评得分	登记（2）	频数（3）
115	Ⅰ	1
118	Ⅰ Ⅰ Ⅰ	3
121	ⅢⅢ Ⅰ Ⅰ Ⅰ	8
124	ⅢⅢ ⅢⅢ	10
127	ⅢⅢ ⅢⅢ ⅢⅢ ⅢⅢ	20
130	ⅢⅢ ⅢⅢ ⅢⅢ Ⅰ Ⅰ Ⅰ Ⅰ	19
133	ⅢⅢ ⅢⅢ Ⅰ Ⅰ	12
136	Ⅰ Ⅰ Ⅰ Ⅰ	4
139	Ⅰ Ⅰ	2
142	Ⅰ	1
总和		80

累积频数分布表的制作可以在简单频数分布表的基础上进行（见表8-4）。一般把简单频数分布表制好后，只要再加上第5步：把表中的频数按由上向下或由下向上的次序逐个累加，并把所得结果填写在右边的（4）列中，显然（4）列中填写的第一个数值与其左边（3）列中的第一个数值相同，而（4）列中最后填写的一个数字即为（3）列中所有数值总和。累积百分比分布表的编制是在累积频数分布表的基础上进行的，一般在累积频数分布表完成后，将（4）列中各个数值除以总和（80），再乘以100，并把相应的结果填入列表中，就得到了累积百分比分布表。

表8-4　累积频数分布表与累积百分比分布表

素质测评得分（1）	组中值（2）	频数（3）	累积频数（4）	累积百分比（5）
115	116.5	1	1	1.25
118	119.5	3	4	5.00
121	122.5	8	12	15.00
124	125.5	10	22	27.50
127	128.5	20	42	52.50
130	131.5	19	61	76.25
133	134.5	12	73	91.25
136	137.5	4	77	96.25
139	140.5	2	79	98.75
142	143.5	1	80	100.00
总和		80		100.00

2. 频数分布图分析

频数分布图也称为次数分布图，它是以曲线或者折线来表示相应的频数分布表的一种形式，它是频数分布表的图形化。常见的有直方图和多边图。直方图是以面积来表示频数的分布，即用位于横轴上各组上下限之间的矩形面积表示各组频数分布的情形。其操作步骤大致如下。

（1）作横轴。将各组上下限或者组中值分别在横轴上标出，注意在横轴的两端要留出至少各一个组距的位置。

（2）作纵轴。纵轴一般用于表示频数。

（3）作平行线。按照各组的频数在纵轴上标出平行线，该平行线会与每组上下限之间相交而形成矩形，该矩形的面积就表示了该组的频次。

将每组矩形上边的中点标出，再将相邻中点用直线连接起来，即可得到频数分布的折线图，如图8-1所示。

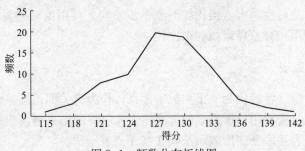

图 8-1　频数分布折线图

（二）总体水平分析

总体水平分析是指通过众数、平均数或中位数的分析，来把握全部被测评者一般水平的分析方法，它反映测评数据向某点集中的情况。

众数是指频次最多的那个素质特征、分数或者等级，它代表了整体水平结构群中最大的典型群水平。

平均数是指所有测评结果在理论上的代表值。众数只是用出现频次最高的部分结果代表整体结果，而在平均数计算过程中，每个测评结果都会对测评的总体结果产生影响。常用的平均数有算术平均数、几何平均数、调和平均数。

中位数是另一个反映数据中心位置的值，它是按一定顺序排列后处于中间位置的那个数。当项数为奇数时，中位数是位于中间的那个数；当项数为偶数时，中位数是中间两数的平均值。一般来说，在没有极端值存在的情况下，中位数总是能更好地反映数据的中心位置。

（三）差异性分析

整体差异分析有两极差、平均差、方差、标准差与变异系数等不同形式。差异情况反映一组数据的变异程度或离散程度。

两极差反映了测评结果的分布范围，它的求法与全距的求法相同。

平均差是指每个测评对象的得分与整体平均水平的差的绝对值的平均数，其计算步骤为：首先，算出整体测评结果的平均值；其次，分别求每个测评对象得分与整体平均差的差，再将结果取绝对值；最后，将所有求出的绝对值相加，再除以测评对象的人数，即可得到测评整体的平均差。

方差是指所有测评对象的得分与整体测评结果的平均值之差的平方与测评对象总个数之商，以符号 σ^2 表示，即 $\sigma^2 = \dfrac{\sum (x_i - \bar{x})^2}{N}$。

标准差是方差的算术平方根，即 $\sigma = \sqrt{\dfrac{\sum (x_i - \bar{x})^2}{N}}$。

人才测评：理论与实践

变异系数是标准差与平均数的比值，即 $Cv = \dfrac{\sigma}{\bar{x}}$。

式中：Cv——变异系数；

$\quad\quad \sigma$——标准差；

$\quad\quad x$——平均数。

标准差、方差、平均差和变异系数都反映了总体的平均差异情况，差异量数越大，说明总体中的个体的素质差异性越大。当比较对象单位不同，仅用绝对差异量（标准差、方差）难以说明问题时，要用相对差异量指标来比较。

四、测评结果的呈现

人才测评的结果最终将转化为文字和数字信息，作为有关部门选拔、任用、考核、培训和晋升的依据，因此，需要用科学直观的方式将人才测评的结果呈现出来。人才测评结果的呈现方法主要有表格表述法、图形表示法和文字评语表示法。

（一）表格表述法

这是一种通过数据统计表格来表述人才测评结果的方法。表格表述法是一种定量表述的方法，突出了数据客观准确、简明扼要、便于归类、利于计算的优点，是目前人才测评中被广泛应用的有效表述手段。但是由于数据表格的专业性，对阅读者要求较高，需要有一定的测量学知识。

表 8-5 为 16PE 人格测评报告。

表 8-5　16PE 人格测评报告

人格因素	原始分	标准分	低分者特征	标准分	高分者特征
A	8	5	缄默孤独		乐群向外
B	2	1	迟钝、学识浅薄		聪慧、富有才识
C	16	6	情绪激动		情绪稳定
E	14	6	谦逊顺从		好强固执
F	16	7	严肃审核		轻松兴奋
G	12	5	权益敷衍		有恒负责
H	12	6	畏怯退缩		冒险勇敢
I	8	5	理智、着重实际		敏感、情感用事
L	12	6	依赖随和		怀疑、刚愎自用
M	14	7	现实、合乎成规		幻想、放荡不羁
N	10	6	坦白直率、天真		精明能干、世故
O	14	8	安详沉着、有自信心		忧虑抑郁、烦恼多端
Q1	12	6	保守、服从传统		自由、批评激进
Q2	10	4	依赖、随群附众		处理、当机立断
Q3	12	5	矛盾冲突、不明大体		知己知彼、严谨
Q4	20	10	心平气和		紧张困扰

（二）图形表示法

图形表示法是利用统计图形来表述人才测评结果，也是一种定量的表述方法。这一方法除了具有表格表述客观精确、简明扼要的特点外，其数据直观性更强、更形象化，也更便于理解。因此，图形表示法在人才测评中被普遍采用。最常见的表示图形有条形图、饼图、折线图、雷达图等。图8-2为多种职业能力测试结果的图形表示法。其中横轴 XU 表示一般学习能力，YY 表示言语能力，SX 表示数学能力，KJ 表示空间推理能力，ZJ 表示知觉能力，CX 表示抽象推理能力，LJ 表示逻辑推理能力，JX 表示机械推理能力。

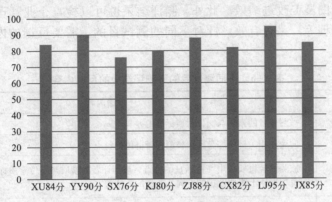

图8-2 多种职业能力测试结果

（三）文字评语表示法

通过语言文字来对人才测评结果进行评定，是一种定性表述方法，可以采用事实记录、面试、资料分析等手段，通过文字评语的方式给出结论。文字评语表示法具有素材丰富、便于理解、生动鲜明等特点，同时也受到评语的写作者的文字功底、主观倾向以及阅读者的理解偏差的影响，并且写评语的工作也是非常费时、费力的。为了避免主观因素的影响和节省时间，一些测评系统采用"优""良""中""差"等标准化的评语来客观化表述，并引入计算机自动评价，虽然克服了部分文字表述的缺点，但也暴露出评语单调、信息量不足、评价笼统等弱点。

瑞文推理测验分析示例

你有很强的自学能力，能够灵活使用多种思维方法，如图形、文字、形体动作等，想象力丰富，能从很多复杂的事物中找出共性并有逻辑地分析。学习能力一般受兴趣引导学习，尤其对感兴趣的课程，有自己独特的学习习惯。通常不关注事物的细节，更多地习惯从道理上分析提炼得出方法而不是从自身经验出发。

你的记忆力超群，记忆的速度快，并且准确，关注事情的全局，通常能够记住事情的多方面和事件的完整过程，但常出错，精确性差。对自己的判断较自信，在信息加工过程中倾向于以内部感知线索为指导，比如记忆单词通常根据自己的编码方法而向别人学的方法速度会较慢，很少受外界刺激变化影响。当机立断，行动快捷，好交往，能更准确预测到将发生的变化并完善自己的决定。发现和利用自己所需信息及有效适应社会生活的能力较强通常能更快地解决问题，能比同龄人在同一个事物上获得更多的信息，能很快熟悉新环境和气氛。

五、测评结果的反馈

测评结果的反馈是测评实现其价值的重要手段。为了改进被测评者的工作能力和态度，需要把测评结果反馈给被测评者。

人才测评结果从各个角度为人事决策（如招聘、晋升、调岗、薪酬等）提供依据，利用测评结果可以帮助员工改进绩效。此外，测评结果也可以检查企业管理中各项政策（如人员配置、员工培训等）是否有效。针对不同的测试目的，需要反馈的内容也不同，具体如表8-6所示。

表8-6 不同测试目的下测评结果的反馈内容

测试目的	反馈内容
选拔性测试	被测评者的素质与岗位素质标准的差异
培训需求分析测试	向企业相关部门综合反馈被测评者群体的特点
能力培训与开发测试	被测评者每项素质（指标）的特点、被测评者的素质与岗位素质标准的差异，被测评者在每项素质上需要改进的方向、改进的方法等
绩效管理评估测试	向被测评者说明评估结果，指出被测评者素质中的优势与劣势，针对劣势提出改善建议
能力诊断测试	反馈内容视测试目的与企业的具体要求而定
职业发展测试	反馈测试过程中被测评者表现出的职业倾向、工作类型，需要提升的素质，开发的潜能

第二节 人才测评报告的撰写

人才测评报告是考官根据被测评者完成的测评项目进行分析后写出的书面报告。不同的测评目的对报告的要求不同，不同的测试项目能够表现的报告形式也不同。撰写测评报告是对人才测评技术人员的基本要求。本节主要讨论人才测评报告的种类、报告的结构、报告的撰写原则、要求及注意事项。

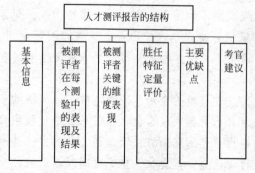

图8-3 人才测评报告结构图

一、人才测评报告的结构

测评报告的功能与对象直接决定着测评报告的结构。但除整体报告以外，其他针对被测评者个人的测评报告的结构基本相同。一般情况下，测评报告包含以下内容，见图8-3。

（一）基本信息

测评报告的基本信息包括：被测评者姓名、编号、申请职位或现任职位，以及对测评活动的说明。测评活动的说明包括测评的背景信息、测评目的、测评指标、测评方法等。例如，测评报告的基本信息如表8-7所示。

表8-7 测评报告的基本信息

被测评者姓名	×××	担任职务	财务经理
工作单位	河北×××电厂	测评时间	2012年4月5日
考官	张××、刘××	报告撰写	张××

说明：公司人力资源部与河北人力资源开发研究会测评专家共同组织本次测评活动。测评活动的目的是了解公司中层管理者的素质水平，为中层管理人员岗位的调整提供参考信息。被测评者分别参加了个性特质测验、职业价值取向测验、半结构化面试、无领导小组讨论、公文筐测验。分别对被测评者的个性特征、职业倾向、管理素质及能力进行了测查。

（二）被测评者在每个测验中的表现及结果

先做定性评价。例如："被测评者基本具备企业高级管理者的素质"或"被测评者不胜任该岗位"。进而考官向被测评者或其主管汇报被测评者在每个测试项目中的表现及结果。这一部分的信息要体现量化指标与定性指标。另外，也可以将被测评者的成绩与其他被测评者的成绩进行比较。例如，被测评者在每个测验中的表现及结果如图8-4所示。

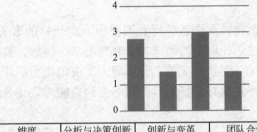

维度	分析与决策创新	创新与变革	团队合作	授权与控制
评分	2.75	1.5	3	1.5

图8-4 被测评者在每个测验中的表现及结果

点评：被测评者在公文筐测验中的表现如下。在决策过程中细心参考多种信息，善于发现合作的对象和机会，并采取果断措施。但对事务本质的认识程度需要加强，要能够通过表象分析背后的信息；要学会通过组织内部的职能分工、汇报路线解决问题，对下属的指示还需明确，并且要明确要求任务完成的时间或标准。创新与变革的意识以及对下属的控制力需要提升。

（三）被测评者关键的维度表现

对被测评者每个测验中的表现及结果进行分析是横向分析，而对被测评者关键维度的分析则是纵向分析。纵向分析就是以每个测试维度为主线，依据被测评者在每个测试项目中的表现进行独立的分析，主要应说明被测评者每项素质的特点。比如三个测试项目都是对被测评者的分析能力进行测试，但三个测验的重点不同，分别从分析的深入性、结构化及全面性进行测试。

也有测评专家强调，应从一般能力、个性品质、工作风格三个方面对被测评者的特点进行概括，从而有效区别各个被测评者的素质特点。

- 一般能力：性格、品行。
- 个性品质（工作品质）：积极性。
- 工作风格（管理特点）：个性与沟通、基本能力。

（四）胜任特征定量评价

有的企业建立了科学的胜任特征体系，并且提炼出了企业全员、职系与岗位的胜任特征模型。在岗位胜任特征模型中，对任职者在每项素质维度上的等级都进行了明确的规定，并且每项素质的等级都是通过具体的行为语言进行表述的。这就为考官对被测评者每个维度的行为表现进行定量评价提供了可能。在这一环节，考官可以将被测评者每项维度的行为等级与岗位胜任特征模型进行直观比较，从而便于报告阅读者更加直观地发现被测评者与岗位的匹配程度。

（五）主要优缺点

这是对被测评者进行综合评价的部分。考官在这一环节需要将被测评者在各个测试项目中的表现、被测评者在关键维度上的表现与岗位素质标准结合起来，对被测评者进行以信息整合为基础的概括性分析。通过考官的整合，可以概括出被测评者相对岗位素质标准而言存在的优点与缺点。被测评者主要的优点与缺点均要分别罗列出来，并且对其优缺点均要按照从重要到不重要的顺序进行合理的排序。

1. 优点概括与分析

通过考官的综合分析与概括，将被测评者在所有测验中表现较好的素质维度提取出来。被测评者的优势素质维度必须通过两种以上的测试方法表现出来。例如，被测评者在测试过程中表现出的战略管理、知人善任、创新与变革、分析能力、决策能力都非常优秀。在面试与公文筐测验中的表现表明被测评者具有良好的口头与书面沟通能力。

2. 不足（缺点）分析

被测评者的不足分析同样要通过不同的测试方法得到验证。对不足能力进行排序，最欠缺的能力放在第一位，以此类推。例如：综合被测评者在全部测验中的表现，为被测评者提出三点不足。

（1）听取他人意见。被测评者在听取他人意见方面不尽如人意。听取他人意见对于高层管理者收集决策信息、提高决策质量会有很大的帮助；同时，听取他人意见能够增强团队的凝聚力与向心力。

（2）对下属进行有效授权。被测评者属于典型的"亲力亲为"型的领导，这种领导风格有可能会降低下属的工作积极性甚至会使其产生逆反心理。优秀领导者的重要表现应该是指导下属完成工作，而不是替下属完成工作。

（3）团队意识。被测评者在小组讨论、面试与公文筐测试过程中的共同表现是团队意识不突出，在管理工作中比较注重个人作用。被测评者应该认识到团队在达成战略目标中的关键性作用，增强团队组织与协调能力。

（六）考官建议

报告撰写人在进行上述综合分析的基础上还应为被测评者提出考官建议。考官的建议可以分为推荐建议、工作建议与学习建议。推荐建议分为四个等级，非常合适、比较合适、一般、不太合适。工作建议是考官对被测评者工作过程中应该注意的问题进行提示。学习建议是考官在对被测评者优缺点进行概括的基础上，对被测评者近期和长期的学习目标和学习内容、学习方法提出的意见。

工作建议是考官根据被测评者的素质不足，推断出被测评者在工作过程中的工作风格，以及需要注意的问题，在工作过程中需要学习与提高的能力及方法。即针对被测评者素质的不足提出在工作过程中训练的内容、自我训练的技巧。

例如，建议被测评者在工作过程中，刻意安排和参加团队工作方面的活动，重点关注分工合作技能的训练，如开展某个项目，通过对项目的合理分工，控制每个团队成员的工作进程，成功完成任务，以此来提升自己的团队领导与管理技能。在建立合作伙伴关系方面，建议被测评者列出本组织的合作伙伴的名单，进行分类管理，在选择合作伙伴时，掌握全面信息，根据企业的利益诉求不断扩大合作网络。

在培训建议中，考官要根据被测评者素质的不足之处，帮助被测评者确定学习范围、学习目标、学习内容、学习渠道或方法。

例如，建议被测评者重点学习团队管理与客户关系管理方面的知识，通过学习掌握团队成员的角色与定位、团队组织与协调、调动团队成员的工作积极性、团队发展的知识与管理技巧，了解分工合作对于团队完成任务的重要性；通过学习掌握客户关系管理的方法与技巧，了解客户对于组织成功发展的重要性。

二、人才测评报告的种类

人才测评的结果报告能使测评组织了解到组织内部成员当前的素质状况，为人才的招聘选拔、开发培训、薪酬激励等提供基础信息；人员素质测评报告使测评对象能够科学地获知自己的性格类型、职业兴趣等，帮助测评对象认识到自己的长处和短处，在今后的工作中扬长避短。

（一）个人测评报告

个人报告是针对每个被测评者参与的测试项目、测试维度、测试结果的说明。基于不同的测试目的，个人报告要求不同，报告的结构与内容也有所不同。但个人报告必须说明被测评者的素质特点，以便领导根据报告提供的信息进行正确的人力资源管理决策。

一份好的个人报告需要达到结构严谨、信息详尽、客观公正三个要求。

严谨的报告结构使阅读者对报告的内容一目了然。一般一份完整的个人报告需要包括以下 8 项内容。

（1）测评归类信息。主要包括测评编号、单位、机构名称、日期，给出这些信息是为了方便之后的整理、归类和存档，以及对测评结果进行追责。

（2）被测评者信息。这一部分包括被测评者的姓名、性别、年龄、教育情况、职业情况等人口统计学相关信息，这些个人特征的收集既可以印证测评结果的真实性，也可以为测评结果的解释提供一些参考信息。

（3）测评项目。这一部分包括测评的具体内容，需要列举出测验的题目和顺序、填写的要求等。

（4）测评结果。这一部分主要列出被测评者的测评结果，包括被测评者的总体结果与各指标的分别结果。测评结果的陈述可以选用文字与图表相结合的方式，以便更直观地向阅读者展示测评的数据资料。

（5）结果分析。这是报告最重要的部分之一，主要陈述针对这个数据结果进行的分析和解释，需要根据题目的顺序逐个进行解释。在编写这一部分时，需要注意解释的准确性和合适性，既不能模糊带过也不能牵强附会，要求撰写人客观、准确地呈现结果的实际意义。

（6）总评。总评是报告最受关注的部分，也是最能考查报告质量的部分。这一部分需要撰写人综合测评的目的和结果，对被测评者进行总体评价，并给出一些可操作性意见。如果用在企业的招聘上，这里需要撰写人呈现出被测评者的各方面评价，包括哪里适合这个职位、哪里不适合这个职位、总体来讲是否可以胜任这个职位等信息。

（7）复核意见。这一部分需要由专家核查整个报告之后填写意见。

（8）责任人信息。这一部分填写撰写人和复核专家的信息，包括姓名、工作单位、日期等，以便后期的沟通和追责。

人员素质测评报告的结果和结果分析部分应该尽可能详细，一般需要采用文字、数字、图形、表格等多种形式呈现，既要描述被测评者的优点也要指出被测评者的不足，辅以被测评者的具体表现作为事实依据，供阅读人选择使用。

测评报告的另一个要求是保证客观公正。人员素质测评过程很多时候都会受到主观因素的影响，在最终撰写测评报告的时候需要注意主观因素带来的影响，力图使报告的分析和呈现客观、科学。个人测验报告范例的样式见表8-8。

表8-8 按照各项测验撰写的个人测验报告样式（选拔性）

编号	1	姓名	×××	性别	女	年龄	39
部门	货运部						
检验项目	1. 公文筐测验　2. DISC 个性测验　3. 无领导小组讨论　4. 管理人员人格测验						

测评结果请见附件

公文筐测验

1. 工作条理性

工作极其有条理，能从各种纷繁的事物中理出头绪，能根据事物的性质进行准确的分类，并能按照事务的轻重缓急安排工作。

2. 计划能力

对工作的处理得当，分析能力较强，能提出有效的处理意见，主要表现在能根据事务的轻重缓急对工作的细节、策略、方法做出较为合理的规划。

3. 预测能力

较有远见，能够从不同的材料中获取信息，通常能看到环境中各种不同相关因素的影响，并在足够的深度上获取解决问题的事实，预测的逻辑性较好，并能提出有针对性的实施方案。

4. 决策能力

决策能力不足，不能发现各种解决问题的方法，有时不能对各种行动的结果有一个清醒的认识，或者不能有效的评估。

5. 沟通能力

书面表达方面，语言较为流畅，谈起问题来很有针对性，能够提出有力的论据，结构性较强，表现出较熟悉业务的各个领域，并能通盘考虑。

有意识，善于合作，能够成为高绩效的团队成员。

备注：由于被测评者中途退出讨论，评价结果不一定全面和充分，在此仅供参考。

无领导小组讨论

具有一定的领导组织意识，能够影响和带动他人，营造合作的团队氛围。

对问题的思考和分析有良好的洞察力，能够比较深入地把握问题的关键层面，做出客观合理的反应。

在人际沟通中缺乏成熟的意识和技巧，倾听与沟通的效果有待加强。

语言表达方面有一定的说服力，但在言谈举止上成熟度还不高，可进一步加强力度和感染力，在领导行为上还缺乏一定的操作经验和魄力。

DISC 个性测验

个性类型：影响型。

1. 优势

- 影响他人接受自己的方式去思考问题的能力；
- 用非常开放的方式交流的能力；
- 平息冲突的能力；
- 提出并发扬新思想和新产品的能力。

2. 需要注意的事项

- 做决策时能过分依赖当时的情绪；
- 当需要时，要勇敢地面对困难和危险；
- 要有实际的期限，并尝试好的时间管理方法。

3. 个人倾向

目标：维持友谊

通过什么影响他人：自尊和领袖人物感人的超凡魅力；对团队的贡献；平稳的、依赖的、有很广泛的友谊

处理应激状态时：过多的言语

害怕：失败

个人发展建议

——加强数量关系的训练，增强分析和判断问题的准确性和深刻性。

——增强承受较大压力的自信心，学习更为有效的调节和控制情绪的技巧。

管理人员人格测验

该被测评者有很强的责任心，工作认真仔细，较有原则性和组织性；有很强的自信心，对自己的能力有充分的把握；善于把握自己在他人面前的行为，从而给他人留下良好的印象；权力动机倾向明显，希望自己能够影响、管理他人。

综合评价

能力素质良好，有很好的个性品质，综合素质好，很有发展潜力。工作上有突出的条理性，善于计划；为人稳重、严谨、认真负责、持之以恒，有高标准的取向；从小组讨论的结果来看，具有良好的团队意识，有一定领导才能。

推荐指数：3 级，基本适合

复核意见：

同意以上陈述

报告撰写人：　　　　　　　　　　　　报告复核人：

撰写时间：2006 年 6 月 1 日　　　　　　复核时间：2006 年 6 月 3 日

（二）整体测评报告

整体报告是在对同一组织被测评者的素质状况进行统计分析的基础上，对该组织人员素质特点进行的说明，以及根据报告得出的结论提出的相关建议。整体报告对于企业的人力资源管理开发具有重要意义。

整体报告一般评价组织人员全体的知识水平、工作绩效、性格特征、行为方式等，可作为企业内部人员选拔、进修培训、任用配置的参考依据。并且，整体报告对组织管理的优化和发展很有价值，对加强人力资源管理的有效性也能提供很好的建议和参考依据。

整体报告首先将从统计的角度分析全体被测评者的分数分布特点、离散程度以及样本特征；然后分析、比较不同职等、职系人员之间的差异，为企业了解员工素质和能力的构成、动机模式提供科学可靠的数据；最后由专家结合企业的实际经营情况和管理模式，对应已经

确定的测评目的，对相关问题或现象做出讨论，解释差异的内涵，揭示问题的实质，提出专家建议。具体撰写整体报告的结构一般包括需求分析、测评手段、总体结果描述、具体测评结果描述、测评结果的分析与讨论、专家建议六个部分。

（1）需求分析。这一部分是对委托单位测评需求的阐述，即委托单位为什么要组织此次测评，此次测评所要达到的目的。对需求的准确分析可以使测评项目的性更强，便于达到预期效果。

（2）测评手段。人才测评具有各种各样的技术手段，测评机构应对本次测评所使用的测评手段和工具作清晰阐述。

（3）总体结果描述。这一部分主要需要编写人概括总结测评对象的共同特点，以及整个组织在这一方面的整体情况。如测评对象的总体水平以及分数的分布特点等。

（4）具体测评结果描述。指具体分析测评对象在每一项测评指标上面的具体表现，并且综合运用表格、图形、文字等方法将结果展示给委托单位，示例如表8-9所示。

（5）测评结果的分析与讨论。测评机构应对以上测评结果进行分析和讨论，以便提出有价值的建议。

（6）专家建议。主要包括委托单位所测对象整体的优缺点以及改进措施、发展建议等。

表8-9　某医学研究院三个专业学术梯队测评结果分析

专业类别		智力测验	创造力测验	英语测验	计算机测验	定量考核					
						协作精神	献身精神	竞争性	专业知识	操作能力	工作成果
无纺	平均值	3.89	17.90	44.00	2.56	90.60	88.60	87.90	86.20	88.90	84.40
	标准差	1.36	6.97	17.00	1.34	4.40	2.99	4.79	4.69	4.78	5.08
染整	平均值	4.53	19.00	66.33	2.18	90.88	89.41	86.87	86.69	87.76	82.59
	标准差	1.18	10.35	12.10	1.13	3.59	43.60	4.87	3.84	5.09	4.08
自动化	平均值	4.62	20.82	46.10	3.88	89.06	86.47	86.59	87.04	87.12	82.06
	标准差	0.65	9.30	21.62	1.03	3.67	2.74	3.76	4.45	3.89	4.38
综合	平均值	4.23	19.49	54.03	2.70	90.11	88.11	86.84	86.61	87.75	82.90
	标准差	1.17	9.25	19.71	1.36	3.32	3.37	3.71	4.20	4.56	4.41

整体测评报告的范例是延续个人测评报告案例，具体样式见图8-5。

（三）其他测评报告

从测评报告的项目而言，可以分为单项报告与综合报告。从测评报告的功能而言，可以分为选拔报告与开发报告、诊断报告。

单项报告是考官对被测评者参与的某一项测验做出的分析说明，如16PF人格测验报告、管理能力测验报告等（表8-8节选的部分就属于单项报告）。

综合报告是指考官对被测评者参与的所有测试项目的数据进行综合分析后，按照不同的测试项目或维度表述出来，并加以考官评价的综合性报告。综合性报告不仅能够体现被测评者在测评活动中参与的全部测验，还能够体现被测评者在每项维度上的具体表现以及考官对被测评者做出的整合性评价意见（如胜任程度）等（图 8-5 节选的部分就属于综合报告）。

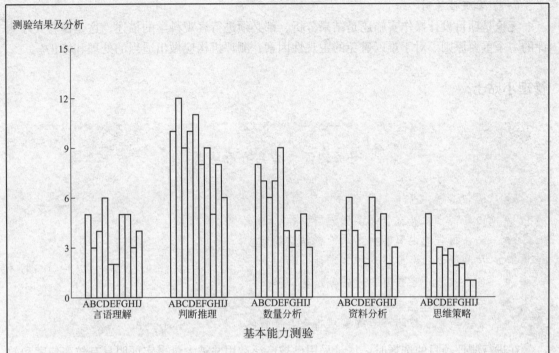

测验结果及分析

从上图及统计学的标准（全体人员中得分在前 33% 的被视为高分者，总共 5 人，5×33% = 1.65，约等于 2 个，即得分排在前两位的被视为高分者）可以看出：

（1）在言语理解方面，D 的得分较高，说明他对言语概念的理解、分析和把握的能力较强，A、G、H 的得分比 D 稍低，E、F、I 的得分偏低；

（2）在判断推理方面，B 和 E 得分较高，说明他们在判断管理事务、做出有效决定方面比其他人更强；H 略低；

（3）数量分析维度满分 9 分，E 得了满分，说明他解决数量关系问题的能力比其他人更强；G、J 略低；

（4）资料分析满分 8 分，B 和 F 的得分较高，得了 6 分，说明他们在处理文字和数字结合的图表综合信息上的能力比其他人更强，E、I 的得分较低；

（5）思维策略上，G、H 的得分最低，只得了 1 分，说明他们在思维的灵活性、敏捷性及多方法、多角度解决问题的能力比其他人差。

图 8-5 综合报告（选拔性）

选拔报告是考官为参与以选拔为目的的测评活动的被测评者提供的报告。选拔报告重点体现了被测评者的素质特点，及其素质特点与岗位标准的匹配程度，以便决策者利用选拔报告决定最终人选（表 8-8 和图 8-5 都属于选拔报告）。

开发报告是考官为以绩效管理、职业开发为目的的测评活动提供的书面报告。开发报告侧重于体现被测评者的素质特点与岗位素质标准的差异，以及考官为被测评者提出的素质提升与发展建议。

诊断报告是考官为能力诊断的测评项目提供的报告。诊断报告主要体现被测评者的素质特点、与岗位的匹配程度、考官评价意见（多为对被测评者的使用意见）。

三、人才测评报告的撰写原则

（一）客观性原则

无论是项目设计操作实施还是结果分析，都必须进行客观科学的描述，这是撰写人才测评的一个重要原则。对于难以避免的主观性因素，测评机构应做出适当的处理和修正。

管理小贴士

好的测评报告具有的特点

- 语句清晰、简洁、明了。
- 语言便于测评报告阅读者理解。
- 测评报告的内容富有逻辑性，结构简明。
- 被测评者的素质特点被清晰地勾勒出来。
- 各个被测评者被有效地区分出来。
- 考官的评价观点前后一致。
- 充分表现了被测评者的素质特点与岗位素质标准之间的差异。

在进行测评项目的选择时，尽量采用已被广泛运用并被大量事实证明具有较高信度和效度的心理测验量表或其他工具，在测评实施的过程中严格控制主观因素对结果的影响，进行结果分析时，邀请多位专家共同参与分析，保证测评结果的最大准确性。

（二）一致性原则

无论项目设计的精确度如何，实施人才测评的客观性怎样，人才测评报告的撰写应力求前后一致、左右贯通，务必做到不矛盾不冲突，特别是由多个测评项目组成的报告，在撰写过程中更应遵循一致性原则。

（三）逻辑性原则

逻辑性原则体现在两方面：一是在测评工具的使用上，要注意不同测评工具之间的关联与差别，有选择地使用，做到不重不漏；二是在测评报告的内容上，应由浅入深地进行阐述，做到环环相扣。

（四）结构性原则

在进行人才测评报告的撰写时，应注意遵循一定的格式。良好而又规范的格式既能方便测评对象和委托测评组织阅读，又能为测评机构塑造良好的外部形象。

（五）详细性原则

应做到"知无不言，言无不尽"。对结构中的每个类别，对类别中的每个指标都应详细阐述。此外，对测评结果的优缺点、适合与否、合理与否，都应做到详尽分析。

（六）实用性原则

对于委托测评组织和测评对象来说，人才测评报告要有针对性和指导意义，不能空话连篇，泛泛而谈，应切实保证测评报告的实用性和有效性。

四、撰写人才测评报告需要注意的事项

（一）专人复核

测评报告撰写完毕后，要经过专人复核，复核人要判别报告撰写人对被测评者的总体评价是否全面、准确，是否前后矛盾；然后要检查各项解释是否客观、适当，对偏颇之处提出修改意见；最后要对总体评价中不全面的内容提出修改意见；复核还应该包括对报告行文、错别字以及标点使用正误的检查，复核人应当是具有丰富经验的人才测评专家，也可以是多人复核小组，如果是后者，可以按照复核方法要求的步骤，由多人穿插配合进行。

（二）备注说明

测验结果可能受被测评者的心态或测试环境等因素的影响，还可能受测评考官主观臆断的影响，因此报告可能会存在测试或评价误差，报告只应对被测评者在测评过程中的表现进行评价与分析。在报告评分中，不同的分数代表不同的意义，评价被测评者的成绩首先要看满分是多少，才能客观准确地评价其成绩，同时也应注意被测评者的成绩在群体中的排位。例如：公文筐与无领导小组测验采用五分制计分方法，其中 5~4 分表示优等、3.5~2.5 分表示中等、2~0 分表示差等。高级管理者能力测验采用 25 分制计分方法，25~20 分表示优等、19~11 分表示中等、10~0 分表示差等。

另外，报告有一定的使用期限。例如：高级管理者的素质会随着时间的推移与经历的积累而变化，本报告只能说明被测评者现阶段的能力特征。因此，人才测评报告不具有长期性（一般为 2 年以上）参考价值。

如果被测评者未完成全部测验或未在规定的时间内完成测验，则报告仅供本人参考，考官不对其报告的客观性负责。报告应由专业人才测评师或心理学家进行解释。非项目委托人或被测评者本人请勿阅读。

第三节　测评后的人事决策

所谓人事决策，就是收集和整合人事信息，最终做出用谁或不用谁的程序和方法。当组织通过测评方法收集到人事信息后，接下来要考虑的是如何将这些个体的、零散的多元信息有效整合起来，以便做出正确的人事决策。

一、人事信息的整合

按照心理测量学的理论，信息整合的方法主要有以下几种。

（一）经验判断法

经验判断法是指根据直觉经验，主观地将各种因素组合得出结论或预测的方法。收集信息时采用主观判断的方法，做出人事决策的时候也是采用主观判断的方法。这种方法是人们用得最多的方法，就好像临床上医生看病有时并不对病人的各种资料进行统计分析，而是凭借经验做出判断，所以又叫经验法。与之相似，测评人员在帮助决策人员对候选人进行甄选时，也可能通过面试或者平时的观察，仅仅依据一些基本信息，如学历、专业、身体条件等

因素，直接做出这个人是否胜任工作的判断。

很显然，经验法具有以下优点。

（1）人的心理特征是复杂的，很少有要素能够脱离其他要素单独存在，经验法能从整体上对各个要素加以综合考虑，不但考虑到各个要素的相对重要性，还能考虑到各要素之间的相互影响，具有高度整合的性质。

（2）人的个性是独特的，经验法的每个判断都是针对特定的个人做出的，能考虑到每个人的实际情况，具体问题具体分析。

（3）经验法比较简便易行，容易获得专家权威的支持，也容易让人信服和接受，在实际中能够得到广泛应用。

经验法的主要缺点是，凭借评价者的经验做出的主观加权、差异加权，很可能受到判断者偏见的影响，不够中立客观；同时，没有精确的数量指标，难以用事实说话，也难以保证评价者对每个被测评者评价标准的一致性；另外，该方法要求判断者接受过长时间的专业训练并具有相当丰富的经验。

在应用主观方法进行判断的时候，评价者还需要克服外界的一些障碍因素影响，如注意力不集中、刻板印象、首因效应与近因效应、基础归因性错误、取景偏差等。

（二）量化评估法

与经验法略有不同的是，量化评估法在收集信息时采用的是主观判断的方式，而在做决策时采用量化统计的方法，是主客观结合的评估法。例如，企业在招聘时，由几位评委面试被测评者，按照几个测评要素给被测评者打分，然后对评分结果进行统计处理，最后录用分数高者。这种方法虽然经常被使用，但由于评价者可能缺少专业训练和经验，或者方法使用得不科学，可能使打分结果与实际情况存在较大差异。最容易因为以下3点而出现偏差：

（1）评价要素不够全面、没有设置合理的权重；

（2）缺少评分标准或评分标准不统一；

（3）评价者缺少训练，对评价尺度的理解有所不同，结果不同评价者分数离散程度不统一。

因为以上原因，当对同一个人的评价打分出现严重不一致时，根本无法用于决策。

（三）因素解释法

因素解释法是指在收集信息时采用量化的方式，在决策时根据收集的量化信息进行主观判断，然后做出决策。例如，采用信效度比较好的能力测验，收集被测评者能力特征信息。之后，按照事先的计分规则，得出每个被测评者的分数，就可以用来判断被测评者的能力特征了。因素解释法对被测评者的判断不是根据所有测验的总分，而是根据每一个维度或者因素的得分进行判断的，因此最后的决策还要靠评价者的主观判断来进行。

（四）完全统计法

完全统计法是指收集信息和做人事决策时，均采用量化的方法。一般在面对大量的被测评者时会采用这种方法，一般作为初选的方法。例如，一个企业要招聘20名新员工，而报名的人有100位，此时就可以选择一般能力测验或者专业能力测试等作为筛选测验，选取排名前40的人参加下一轮选拔。

（五）判断合成法

判断合成法是指在收集信息时，既采用主观判断的方式，又采用统计计分的方式；在决策时，对上述收集到的量化信息和主观印象进行总体判断。例如，很多企业为了更全面地收集信息，会同时采用笔试、面试等几种方法。在决策的时候，决策者通过自己面试时的印象，再参考被测评者的笔试得分做出决定，这样的方法就是判断合成法。

这种方法比前面的方法更加全面和精细，但从根本上说，还是靠人的主观判断来进行决策，缺少一个量化的模型，因此很难克服人的主观性对决策结果的影响。另外，在面试时，如果评价者没有受过严格的训练，依然会犯经验判断法常犯的错误。

（六）统计合成法

这种方法是综合运用主观判断方法（如面试、角色扮演、管理游戏等），以及量化统计方法（如笔试、公文筐测试等），在进行评价的时候把主观判断的方法量化，最终通过一个量化的决策模型统计出结果。这些方法中最准确的是评价中心技术。要正确使用评价中心技术，需要依据胜任特征模型，通过不同的测评工具，如面试、笔试、角色扮演、公文筐，甚至加上360度评估以及业绩考核的结果，对最关键的能力因素进行测量，根据其所占的权重采用相应的统计计算模型，得出量化的统计结果，然后与胜任者的平均分数或者常模分数相对照，形成科学、量化的人事决策。

（七）综合判断法

统计合成法所提供的人事决策结果是完全量化的，按照一定的总体得分，形成排序。但在实践活动中有时并不能完全依照名次去录用，这是因为在真正做出人事决策的时候，还会考虑测评之外的其他因素，如年龄、性别、饮食习惯、家庭状况等。这样就需要在既定结果的基础上，考虑实际情况来进行人事决策，这种决策方法就是综合判断法。人事决策信息的量化非常重要，但现实情况中人事决策还需要考虑到人力、物力、时间、性价比等因素。一般在任用高级职位时会把所有方法都用来进行全面的评估；而在任用一般职位的时候可能会根据实际需要选择上述某一种或几种方法整合人事信息。

主观判断与统计预测这两种方法各有利弊，分别适合不同的情况。一般来说，在预测确定的、可观察的效标时，统计法较为适合，预测得更为准确些；当预测的东西比较微妙或没有确定的、单一的结果，需要做开放式预测时，经验法更适合，它可以估计到各种可能的结果。统计法只适用于一般的、典型的模式，而经验法对特殊的、非典型的模式也是适用的。因此，当需要预测的绩效易于量化、有明确的结果时，可以选用统计法；当需要预测的绩效比较含糊而且没有确定单一的标准时，就可以采用经验判断法。当事物的发生率相当低时，统计法便失去其价值，经验法却可以做出较为准确的预测。也就是说，如果事先知道大群人当中只有少数几个人有能力胜任某一重要或者特殊的岗位时，就应该用经验法来进行主观挑选。

二、人事决策中应该注意的问题

（一）将决策的人数减到最少

人事决策的一条普遍性经验就是只用确实需要的人。决策的时候人太多，只会使问题变得太复杂。例如，人数的增加会引起时间和精力的浪费，并不是所有人都需要或者都愿意付出时间和精力来帮助决策，而且人事决策中关于被测评者的强项和弱项信息，某些属于机密材料，不方便扩散。

一般而言，做决策时只请那些直接负责考查被测评者工作表现的人，以及那些会经常与被测评者接触的人，如班组的同事或部门经理，参照专业测评师所获得的结果，共同完成决策。

（二）录用标准不要设得太高

有些招聘者总是希望能够招聘到最优秀的人，他们会对应聘者反复比较，希望选出其中最好的；或者不愿意立即做出决策，总是说"再等等吧，也许后面还有更好的"。其实，这种想法是不现实的。

（三）尽快做出决策

一个应聘者在找工作或者换工作的时候往往同时应聘多家公司，尤其是优秀人才面临的选择余地更大。因此，如果公司不能尽快做出录用决策，优秀的人才可能认为公司没有诚意而另谋高就了。

当然，尽快做出决策也并不意味着草率决策，而是有充分根据地利用前述系统方法做出有效决策。

（四）保留备用被测评者的名单

对于一个职位，初步录用的人选名单可能要多于实际录用的人数。这样做的原因是要对初步录用的人选进行背景调查，并与他们讨论薪酬待遇等，因此可能因一些原因筛选掉某些人。一个典型的例子是，如果我们初步决定录用某个人，而他原来的单位无法让他离职，或者他对我们提出的薪酬很不满意，那么我们就不得不舍弃他而考虑其他人了。

在被测评者的名单中，一定要注明录用这些人的优先次序。首先考虑最合适的人，然后考虑处在第二位的人选，以此类推。

（五）适当的反馈

一旦做出了决策，就该告诉被测评者结果。如果一开始打算给被测评者回馈意见，应该记住以下几项原则，以免随便做出回馈。

（1）只有受过专门训练以及了解运用工具的专业人员才能给予回馈。

（2）可以当面给予回馈，但对于那些外部被测评者，也可以采用电话或者信件形式。

（3）给予回馈前，先询问被测评者的感觉。

（4）先称赞被测评者做得好的地方，再指出他们没有做好的地方，试着以正面评价作为结束。

（5）举出他们说过或做过的事情，要求他们说明这些事情的意义。

（6）告诉他们你要找的人究竟是什么样的，以及他们为什么不符合你的要求。

（7）绝对不能泄露确切的测验分数，可以以百分比的方式公布分数排名，比较他与其他被测评者的表现。

（8）不武断评定性格资料。切记一个人的工作方式只有适当与不适当的分别，没有绝对的好或坏。

（9）不要让被测评者感觉你只凭借单一的测验信息就草率地做出了决定。

（10）对未能过关的被测评者，必须强调这次测评结果只表明他们不适合当前职位，但他们在其他方面仍然拥有自己的长处。

第四节　人才测评的前景

一、大数据对人才测评的影响

随着大数据技术的迅猛发展，各个领域都在逐步适应并利用这种更多变、更庞杂和更好的工具。在企业实践中，人力资源各个模块也在数据驱动下被挖掘出更多潜在价值，数据相对集中的人才选拔与测评领域发生的变化尤为凸显，更多借助互联网、云计算等手段实施客观测评和实时监控。

（一）人才测评中的大数据来源及转化方式

人力资源管理中的"大数据"主要源自人力资源部门在开展"人"与"事"的各类工作中所产生的业务、资料、政策、行为、过程等各项信息内容，包括基础、能力、效率、潜力类数据。在具体实施过程中，根据数据产生的场所分为组织内数据和组织外数据。组织内数据即个体在日常工作中所产生的各种结构化数据，包括人员数据、项目数据和绩效数据；组织外数据即个体在组织外部非工作时间产生的各种半结构化或非结构化数据，比如人们使用社交网络产生的海量数据。

在解决完基本的数据存储与兼容问题后，是有关大数据的转化。以腾讯为例，它的数据转化分为四个层面：数据层是基于招聘、绩效等人力资源实践产生的结构化数据；派生数据是对源数据进行计算形成的便于分析、再次使用的二级数据（如员工的司龄＝当前日期−入职日期）；建模层通过需求收集、需求分析、逻辑建模、方案设计等步骤建立对一个问题分析的指标体系，如潜在的优质人才如何识别、员工健康水平如何管理、绩效表现如何改进等；应用层关心的是数据对业务的支撑，通过成熟型、订单型、定制型人力资源产品为管理者提供决策支持、运营监控和专业研究，同时为员工提供个人自助的数据服务。

通过大数据新的信息渠道的叠加，管理决策的效率得到了快速提升。例如为提升招聘环节的效率和效果，人力资源管理者将腾讯历史上所有的员工按照稳定程度分成多个样本，通过对稳定度高的员工行为大数据的挖掘找到与稳定性相关的典型特征，如主动发起沟通邮件的次数、工作绝对时长等，建立起能够识别候选人稳定性的数学模型；然后运用于招聘系统，自动根据应聘者的简历，对其稳定性做出评估，给负责招聘的人员提供决策建议。

（二）大数据在人才测评中的应用

大数据对人才的选拔、培训、考核与保留均有帮助，具体的解决方案如下。

1. 大数据算法简化简历推荐

传统企业在进行招聘时，光是搜索或寻找合适简历就要花费大量时间，也会遇到因简历筛选量大而导致招聘效率和匹配精确性降低等问题。而大数据算法和人工智能技术可以通过不断的机器学习来获得雇主的用人偏好及候选人的求职偏好，然后将来自外部网络的最新候选人资料与企业简历档案进行双向智能匹配，快速进行智能推荐，直接提高了人力资源招聘效率及候选人面试概率。此外，简历智能功能还可以帮助企业大幅节省猎头费，降低招聘成本。

2. 动态匹配整合招聘渠道

候选人匹配率与多渠道重复率是企业招聘工作中的长期痛点。通过大数据算法能将企业自有简历库、人脉简历、自投简历、猎头简历等不同渠道的信息实现去重整合，并集成国内数十个主流招聘渠道进行一站式的职位和简历管理，同时对简历进行高精度解析，使得不同渠道、简历格式统一浏览，同时还可以进行简历预筛选、黑名单过滤、简历判重、简历标签、自动打分等，帮助招聘人员自动筛选和甄别人员，节省筛选时间，并且可以连通外网信息对企业简历库进行实时更新，从而极大地提高人力资源的工作效率，节约招聘成本。

3. 智能化人力资源管理流程

基于大数据算法和人工智能技术搭建的符合企业需求的招聘管理系统，能帮助企业一站式管理全渠道简历，将面试环节全流程打通，实现通信渠道实时消息通知，大大提升了企业业务部门和人力资源职能部门在不同地区间的互动与协作，以及人力资源专业人员与候选人直接的沟通效率。

4. 高效化人才决策过程

大数据的智能化应用不仅提高招聘效率，也为人力资源工作中的人才决策提供了重要价值。通过对人力资源管理中内部外部数据、行为数据的学习，形成对企业用人偏好、岗位素质模型的判断，为招聘工作提供优质候选人；同时，基于对全网海量数据的分析，大数据还能为企业提供全行业人才市场状况分析、实时更新行业动态，并结合行业趋势、员工行为等信息对员工离职意向进行预测判断，向人力资源部门提供更客观的人才架构决策参考。

5. 智能动态性人才管理

传统人才管理中使用测评技术作为衡量员工态度、行为的关键手段，成为人力资源管理的有效依据与晋升标准，但这类测评总会面临社会赞许性与匿名作答的问题；而工作网络的普及使得管理者可以随时随地对员工的行为进行观察，其真实性和碎片化成为新的测评问题。为此，企业需要运用线下与线上相结合的方法，将能力素质模型、人才评价中心技术、任职资格雷达图、学习地图、云学堂技术联结起来，构建软件数字化人才运营体系；通过八爪鱼式的"360度个人评价报告""述职分析报告""访谈记录"等，全方位搜集人才信息，形成快照式的个人综合评估报告，得以凸显个人核心特质、关键优势与不足，从而实现了人才数据在线、实时、可选式分析比对，助力人才选、用、育、留各环节工作顺利开展。通过这样的系统，管理者可以清晰看到员工在不同项目上的投入，看到每个员工的工作效率曲线，以实现目标考核及任务分配等。

知识链接

基于 VR 的大数据测评的特点

VR 虚拟现实技术（virtual reality，VR）是虚拟和现实相互结合，是一种可以创建和体验虚拟世界的计算机仿真系统。它集计算机、电子信息、仿真技术于一体，其基本实现方式是利用计算机生成一种模拟环境，从而给人以环境沉浸感。

基于 VR 设备的数据采集，就是利用 VR 设备获取用户行为分析数据的一种方法，主要通过 VR 设备实时获取用户的头部、手臂等坐标数据，建立数据集，进行轨迹还原，从而得到用户的行为轨迹，利用数据建立模型，实现对用户行为状态的分析。

相对传统问卷、量表，基于 VR 的大数据现代测评技术，具有显著的特点。

第一，减少社会期许效应。传统的问卷、量表测评，存在较为显著的社会期许效应，测评出来的是"想象中的自己"，而不是真实的自己。基于 VR 的大数据测评，具有行为捕捉功能。人们戴上 VR 眼镜以后，看到的是身临其境的情景，是发生在眼前的情景，是眼见为实的情景，不会感觉到"假"。被测评者的反应是自然的、真实的，是没有经过加工处理的，因此可以避免"假面效应"。

第二，场景多维性。提高测评信效度的一个有效方法是多场景测评，即在不同的场景下对测评的某些维度进行不同侧面的观察，对比分析。基于 VR 的大数据测评，收集到的信息不仅包括认知层面，还包括行为层面、生理层面、语言层面、时间信息、位置信息等，同时，一个 VR 测评系统至少包括三种不同的场景，三种不同的场景就是三种不同的测评环境，通过不同的环境去激发和测评一个人，相互验证，互为因果，稳定关联，这本身就是提高效度的最好办法。

第三，测评客观性。传统的问卷、量表测评，存在判断主观、依赖专家的问题。基于 VR 大数据的现代测评，通过大量的动态标定大数据对神经网络系统模型进行训练，训练出用于测评数据处理和测评结果判定的人工智能系统，然后通过程序和计算，加持数据处理和测评结果判定，避免了专家情绪等方面的影响，更加公正、客观与科学。

第四，测评公平性。基于 VR 的大数据现代测评技术，通过 VR 场景，采用类游戏的方式，被测评者测评过程中无对错之分，没有标准答案，只有高低的不同，大数据自学习算法会对已有常模进行动态更新和调整，这种测评技术不需要防作弊，大大减轻了测评负担。

第五，测评趣味性。基于 VR 的大数据现代测评技术，通过 VR，采用类游戏的方式，所有场景都是真实发生在眼前的，不需要想象，不需要假设，同时，类游戏的设置，使测评生动有趣，让人沉浸其中，一边玩，一边完成测评，达到了测人于无形、寓测于乐的效果。

第六，数据集成性。基于 VR 的大数据现代测评技术，每一个 VR 设备可自成一个评价中心（assessment center）。VR 在其中具有场域构建、数据采集、行为激发三大作用，通过三大作用让 AC 得以高度集成，这里面包括了多种测评方式，比如类角色扮演、准公文筐处理、类无领导小组等，使得传统意义上很难做到的 AC 中心成为可能，且成本大大降低，时间大大缩短。一台 VR 一体机、一个显示系统、一套大数据测评软件即可构建基本 AC。

第七，大数据量级。基于 VR 的大数据现代测评技术，每次可以采集 2 000 条以上数据，是传统测评的 10 到 20 倍，这相对于传统测评是一个指数级增长，是可以真正做到大数据测评所要求的"海量数据"，同时，通过二次开发，数据量可以在原有基础上再次增加，达到 10 000 条以上，再次实现指数递增。通过数据量增加，专业人员可以构建新的人才测评模型，解决了传统测评中数据利用效率低的问题。同时这种测评技术融合了心理学、管理学、组织行为学、教育学、计算机、云计算、大数据、图形处理、VR 技术、Python、人工智能等学科，属于典型的跨界、交叉、融合。

VR 大数据测评场景如图 8-6 所示。

图 8-6　VR 大数据测评场景

资料来源：PRI 潜质研究院 http：//www. pri. ac. cn/？ page_ id=11432.

二、社交媒体评估对人才测评的影响

（一）社交媒体评估的概念

社交媒体（social media）又被称作社交平台，指的是人们日常生活中用来分享个人意见、经验、观点的工具和平台，主要包括各种社交网站、微信、微博等。在互联网信息时代，社交媒体的使用早已渗透于社会生活的方方面面。而如今，社交媒体已经不仅仅是一种常见的信息分享和交流方式，还成为一种与组织的人员甄选相结合的新型人才测评方法——社交媒体评估。

社交媒体评估是西方发达国家基于互联网时代背景提出的人才测评技术，是信息化人力资源管理思想的具体体现。国外研究者将社交媒体评估定义为组织通过评估与个人相连接的社交网站或平台的在线信息对人员进行人事决策的方法，这种评估涉及对候选人的一个或多个社交媒体平台所提供的可能预测工作绩效的信息进行审查。通过仔细审查候选人社交媒体里的内容，分析出候选人与工作相关的特征，并与客观的个人资料特征进行比较。

（二）社交媒体评估在人才测评中的应用

通过评估社交媒体上的具体内容，找出与工作相关的信息特征是社交媒体评估技术的应用方式。一方面，研究者认为社交媒体评估可以作为笔试或访谈之外的一种背景检查；另一方面，研究者使用结构分类法来对社交媒体评估的内容进行分类，将搜集到的内容分为认知能力、与工作相关的知识和技能、个性倾向、社会应用性技能以及兴趣、组织适应性和身体素质等内容维度，从这些结构中找出与职位的相关性。

其具体操作方式如下所述。首先，将社交媒体上的信息按认知、知识与技能、个性等结构进行分类。值得注意的是不同评估者对社交媒体内容的分类不同，有研究者将其分为性格、智力、情绪智力和工作动机等结构。然后，评估者对每一结构里具体内容的正负性进行评估，在某一结构上发现优势则给予"积分"，否则失去"积分"，比如在微信、微博等媒体上发布了批评前任主管信息的被评估者会失去"积分"，因为他们违反了对组织的情感承诺。一旦候选人失去足够的"积分"，则不考虑让其进入下一轮测评。社交媒体上常见的信息与对应测评要素见表8-10。

表8-10 社交媒体使用情况与测评要素的对应关系

信息分类	具体内容	测评要素及社交媒体使用表现
定量	信息发布频率	外向性——使用频率高（Correa 等，2010）
		自恋——使用频率高，发布更多的信息（Marshall 等，2015）
定量	浏览其他用户次数	开放性——访问更多的网络主页（Muckel，2017）
	点赞他人次数	开放性——更频繁地对公共页面的内容（如餐馆、机构、公众人物等）点赞（Muckel，2017）
		宜人性——更频繁地在朋友发布的内容中点赞（Muckel，2017）
	被点赞次数	人际社交能力、宜人性、外向性——获得的点赞次数更多（Fox 和 Rooney，2015）
	拥有好友人数	外向性、宜人性——拥有更多的好友数量（Moore 和 McElroy，2012）
定性	图片信息	尽责性——较少使用图片上传功能（Amichai-Hamburger 和 Viniuzky，2010）
		神经质——发更多自拍照（Amichai-Hamburger 和 Vinitzky，2010）
		外向性——发布更多原创或艺术风格的照片（Mehdizadeh，2010；Scidman，2013）；分享照片数最多（Shen 等，2015）
	文字信息	写作能力——文笔反映非正式的社交场合写作风格（Davison 等，2012）
		写作能力、认知能力、开放性——更多地发布和知识相关的内容，如对当前局势的看法，转发科普类文意和自己在写作、研究等方面的思考等（Marshall 等，2015）
	信息情绪效价	神经质——使用更多的负面情绪词（Shen，2015）
		低自尊——发布的信息不会有效传达积极情绪（Marshall 等，2015）
	自我关联信息	神经质——更多地使用主观词语表达（如我、我的、我是）（Muckel，2017），更多地展示自己的成就、技能等有关内容（Marshall 等，2015）
		自恋——更多地展示自己的成就（Marshall 等，2015）
	工作相关信息	工作相关的知识和技能、组织适应性、对工作的态度——专业社交媒体平台（如 LinkedIn）允许用户自行列出技能或专业领域，而他们的网络成员（如同事、上级或同学）以查阅并认可该用户的这些技能（Roth，2016）

通过对常见的社交媒体上的信息与对应的测评要素进行梳理，可以发现社交媒体上的信息能够反映用户的人格特质、工作相关技能等，因此通过分析候选人相应的社交媒体使用行为能够间接了解候选人的一些特质以及与工作相联系的能力素质。仅仅使用社交媒体上的信息来推测候选人的性格、工作行为和表现是不严谨的，因为社交媒体上的行为是可以通过印象管理等策略来加以掩饰的，因此要谨慎、合理、适当地使用。简言之，社交媒体可以作为

验证性、辅助性的人才选拔方式。

三、游戏化测评对人才测评的影响

（一）游戏化测评的概念

游戏化（gamification）是指将游戏设计元素应用于非游戏的情境中，以此吸引、激励人们参与活动进而引导人们行为模式的方式。游戏化是一种元方法，随着管理技术的日趋科学与现代化，"游戏化"在管理界愈发流行，组织管理者津津乐道于"游戏化管理""游戏化培训""游戏化营销""游戏化产品开发"等话题。游戏化测评包括一系列受游戏设计启发的测评技术，是将游戏元素、游戏思维以及游戏机制添加到现有的测评技术中，以提高测评有效性的测评方法。"游戏化+测评"的创造性结合迅速引起了国内外组织的广泛关注与热捧，游戏化测评技术正逐渐成为未来人才测评的一个重要趋势。

游戏化测评技术是互联网时代背景下衍生出的一种识别、吸引和留住人才的创新工具，为收集个人潜力素质信息、提高组织吸引力和员工保留率提供了新的思路。

（二）游戏化测评在人才测评中的应用

1. 游戏化测评技术的主要形式

在人才测评中引入游戏并依托各类电子设备平台来进行测评是游戏化测评技术的应用方式。目前国内外企业或相关机构推行游戏化测评技术的主要形式有4种：模拟经营游戏、项目竞赛游戏、题库型游戏和动作游戏，如表8-11所示。

表8-11　游戏化测评主要形式与测评要素的对应关系

游戏化测评主要形式	主要测评要素	共同测评要素
模拟经营游戏（BSG）	责任心、情绪智力、同理心、批判性思维、风险偏好、竞争意识；团队协作能力、组织能力、领导能力、决策能力、适应能力；专业技能、实际操作能力、洞察力、销售能力、乐观性、乐群性、外向、亲和力、服务意识；学习敏锐度、坚持性、公平性和利他性	信息搜集与分析能力 理解能力 问题解决能力 快速反应能力 计划能力 压力承受能力 社交能力
项目竞赛游戏（PCG）	专业技能、实际操作能力；创新能力、想象力、团队协作能力	
题库型游戏（IBG）	数字推理能力、创新思维、开放意识；专注度、风险偏好；情绪智力、利他性偏好、责任心、事业进取心、记忆跨度、人格特质、复杂任务解决能力	
动作游戏（AG）	专注度、认知能力；竞争意识、控制能力、细致周密；任务导向、适应性	

1）模拟经营游戏（business simulation game）

模拟经营游戏（BSG）主要是以企业/行业的真实境况为原型，将工作岗位、任务、流程以及企业文化等现实境况与各种虚拟的游戏元素相融合，由测评对象扮演管理者的角色，对游戏中虚拟的现实世界进行经营管理。在游戏中，测评者通过观察被测评者在虚拟游戏中的行为及相关数据来判断其能力素质倾向以及在实际工作中的预期表现，同时被测评者通过游戏平台对组织结构与性质进行了解并评估自身的适合度以决定是否进行下一步测评。

2）项目竞赛游戏（project competition game）

项目竞赛游戏（PCG）主要是以竞赛的形式，融合奖励、等级、目标、规则、及时反馈、自愿参与等游戏元素来形成比赛机制，测评对象可通过参加竞赛来证明自己的能力。

3）题库型游戏（item bank game）

题库型游戏（IBG）主要是将游戏化元素与心理测量指标相结合，以一套简短的经严格设计的若干评估小游戏来考查测评对象在游戏情景中进行决策的过程，并通过评估测评对象的行为来了解其能力素质，测试结果可以综合成一个匹配度分数，据此来挑选最匹配的人选。

4）动作游戏（action game）

动作游戏（AG）主要是以"动作"为主要表现形式，具有情节紧张刺激、物体运动迅速的特点。

不同的游戏化测评形式在测评要素上有所不同。其中信息搜集与分析能力、理解能力、问题解决能力、快速反应能力、计划能力、压力承受能力与社交能力要素在各类游戏化测评类型中均能得到较好的测评。而在实际应用中，企业或相关机构可根据自身需要来选择、组合多种游戏元素或开发、设计不同的游戏类型。

2. 游戏化测评的科学设计思路

掌握游戏化测评的科学设计思路有利于组织开发更为多元且符合实际需求的游戏化测评形式。通过对现有研究进行整理与分析发现，游戏化测评的产生过程主要包括岗位分析、角色/技能模型构建、游戏开发/选择、制定评分标准与决策等环节。根据 PDCA 理论所倡导的闭环理念，方案是否有效、目标是否完成，需要进行效果检查后才能得出结论并作进一步处理。基于此，游戏化测评的科学设计思路可归纳为五个环节，如图 8-7 所示。

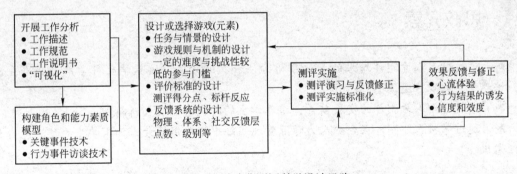

图 8-7　游戏化测评科学设计思路

（1）开展工作分析。主要是通过问卷调查法、访谈分析法、观察法、工作日志法等，对某项工作的工作关系、内容、任务、性质以及工作人员的技能水平、知识水平和价值观等方面进行系统的分析与整合，形成规范的工作描述、工作规范以及工作说明书的过程。与传统的工作分析相比，游戏化测评所进行的工作分析需要更加"可视化"，即形成的工作描述与工作规范应尽可能对测评对象"可见"。

（2）构建角色和能力素质模型。角色模型构建方面，一方面可以根据招聘的职位需要来进行设计，另一方面也可以根据完成某个项目的需要来进行设计。能力素质模型构建方面，每个岗位、每项工作都需要具备相应的能力。

（3）设计或选择符合组织和岗位需求的游戏或游戏元素。本环节关键在于通过有效设计游戏化刺激因子，更好地观察测评对象在相关岗位的素质表现。通常包括三个步骤。一是进行任务与情景的设计。即以工作分析、角色和素质能力模型构建的结果为基础，设计出测评对象参与游戏应当完成的具体任务以及与之匹配的情景。二是进行游戏规则与机制以及评价标准的设计。游戏规则与机制的设计需有一定的难度与挑战性，使得测评对象通过游戏就能完成自我筛选与自我淘汰，但又不宜设计得过于复杂，要有较低的参与门槛，以吸引和挖掘到更多的优秀人才。三是进行反馈系统的设计。在游戏化测评的过程中，一方面需要给予测评对象良好的反馈体验，并使得测评对象能够适时地了解自己的情况与结果。根据反馈及时性及体验难度等可将反馈体验系统分为物理、体系和社交反馈层三个维度，组织可根据实际需求来确定游戏化测评的核心反馈。

（4）测评实施。测评实施是指根据前期的相关准备结果及流程设计来组织实施测评活动，包括通知被测评者、有关设备的准备、测评的统筹组织以及测评结果整合处理及通知等。值得注意的是，一方面，在正式实施测评之前应当进行测评演习并根据演习结果做出一定的反馈与修正，再正式投入实施应用；另一方面，测评的实施应当标准化，如明确施测顺序及对测评对象的要求、对测评者的要求、对测评道具及内外环境的要求等。

（5）效果反馈与修正。应对游戏化测评的效果进行评估与反馈，如游戏化测评的形式是否使测评对象形成心流体验以及诱发进一步的行为结果、信度和效度等，若未达到预期效果，则可返回到测评实施以及游戏化测评设计与选择的环节，对过程中存在的问题及其原因进行透彻分析后，找出其中不科学、不规范的地方，加以修正与完善，建立更科学、更合理的游戏化测评程序。

思政元素

▶ 通过学习人才测评结果的具体分析方法和撰写方法，培养学生科学严谨的专业态度，培养学生的职业道德感。

▶ 通过了解人才测评的发展前景，培养学生的时代意识及创新精神。

▶ 通过掌握人才测评在企业人力资源管理实践中的应用场景，加深学生的预测能力及责任意识。

核心概念

人才测评报告、综合报告、人才测评应用、人才测评应用前景

本章小结

本章主要介绍了人才测评报告的呈现方式、撰写、应用及前景，主要包括人才测评报告的结果分析、呈现形式；撰写人才测评报告的原则与技巧；人才测评在招聘、内部晋升、培训、绩效考核中的应用以及人才测评后的人事决策；人才测评的发展前景。

首先，人才测评报告是考官根据被测评者完成的测试项目进行分析后写出的书面报告，是测评结果的具体呈现，也是人才测评应用的基础性与指导性文件。其次，掌握人才测评报告的撰写方法、原则以及撰写技巧，了解人才测评在企业经营管理中的实际应用情况，包括信息整合方法及人事决策中应该注意的问题。最后，根据人才测评的发展历程与当今企业实际经营特点，探讨了大数据、社交媒体评估以及游戏化测评对人才测评的未来影响，并指出了未来人才测评的应用前景。

 复习思考题

1. 人才测评报告包含的内容有哪些？
2. 简述人才测评报告的种类。
3. 如何对企业决策者反馈人才测评报告？
4. 撰写人才测评报告的注意事项有哪些？
5. 人才测评结果的决策方法及注意事项有哪些？
6. 未来人才测评的发展前景有哪些？

 问题讨论

机器学习在测量中的应用

机器学习是让计算机在大量数据的基础上建立模型以获得自主识别与学习新知识能力的方法。现在心理学研究者们将机器学习与心理测量相结合，在医疗、心理咨询、用户分析等相关领域的运用进行了探索，其独特优势正受到越来越多学者的关注。

一、身体测量

传统的儿童心理障碍诊断主要以他人提供病史、精神心理创伤测量结果等为依据，面对不同的儿童需进行多次人工诊断，耗时、效率低下。基于人工神经网络开发的诊断系统利用关系数据库 Oracle 设计用户的症状输入模块，将收集的临床资料建立资料库作为神经网络学习的模板，使得系统可基于动态响应来处理外部输入信息。测试结果发现人工神经网络系统与医生的诊断完全符合，不存在错诊漏诊情况。且该系统具有高度自学习性、自组织性、自适应性，具有很强的容错能力，对未见过的输入数据组具有综合推理能力，大大节省诊断时间及人工成本。

二、行为测量

随着机器人在人类生活中重要性的增强，人们开始探究人类共情如何走向智能体共情。智能体共情系统是基于计算建模的方法对人类语音、图像进行识别，由此提供人机和谐的基础；然后再借助深度学习使机器在交互过程中进行自我学习，以发展和人类相似的共情系统，即由机器人识别对象的外部特征、分析筛选出与其相一致的情绪，通过对情绪类型与场景间的相关性计算给予适当的行为反馈。目前，这种共情系统已被应用于医护场景与用户的个性化检索当中。

例如，当一个人表示痛苦时，机器人就会对该个体释放的信息进行识别分析，并产生一系列接近与理解的行为；硬件调控系统将情绪体验所产生的体温变化转化为机器的电量水平及硬件运转温度。当机器人产生共情时，其电量水平会下降，硬件的运转温度会升高，为使机体恢复到正常状态而反馈适当行为。通过共情反馈不仅给予患者情绪支持，还支持了医疗人员诊断。

再如，用户检索系统使用在线监督学习读者用户偏好的技术框架，提取用户检索的文献特征，监督机器学习用户偏好检索模型，实时在线更新偏好检索引擎，最终生成与用户偏好变化保持一致的检索结果排序，从而得以为读者提供快捷准确的检索方式，有利于图书资源的充分利用。

事实上，人类的很多行为特征亦可用机器学习的方法进行研究和预测，进而促进个性化服务的发展。

三、异常心理观测

近年来，研究者尝试使用机器学习进行心理健康测量，一般大致归纳为三个步骤：获取数据——借助网络平台收集用户行为特征，借助问卷收集对应用户的状态；清洗数据以提取相关特征；进行情感分析，建立机器模型。

例如，在自杀风险预测方面，可以通过人工神经网络对微博文本进行自动分类，展开基于深度学习的微博用户自杀风险预测。将采集的数据进行筛选，分类出有自杀意愿和无自杀意愿两类数据，并使用卡方检验对其进行特征值提取。除人工神经网络技术外，采用 Python 深度学习库 Theano 进行感知器的自组织自学习建模。最后用随机数据进行模型检验并统计分析，得出模型的准确率达 94%。在抑郁预测方面，通过语言问答、文本朗读、图片描述的任务对被测评者进行正性、中性、负性三类情绪状态的测量，基于实验数据建立的语音抑郁识别模型精度可以达到 82.9%。

除预测异常心理和自杀等极端行为外，机器学习还可以预测正常人群的压力感知，通过微博数据对用户的压力特征建模得出各压力类别的平均检测 F-measure 达到 70%，辅以网购行为数据最终实现 80% 的二分类检测准确度，提升了压力测量的准确性。

四、情绪测量

网络舆情系统主要用于识别热点话题，通过机器学习自动确定作者在文本中的情绪倾向。

例如，在食品安全的网络舆情分析上，对新闻、微博文本进行抓取，分析出 5 类话题，采用情感分析出 4 类情绪类别，得出情感话题分布图，总结出网民对于几类食品安全的关注程度及情绪特征。并得出更多的人对添加剂超标食品安全问题表现出"悲哀"态度，相比其他话题有更多的人关心食品添加剂超标问题的结论。

例如，在股市风向的预测研究中，通过对抓取的股评数据进行语义标注，分析出用户正面和负面情感倾向，借助卷积神经网络分类器构建 CNN-Word2Vec 训练模型，在情感倾向分类方面比传统朴素贝叶斯分析准确率更高，达到 83.09%。

总之，无论是在人机交互的医疗场景中，还是在心理咨询或用户分析中，机器通过深度学习都能对非语言行为进行反馈，对文本信息进行分类，并进行自学习自组织的分析处理。在医疗辅助与市场用户回馈方面机器学习极大地提高了工作效率和准确性；在心理咨询和舆情分析方面更是把握了用户的情绪倾向，对预测其相应行为提供了帮助。但是不可否认，机器学习在心理测量上的应用存在不足之处，在对本土化的语法等自然语言处理中仍有待提高。

请通过小组讨论形式展望机器学习这样的现代信息技术对人才测评工作的未来影响，以及人才测评专业人员应该做何准备？

资料来源：王一溢，占继尔，陈泽龙，等．机器学习在心理测量中的应用［J］．电脑知识与技术，2021，17（3）：204-206.

参 考 文 献

[1] 北森测评.胜任素质测评 实现人岗匹配：北京地铁建安公司管理人员竞聘案例 [J].
人力资源管理, 2009 (6)：46-48.

[2] 陈雪玲.面试运用中存在的问题及规范化面试的构建 [J].当代经理人, 2006 (6).

[3] 程志超.组织行为学 [M].2 版.北京：清华大学出版社, 2019.

[4] 迟云平.《职业生涯规划》随堂及课后练习册 [M].广州：华南理工大学出版
社, 2019.

[5] 戴海崎, 张锋, 陈雪枫.心理与教育测量 [M].3 版.广州：暨南大学出版社, 2011.

[6] 何静, 刘宇.基于心理测评的城市轨道交通行业员工行为干预措施研究 [J].城市轨道
交通研究, 2020, 23 (11)：68-72.

[7] 胡星月.评价中心与结构化面试 [M].银川：宁夏人民出版社, 2007.

[8] 鞠强.中国化人才心理测评 [M].上海：复旦大学出版社, 2018.

[9] 寇家伦.人才测评 [M].北京：中国发展出版社, 2006.

[10] 李育辉, 唐子玉, 金盼婷.淘汰还是进阶？大数据背景下传统人才测评技术的突破之
路 [J].中国人力资源开发, 2019, 36 (8)：12.

[11] 李志, 李红.社交媒体评估在人员甄选中的应用 [J].外国经济与管理, 2017, 39
(12)：12.

[12] 李志, 谢思捷, 赵小迪.游戏化测评技术在人才选拔中的应用 [J].改革, 2019
(4)：11.

[13] 刘远我.招聘面试中的主要问题 [J].中国人力资源开发, 2003 (12)：63-65.

[14] 刘远我.人才测评：方法与应用 [M].4 版.北京：电子工业出版社, 2020.

[15] 娄娜, 邵慧卓.基于胜任力素质模型和大五人格构建人才测评体系：以 HT 公司为例
[J].人力资源, 2020 (6)：9-11.

[16] 孟卫东, 于泽玮, 司林波.评价中心技术及应用综述 [J].燕山大学学报（哲学社会
科学版）, 2011, 12 (4)：97-101.

[17] 彭剑锋, 荆小娟.员工素质模型设计 [M].北京：中国人民大学出版社, 2003.

[18] 秦元元.结构化面试：企业筛选人才途径 [J].中国人力资源开发, 2004 (6).

[19] 宋荣.人才测评技术 [M].北京：中国发展出版社, 2008.

[20] 苏东水.管理心理学 [M].5 版.上海：复旦大学出版社, 2013.

[21] 苏永华.人才测评概论 [M].2 版.北京：中国人民大学出版社, 2016.

[22] 孙健敏, 张德.组织行为学 [M].北京：高等教育出版社, 2019.

[23] 王焕.人事档案在人事测评中的利用 [J].兰台世界, 2010 (24)：50-51.

[24] 位尊权.组织好一场有效的面试 [J].中国人力资源开发, 2004 (3).

［25］萧鸣政．人员测评与选拔［M］．上海：复旦大学出版社，2005．

［26］萧鸣政．人才测评方法与应用［M］．上海：立信会计出版社，2006．

［27］萧鸣政．人员素质测评理论与方法［M］．北京：北京大学出版社，2016．

［28］徐俊怡，李中权．基于游戏的心理测评［J］．心理科学进展，2021，29（3）：10．

［29］徐世勇，李英武．人员素质测评［M］．北京：中国人民大学出版社，2019．

［30］杨家林，雷梦．人才测评：理论与实践：中国人力资源开发研究会人才测评分会2015年年会暨学术研讨会综述［J］．中国人力资源开发，2015（23）：104-108．

［31］杨振芳，孙贻文．游戏化招聘：人才选拔的新途径［J］．中国人力资源开发，2015（24）：6．

［32］姚伟明．鉴定、预测、激励：人才测评理论在我国发展的现状及应用研究［M］．长春：东北师范大学，2018．

［33］叶奕乾，孔克勤，杨秀君．个性心理学［M］．4版．上海：华东师范大学出版社，2016．

［34］俞文钊．现代人事测评原理与操作实践［M］．上海：上海出版社，2005．

［35］张爱卿．人才测评［M］．北京：中国人民大学出版社，2011．

［36］张志红，王倩倩，朱冽烈．人才测评实务［M］．北京：机械工业出版社，2011．

［37］赵曙明，赵宜萱．人才测评：理论、方法、实务［M］．北京：人民邮电出版社，2018．

［38］赵曙明，赵宜萱．人才测评：理论、方法、工具、实务：微课版［M］．2版．北京：人民邮电出版社，2019．

［39］郑安云，宋波．人才测评理论与方法［M］．北京：清华大学出版社，2005．

［40］郑展，张剑，赵煜嘉．工程科技人才评价指标体系构建与分析［J］．科技管理研究，2017，37（22）：71-78．

［41］GELDHOF G J, PREACHER K J, ZYPHUR M J. Reliability estimation in a multilevel confirmatory factor analysis framework［J］. Psychological Methods, 2014, 19（1）：72-91.

［42］HAYES A F, COUTTS J J. Use Omega rather than Cronbach's Alpha for estimating reliability. But horizontal ellipsis［J］. Communication Methods and Measures, 2020, 14（1）：1-24.

［43］SAATY T L. What is the analytic hierarchy process?［M］. Mathematical models for decision support, Springer, 1988：109-121.

［44］VAZIRANI N. Review paper competencies and competency model-A brief overview of its development and application［J］. SIES Journal of Management, 2010, 7（1）：121-131.